[redacted]

Ulich/Oberhuemer (Hrsg.) · Es war einmal

Es war einmal, es war keinmal ...

Geschichten aus den Ländern
Türkei – Jugoslawien – Griechenland –
Italien – Spanien – Portugal

Ein multikulturelles Lese- und Arbeitsbuch

Herausgegeben von Michaela Ulich,
Pamela Oberhuemer,
unter Mitwirkung von Almut Reidelhuber
im Staatsinstitut für Frühpädagogik, München

Beltz Verlag · Weinheim und Basel

Dr. Michaela Ulich, Jg. 1943, M. A., mehrjährige Tätigkeit als Hochschulassistentin in München und Berlin: Forschung und Lehrerausbildung mit Spezialgebiet: Literatur, Kultur und Sozialgeschichte von Minderheiten. Zweijährige Tätigkeit am Geschwister-Scholl-Institut: Koordination und Durchführung eines wissenschaftssoziologischen Projekts (Leitung: Prof. Dr. P. C. Ludz). Seit drei Jahren Referatsleiterin am Staatsinstitut für Frühpädagogik, München.

Pamela Oberhuemer, Jg. 1946, Bachelor of Education/University of London; mehrjährige praktische Arbeit mit Kindern in London (Infant School) und München (Schulkindergarten). Referentin am Staatsinstitut für Frühpädagogik, München; seit vielen Jahren in Modellversuchen und Erzieherfortbildung tätig.

Almut Reidelhuber, Jg. 1942, Soz. päd. (grad.); mehrjährige Tätigkeit als Erzieherin und Sozial-Pädagogin; Praxisberatung an Fachakademien für Sozialpädagogik in München; als Referentin am Staatsinstitut für Frühpädagogik, München, in Modellversuchen und Erzieherfortbildung tätig.

Expertenkommissionen für die Sammlung von Materialien in den Herkunftsländern:

Türkei: M. Alpay (Leitung), N. Altindağ, A. Oktay, N. Önder, A. San
Jugoslawien: M. Marković, Beograd; R. Matić, Beograd; M. Škoda, Zagreb; B. Strazar, Ljubljana
Griechenland: T. Valinakis, M. Stamatopoulou-Blümlein
Italien: A. L. Gelli Bigler (Leitung). G. Fucci, R. Guarnieri, M. L. Meacci, C. Valeri, M. Valeri
Spanien: J. Artigas (Leitung), C. Bravo-Villasante, D. F. Cubells Salas, A. Diaz Plaja, A. Medina, J. G. Padrino
Portugal: T. da Silva Saião Lopes (Leitung), M. Brandão, M. E. Leandro, N. Rocha

Diese Arbeit entstand im Rahmen des Projekts des Staatsinstituts für Frühpädagogik: „Didaktische Materialien zur Förderung deutscher und ausländischer Kinder im Elementarbereich und im Übergang zum Primarbereich." Dieses Projekt wurde mit Mitteln des Bundesministeriums für Bildung und Wissenschaft gefördert.

Die Deutsche Bibliothek – CIP-Einheitsaufnahme

Es war einmal, es war keinmal . . . : Geschichten aus den Ländern Türkei – Jugoslawien – Griechenland – Italien – Spanien – Portugal ; ein multikulturelles Lese- und Arbeitsbuch / hrsg. von Michaela Ulich ; Pamela Oberhuemer. Unter Mitw. von Almut Reidelhuber. – 2., unveränd. Aufl. – Weinheim ; Basel : Beltz, 1992
(Beltz-Praxis)
ISBN 3-407-62090-X
NE: Ulich, Michaela [Hrsg.]

2., unveränderte Auflage 1992

Gesamtherstellung: Beltz Offsetdruck, 6944 Hemsbach über Weinheim
Umschlaggestaltung: Atelier Warminski, 6470 Büdingen 8
Titelbild: Emanuele Luzzati – Aus dem Bilderbuch „C'erano tre fratelli" (Es waren drei Brüder), Milano, Emme edizioni 1977.
Printed in Germany

ISBN 3 407 62090 X

Inhaltsverzeichnis

Vorwort

In diesem Buch werden ausgewählte Märchen und Erzählungen aus der Türkei, aus Jugoslawien, Griechenland, Italien, Spanien und Portugal vorgestellt. Dies sind für die Bundesrepublik Deutschland die sechs klassischen Entsendeländer der sogenannten „Gastarbeiter". Mit diesen Ländern und ihren Migranten werden hierzulande meist Kulturkonflikte, Sprachprobleme oder wirtschaftliche Not assoziiert, nicht aber Märchen, Erzählungen oder Kinderbücher. Die Kinderliteratur aus den Herkunftsländern ausländischer Familien ist unter deutschen Pädagogen so gut wie unbekannt. Diese Aussparung ist symptomatisch: im Zusammenhang mit der Förderung von Migrantenkindern werden vor allem Probleme und Defizite wahrgenommen, nicht aber Möglichkeiten positiver kulturspezifischer Angebote.

Ausländische und deutsche Kinder sollen erfahren, daß es in diesen Ländern – ebenso wie in der Bundesrepublik Deutschland – viele interessante und lustige Geschichten gibt.

Deutsche Kinder bekommen auf diese Weise die Möglichkeit, kindgemäße Ausdrucksformen anderer Kulturen kennenzulernen und können so eine selbstverständliche Offenheit und Neugierde gegenüber einer anderen Sprache und Kultur entwickeln. Ausländische Kinder erleben, daß im Kindergarten oder in der Schule der ganzen Kindergruppe eine Geschichte aus dem Herkunftsland ihrer Familien vorgelesen wird – neben Rotkäppchen oder Räuber Hotzenplotz.

Diese Geschichten sind nicht nur für Kinder bestimmt, sondern auch als Anregung für ausländische Familien gedacht, und zwar in doppelter Hinsicht:

- als konkrete Anknüpfungspunkte für eine positive und aktive Beziehung zu Kindergarten und Schule;
- als Anregung zu gemeinsamem Lesen und Erzählen in der Muttersprache (in der Familie).

Unabhängig davon, ob sich einzelne Familien entscheiden, auf Dauer hierzubleiben oder in ihre Heimat zurückzukehren, gilt es, Migrantenkinder in der Entwicklung einer positiven ethnischen Identität zu unterstützen und ihnen die Chancen einer zweisprachigen Erziehung zu geben. Auch für die zweite und dritte Generation von Migranten bleibt die Herkunftskultur bedeutsam – sowohl im Alltag der Familie als auch in Krisensituationen. Die Erfahrungen der klassischen Einwandererländer haben gezeigt: Minoritäten, deren Sprache und Kultur von der Majorität mißachtet oder ignoriert werden, werden in die soziale und kulturelle Isolation oder ins Randgruppendasein gedrängt. So gesehen ist interkulturelle Erziehung ein Beitrag zum Minoritätenschutz und zur Völkerverständigung.

In der interkulturell orientierten Erziehung wird in der Begegnung zweier Kulturen das „Anderssein" akzeptiert und respektiert, während zugleich ein selbstverständlicher Kulturaustausch stattfindet. Gemäß den Forderungen des Europarats (1984) ist dies weder ein besonderes „Thema" noch ein neues „Fach" im Kindergarten oder in der Schule, sondern vielmehr ein fächerübergreifender und institutionenübergreifender *Grundsatz* mit praktischen *Konsequenzen* im Alltag von Lehrern, Erziehern, Kindern, Eltern.

Die hier vorliegenden Geschichten sind Teil einer umfangreichen Sammlung von kulturspezifischen Materialien am Staatsinstitut für Frühpädagogik. Diese Sammlung umfaßt Kinder- und Bilderbücher, Märchen, Erzählungen, Lieder, Spiele, Kinderreime, Tonkassetten, Illustrationen usw. aus den Ländern Türkei, Jugoslawien, Griechenland, Italien, Spanien und Portugal. Sie wurden von Experten für Kinderliteratur und von Pädagogen in den jeweiligen Ländern – im Auftrag des Staatsinstituts für Frühpädagogik – zusammengestellt. Die Sammlung wurde aus Mitteln des Bundesministeriums für Bildung und Wissenschaft gefördert. Eine zweibändige Dokumentation der Kinderbuchsammlung ist bereits erschienen (siehe Literaturhinweise, S. 245), weitere Publikationen sind in Arbeit.

Ausgewählte Materialien dieser Sammlung wurden zwanzig national gemischten Kindergartengruppen im Raum Bayern über einen Zeitraum von zwei Jahren zur Verfügung gestellt. Den Erzieherinnen dieser Gruppen danken wir für praktische Anregungen, Kritik und Verstärkung; für die Unterstützung dieser Zusammenarbeit danken wir den Trägern der Einrichtungen: Arbeiterwohlfahrt, Deutscher Paritätischer Wohlfahrtsverband, Diakonisches Werk der evangelisch-lutherischen Kirchen in Bayern, Katholischer Caritasverband (München und Augsburg), Landeshauptstadt München.

Die Institutsleitung und die Herausgeber möchten sich an dieser Stelle insbesondere bei den nationalen Kommissionen, bei den Übersetzern und Illustratoren bedanken. Am Institut wurden wir tatkräftig unterstützt von Domna Steininger, die türkische und griechische Texte für uns entzifferte, ebenso wie von einem Sekretärinnenteam (Rita Wiedenmann, Gerlinde Wagner, Elfriede Bauer), die mit Akribie, Geduld und Humor ein Manuskript in sieben Sprachen tippten.

A. Zur Einführung

I. Wozu Geschichten aus anderen Ländern?

Diese Sammlung von Märchen und Erzählungen aus den Herkunftsländern ausländischer Familien ist gleichermaßen für ausländische wie für deutsche Kinder bestimmt – und wir hoffen, daß auch Erwachsene an den Geschichten und Bildern Spaß haben werden.

Das Buch enthält eine Vielfalt an Materialien:

- Geschichten aus verschiedenen Ländern für unterschiedliche Altersstufen – Märchen, Fabeln, realistische Erzählungen, Phantasiegeschichten, Anekdoten usw.;
- Illustrationen aus verschiedenen Ländern;
- praktische Anregungen (mit Spiel- und Gestaltungsvorschlägen für das Schattenspiel, für die musikalische Umsetzung eines Märchens, für die Herstellung von Puppen usw.).

Es war unser Anliegen, ein möglichst *flexibel einsetzbares,* abwechslungsreiches Materialangebot zusammenzustellen. Erzieher und Lehrer können dann je nach Situation, Zusammensetzung der Kindergruppe und pädagogischer Zielsetzung die entsprechenden Geschichten oder Abschnitte einsetzen. Die Texte in der Landessprache sind ein Angebot für ausländische Familien (Näheres dazu unter II.).

Das Buch kann überall dort verwendet werden, wo mit ausländischen und deutschen Kindern Geschichten gelesen, erzählt oder gespielt werden – sei es im Kindergarten, in der Grundschule (vor allem im Deutschunterricht und im musischen Bereich), im Hort, im Heim und generell bei der außerschulischen Betreuung und Förderung ausländischer Kinder. Denn Kinder brauchen Geschichten, im schulischen wie im außerschulischen Alltag.

Eine Erzieherin in einer national gemischten Kindergruppe meinte: „Wozu brauchen ausländische Kinder solche Märchen? Für diese Kinder geht's um's nackte Überleben, die müssen erst einmal Deutsch lernen, die müssen lernen, was ‚Banane', ‚Saft' oder ‚Pflaster' heißt." Diese Fragen und Einwände treffen den Kern unserer Absichten, denn mit diesem Buch möchten wir zeigen, daß Märchen aus der Türkei oder aus Italien kein Luxus sind, daß diese Geschichten in den Alltag des Kindergartens und der Schule gehören. Die Frage nach dem Sinn spanischer, griechischer oder türkischer Märchen ist nur die Spitze des Eisbergs, es geht um mehr: um den Stellenwert von Migrantenkulturen, um die Entwicklung von kultureller Identität, um Prinzipien der Sprachentwicklung.

1. Kultur in der Migration

Die verschiedenen ethnischen Einwanderergruppen und Generationen in der Bundesrepublik Deutschland – seien es Italiener, Griechen oder Türken – sind im Hinblick auf ihre Herkunft und Kultur kaum vergleichbar. Dennoch gilt für alle diese Gruppen ein Grundprinzip von Migrationsbewegungen: Der Bereich der Kultur (Normen, Wertvorstellungen, Sitten, Gewohnheiten) verändert sich nur sehr allmählich, auch wenn die Lebensumstände der Betroffenen sich drastisch verändert haben. Kultureller Wandel, Angleichung an die Kultur des Aufnahmelandes vollziehen sich über mehrere Generationen hinweg und nicht innerhalb von zwanzig Jahren. Hinzu kommt, daß häufig nach einer Phase der ängstlichen Anpassung in der ersten und zweiten Generation, die dritte Generation entschiedener ein Recht auf zweisprachige Erziehung und auf eine eigenständige ethnische Identität behauptet. All dies ist aus den klassischen Einwanderungsländern (Beispiel USA) hinreichend bekannt, wird aber in der Bundesrepublik Deutschland, die sich nicht als Einwanderungsland versteht, häufig übersehen. Kultureller Wandel wird hierzulande – wenn überhaupt – häufig ohne historische Perspektive diskutiert, als sei es ein tagespolitisches Ereignis, das zur Entscheidung steht.

Sitten und Normen verändern sich nicht so schnell – auch wenn rein äußerlich Jugendliche z. B. sich in ihrer Kleidung an die bundesdeutsche Jugendkultur angepaßt haben. Man beobachte nur einmal Migranten, die schon lange hier leben und zweisprachig sind, wenn sie sich mit deutschen Freunden und dann mit ihren Landsleuten unterhalten – man merkt deutliche Veränderungen im Tonfall, Sprechtempo, in der Lautstärke, Gestik und Mimik.

Auch für die zweite und dritte Generation von Migranten bleibt die Herkunftskultur im Alltag der Familie bedeutsam. So bewegen sich Migrantenkinder tagtäglich in unterschiedlichen kulturellen „Feldern“ und Sprachen. Sie erleben als Angehörige einer Minderheit, daß die Sprache und Kultur ihrer Familie außerhalb der Familie wenig gilt oder sogar verachtet wird. Und so viel haben die Geschichte und Gegenwart von Migrationsbewegungen gezeigt: Migrantenkinder, die lernen, die Sprache und Kultur ihrer Eltern zu verleugnen, sind in der Entwicklung ihres Selbstwertgefühls und ihrer Identität ernsthaft gefährdet.

An diesem Punkt muß die pädagogische Arbeit mit ausländischen und deutschen Kindern ansetzen. Es geht darum, für deutsche sowie für ausländische Kinder die Sprache und Kultur der verschiedenen Minoritäten in der Bundesrepublik Deutschland aufzuwerten – unabhängig davon, ob einzelne sich entscheiden, in ihr Heimatland zurückzukehren. Aber es genügt nicht, interkulturelle oder multikulturelle Erziehung zu propagieren, es müssen konkrete Angebote und entsprechende Materialien verfügbar sein.

Inzwischen gibt es zahlreiche Bemühungen und Initiativen in dieser Richtung. Auch für deutsche Pädagogen sind viele Anregungen erarbeitet worden: Fortbildungsprogramme über die Herkunftsländer ausländischer Familien, Anregungen zum Festefeiern mit ausländischen Familien usw. Ein großer Teil der Publikationen und Fortbildungsprogramme im Bereich der sogenannten „Ausländerpädagogik“ ist aufklärungspädagogisch orientiert. Man informiert und klärt auf über die Herkunftsländer und über Migration. Dies ist notwendig und wichtig: Pädagogen sollen gezielte Informationen über die Herkunftskulturen und über die Situation ausländischer Familien bekommen. Aber das reicht nicht aus. Denn gerade die Verabsolutierung dieser aufklärungspädagogischen Sichtweise kann dazu führen, daß nur noch ein großes „Ausländerproblem" gesehen wird. Migrantenkinder und deren Familien erscheinen als wehrlose Opfer, die von uns Inländern unterstützt werden müssen, und nicht als Teil einer eigenständigen Kultur, die auch für uns viel Interessantes und Neues zu bieten hat. Diese Einengung wird nicht nur in den Publikationen, die sich an Lehrer oder Erzieher richten, sondern auch in vielen Kinder- und Jugendbüchern deutlich. Die meisten Empfehlungslisten zu dieser Thematik enthalten fast nur „Problemgeschichten", in denen um Verständnis für ausländische Kinder geworben wird – z. B. ein „Gastarbeiterkind" wird diskriminiert und dann aufgrund einer besonderen Leistung von der Kindergruppe akzeptiert. Man findet in diesem Bereich wenig Phantasievolles und Lustiges für Kinder.

Ebenso wichtig wie Information und Aufklärung ist die Begegnung mit einer Vielfalt kulturspezifischer Ausdrucksformen – seien es Bilder, Märchen, Witze, Phantasiegeschichten oder Spiele – Formen, die Kindern und Erwachsenen Spaß machen. Kulturaustausch findet nur dann statt, wenn ein Element der „anderen" Kultur als Bereicherung und als Selbstverständlichkeit gesehen wird.

2. Kultur im Alltag – und nicht nur beim „Ausländerfest"

Ein Anliegen dieses Buches ist die Aufwertung anderer Kulturen im *Alltag* von Kindergarten und Schule. Es genügt nicht, wenn ab und zu im Kindergarten, in der Schule oder im Stadtteil ein italienisches, spanisches oder griechisches Fest gefeiert wird. Kultur ist etwas, das im Alltag der Kinder greifbar sein muß, und Geschichten gehören in diesem Alter zum Alltag – oder sollten es zumindest. Sie können immer wieder erzählt, vorgelesen, gelesen oder auch gespielt werden. Eben diese Selbstverständlichkeit berührt nicht nur die Kinder, sondern auch die ausländischen Familien und deren Beziehung zur Schule oder zum Kindergarten. Dieser Kontakt sollte sich nicht auf die Besprechung von „Problemkindern" oder auf das große „Ausländerfest" – oder Sommerfest – beschränken.

Feste mit ausländischer Musik, Tanz oder Essen sind meist ein großer Erfolg. Aber Feste sind immer etwas Besonderes. Vor allem geht es dann meist um das *typisch* türkische Gericht, um die *typisch* spanische Musik usw. Häufig werden dann „nationale Ecken" mit Souvenirs oder mit den Farben der Nationalflagge dekoriert. So werden ausländische und deutsche Familien auf ein paar multikulturelle Höhepunkte im Jahr und auf eine eher folkloristische Form der Völkerverständigung festgelegt. Diese Feste können durchaus auch eine integrative Wirkung haben. Aber sie sollten unbedingt mit anderen weniger spektakulären Formen des Kulturaustausches ergänzt und vertieft werden.

So ist beispielsweise die reichhaltige und interessante Kinderliteratur aus diesen Ländern hierzulande noch so gut wie unbekannt – während Kinderbuchautoren aus Schweden, USA oder Großbritannien auf dem deutschen Buchmarkt inzwischen eine Selbstverständlichkeit geworden sind. Mehr Offenheit gegenüber Anregungen aus Süd- und Osteuropa ist nun an der Zeit.

3. Sprache lernen durch Geschichten

Wir möchten noch einmal kurz die eingangs erwähnte Frage nach dem Sinn türkischer oder jugoslawischer Märchen aufgreifen – angesichts der Probleme ausländischer Kinder mit der deutschen Sprache. Wir können in diesem Zusammenhang nicht auf die komplexe und breitgefächerte wissenschaftliche Diskussion zur Sprachförderung und zur zweisprachigen Erziehung eingehen. Wir möchten jedoch einige Punkte zum Verhältnis von Sprache und Geschichten kurz ansprechen.

Neuere Untersuchungen zur Sprachentwicklung von sozial benachteiligten Kindern weisen darauf hin, daß auch diese Kinder bei der Vermittlung von Geschichten etwas Grundsätzliches für die gesamte Sprachentwicklung lernen: die Symbolfunktion der Sprache, ihre Verweisfunktion. Beim Hören und Lesen von Geschichten lernen Kinder, daß hier die Geschichte, das sprachliche Umfeld eines Wortes die Bedeutung des Wortes mitbestimmt – und nicht nur der unmittelbare Bezug zu einem Gebrauchsgegenstand oder zu einer persönlichen Erfahrung. In den verschiedenen Rotkäppchen-Geschichten ist z. B. der Jäger nicht nur ein Mann mit einem Gewehr, der Wild jagt; er ist einmal der Beschützer und Retter des Menschen, ein anderes Mal der eher dümmliche Eindringling, der die Natur zerstört (siehe S. 163f.).

Speziell bei ausländischen Kindern sind Pädagogen leicht versucht, ganz bestimmte Worte und Begriffe, die Kinder täglich brauchen, fast wie im isolierten Sprachtraining besonders zu betonen. Dabei bleibt der Wortschatz eng und die Kinder werden häufig weder emotional noch in ihrer Phantasie angesprochen – beides eine Voraussetzung für das Lernen.

Mit einer Geschichte werden Kinder emotional angesprochen und sie haben Zeit, das Erzählte auf sich einwirken zu lassen. Die Geschichte kann immer wieder erzählt werden und innerhalb der Geschichte sind oft viele Wiederholungen. So können Kinder *allmählich* den Sinn eines Wortes oder Satzes begreifen (dieser Prozeß wird durch häufiges Unterbrechen mit „Worterklärungen" gestört). Im Dialog mit anderen Kindern muß ein Kind dagegen sofort reagieren und antworten, „sonst ist der Zug abgefahren". Wie Kinderliteraturspezialisten sagen: Geschichten sind geduldig. Und entsprechend erleichtern sie das Kontextlernen (Bedeutung aus dem Zusammenhang erschließen).

Überlegen wir: welche Botschaft vermittelt eine Erzieherin einem griechischen Kind, wenn sie eine Geschichte aus Griechenland vorliest?

- ○ Ich weiß, woher du kommst und achte das.
- ○ Auch in dem Land, aus dem deine Eltern kommen, gibt es viele schöne Geschichten.
- ○ Ich kenne eine Geschichte aus Griechenland, die gefällt mir sehr gut.
- ○ Ich möchte sie nicht nur dir, sondern auch den anderen Kindern erzählen.

Wenn die Erzieherin dann die Familie dazu anregt oder einlädt, die Geschichte in griechischer Sprache zu erzählen, vermittelt sie dem Kind – und der Familie –, daß deren Sprache wichtig ist. Kinder können nur in einem Klima des Akzeptiertwerdens eine Sprache lernen. Migrantenkinder haben ein Recht auf die Entfaltung ihrer Phantasie in *zwei* Sprachen – und Phantasie und Sprache, Bilder und Begriffe gehören zusammen.

4. Fremde Geschichten kennenlernen: Pädagogen als Leser und Interpreten

Vorweg eine kritische Frage: Wie können deutsche Pädagogen Kindern Geschichten vermitteln, die ihnen selbst fremd sind? Benötigen sie dann nicht umfassende Interpretationen der einzelnen Geschichten? Wir haben uns ganz bewußt auf kulturkundliche Hintergrundinformationen beschränkt und darauf verzichtet, zu jeder Geschichte eine Interpretation für den Pädagogen zu liefern. Denn die Interpretation einer türkischen Geschichte für Leser in der Bundesrepublik Deutschland müßte türkische ebenso wie deutsche Lesererwartungen und Deutungsmuster miteinbeziehen, und dies würde den Rahmen eines Praxisbuches sprengen. Hinzu kommt, daß wir hier vor allem die Beschäftigung mit Ausdrucksformen anderer Kulturen anregen möchten. Entsprechend kann es nicht um das Nachvollziehen fertiger Interpretationen gehen, sondern um die Bereitschaft, sich mit neuen, möglicherweise auch fremdartigen Texten auseinanderzusetzen. Dazu möchten wir kurz einige Anregungen geben.

Eine Grundvoraussetzung ist, daß ein Lehrer oder Erzieher sich selbst zunächst als Leser und Interpret versteht.

Die erste Frage ist also: „Gefällt *mir* die Geschichte?" und nicht „Ist die Geschichte für meine Kinder(gruppe) geeignet?"

Wichtig ist, daß sich ein Erzieher oder Lehrer erst einmal selbst auf die Geschichte einläßt. Dies setzt mehrmaliges, auch lautes Lesen voraus, denn beim Lautlesen wird einem der besondere Ton und Erzählstil einer Geschichte erst bewußt. Während oder nach dem Lesen kann man versuchen, sich das *vorzustellen,* was beschrieben wird – als Bild und Bilderfolge (mit Farbe, Bewegung, Größenordnung usw.).

Auch nach diesem mehr assoziativen Einlesen sollte insbesondere bei neuartigen oder fremdartigen Geschichten nicht zu früh nach der „Botschaft" der Geschichte gefragt werden. Das Verstehen einer Geschichte ist ein allmählicher Prozeß, der häufig durch die Zuspitzung auf die Frage „Was will diese Geschichte eigentlich?" zu früh abgeschnitten wird. Schrittweises Verstehen heißt zunächst, den Aufbau und die Struktur einer Geschichte ermitteln. Folgende Fragen an den Text können hier weiterhelfen:

- Welche Leitmotive durchziehen die Geschichte (welche Bilder, Sätze, Sprüche gliedern die Geschichte, indem sie wiederholt auftauchen und im Laufe der Geschichte immer mehr Bedeutung bekommen)?
- Welche „Reise" unternimmt die Hauptfigur, welcher „Weg" wird beschrieben, was für Erfahrungen werden im Laufe der Reise gemacht?
- Woher droht Gefahr und Verlockung bzw. scheinbare Gefahr und scheinbare Sicherheit?
- Welche Gegensätze werden in der Geschichte aufgebaut oder in Frage gestellt?
- Wie ist die Geschichte aufgeteilt? Gibt es einen vertrauten und einen fremden (oder gefährlichen) Bereich? Wo ist die Grenze zwischen bekanntem und unbekanntem Raum?

Die Frage nach der Einteilung und Bedeutung des „Raumes“ ist deshalb aufschlußreich, weil in einer Erzählung die dargestellte Welt grundsätzlich in verschiedene Räume untergliedert ist – Räume, die symbolische Bedeutung annehmen und denen die Figuren entsprechend zugeordnet werden. Haus, Schloß, Garten, Wald, Wildnis, Stadt/Land usw. sind innerhalb einer Erzählung jeweils mit bestimmten Werten besetzt (z. B. fremd, feindselig, gefährlich, geborgen usw.) und die Handlung entwickelt sich aus der Spannung zwischen unterschiedlichen Räumen und Wertsystemen.

Insbesondere Märchen und traditionelle Erzählungen operieren mit einfachen Gegensätzen und klaren Grenzüberschreitungen – die Hauptfigur verläßt die Familie (das Haus) und geht in den Wald, der Bauer verläßt das Dorf und geht in die Stadt, der arme Mann betritt das Haus des reichen Mannes usw. In moderneren Geschichten werden die verschiedenen Räume nicht mehr so bildhaft gegenübergestellt und sie sind deutlicher auf der psychologischen und sozialen Ebene angesiedelt (z. B. in der Gegenüberstellung von konventionellen und weniger konventionellen Gruppen, von traditionellen Verhaltensmustern und unerwarteten oder „unverständlichen“ Verhaltensweisen usw.).

Wir möchten mit diesen Hinweisen keineswegs eine systematische Textinterpretation anregen, sondern lediglich die Beschäftigung mit verschiedenen Dimensionen von Erzähltexten. Nur wenn wir neue Geschichten nicht sogleich in altbekannte Schubladen stecken, können wir von ihnen auch etwas Neues erfahren.

Noch eine Anmerkung zum Prozeß der Vermittlung dieser Geschichten. Den Kindern kann durchaus bewußtgemacht werden, daß die Geschichte einem selbst fremd ist. Vor dem Erzählen oder Vorlesen kann die Erzieherin oder Lehrerin sich ausdrücklich an die Kinder des entsprechenden Landes wenden und betonen, daß jetzt eine Geschichte aus ihrem Land erzählt wird, die ihr, der Erzieherin, besonders gefallen hat. Sie kann der Kindergruppe vermitteln, daß die Geschichte für sie selbst auch neu ist, daß sie diese Geschichte vor kurzem zum ersten Mal gehört hat, um den Eindruck der gedankenlosen „Aneignung“ fremder Kulturen zu vermeiden.

II. Praktische Hinweise zu diesem Buch

1. Zur Auswahl der Geschichten

Bei der Durchsicht des umfassenden Materials, das Pädagogen und Spezialisten für Kinderliteratur in den Ländern Türkei, Jugoslawien, Griechenland, Italien, Spanien und Portugal für unser Institut zusammenstellten, wurde eines sogleich deutlich: In all diesen Ländern gibt es für Kinder ein reichhaltiges und breitgefächertes Angebot: von traditionellen Märchen über Fabeln oder Rätsel bis zu problemorientierten, modernen Geschichten über Umweltschutz, Familienkonflikte oder Migration.

Wir haben uns nicht bei jeder Geschichte gefragt „Was ist daran typisch türkisch?“ – oder „typisch italienisch“, obgleich wir soweit wie möglich Geschichten mit erkennbaren kulturspezifischen Motiven einbezogen haben. Aber gerade die für jüngere Kinder geeigneten Geschichten – z. B. Tiergeschichten – sind nicht in jedem Fall klar lokalisierbar. Wir haben versucht, zumindest ansatzweise einen Eindruck von der Vielfalt der jeweiligen Erzähltradition zu vermitteln. Die Auswahl umfaßt zum einen moderne Kinderliteratur (ausdrücklich für Kinder verfaßte zeitgenössische Texte), zum anderen traditionelle Geschichten, die, wie die meisten volkstümlichen Formen, ursprünglich nicht ausdrücklich für Kinder bestimmt waren, sondern in generationsgemischten Gruppen erzählt wurden. Alle Geschichten sind von Autoren in den jeweiligen Ländern geschrieben oder in der Landessprache überliefert worden. Wissenschaftlich abgesicherte Forschung zum „Ursprungsland“ eines Motivs oder einer Motivreihe waren weniger wichtig als die Frage nach der in einem Land verbreiteten Erzähltradition.

Neben der Auswahl für die sechs Länder haben wir noch einige „inter-nationale“ Geschichten ausgewählt – Geschichten, die in ganz verschiedenen Kulturkreisen Verbreitung fanden. Dabei denkt man spontan an die Grimmschen Märchen – aber es gibt auch aus den Kulturkreisen Süd- und Osteuropas interessante und lustige Geschichten, die bereits durch viele Länder gewandert sind, über mehrere Jahrhunderte hinweg – seien es Fabeln aus Griechenland, Pinocchio aus Italien, Nasreddin Hodscha aus der Türkei oder Don Quichote aus Spanien. All diese Figuren und Geschichten symbolisieren einen selbstverständlich gewordenen Kulturaustausch.

Eine fundierte Darstellung der Erzähltradition und Kinderliteratur in den einzelnen Ländern würde ganze Bücherreihen füllen. Wir haben dennoch versucht, für eine erste Orientierung möglichst knappe kulturkundliche Hintergrundinformationen zu geben – zu spezifischen Merkmalen der jeweiligen Märchen- und Erzähltradition, zur Geschichte und Bedeutung einzelner Figuren und Motive.

Diese kulturkundlichen Einführungen stehen jeweils am Anfang der einzelnen Kapitel.

2. Die Altersstufe

Wir haben uns bemüht, im Sinne einer multifunktionalen Ausrichtung dieses Buches Geschichten und praktische Anregungen für unterschiedliche Alters- und Entwicklungsstufen zusammenzustellen. Altersstufenangaben sind insbesondere für Erzähltexte problematisch. Speziell Geschichten, die für uns selbst fremdartig sind, werden relativ schnell als „zu schwierig" für Kinder eingestuft – während altbekannte Märchen der Brüder Grimm, die durchaus nicht einfach sind, bereits 4jährigen Kindern erzählt werden. Wir haben, für eine erste Orientierung, zu jeder Geschichte eine untere Altersstufe angegeben (*ab* 4 Jahren oder *ab* 6 Jahren usw.). Das heißt: einige Geschichten sind erst für Kinder ab 6 Jahren verständlich, aber alle Geschichten, auch die mit der Angabe „ab 4 Jahren" sind ebensogut für ältere Kinder geeignet.

Die Altersstufe wird in der Übersichtstabelle und jeweils nach den einzelnen Geschichten angegeben.

3. Texte in der Landessprache: Ein Angebot für ausländische Familien

„Wozu die Texte in der Originalsprache?" werden einige Leser vielleicht fragen. Diese Texte bieten konkrete Anhaltspunkte für einen lebendigen Austausch zwischen ausländischer Familie und pädagogischer Institution. Hier geht es um eine Aufwertung der Sprache und Kultur ausländischer Familien mit *praktischen* Konsequenzen.

Den ausländischen Kindern der jeweiligen Nationalität kann der originalsprachige Text (als Fotokopie) mit nach Hause gegeben werden – nachdem oder während die Geschichte im Kindergarten oder in der Grundschule zur Sprache kommt. Die Eltern sehen, daß eine Geschichte aus ihrem Land zum Tagesablauf gehört. Sie können dazu angeregt werden, ihren Kindern den mitgebrachten Text vorzulesen.

In einigen national gemischten Kindergartengruppen, die mit diesen Materialien bereits gearbeitet haben, wurde diese Anregung von den Eltern aufgegriffen und einige Kinder konnten dann sogar ganze Abschnitte des originalsprachigen Textes auswendig. Ausländische Eltern oder Geschwister kamen in die Kindergruppe und lasen oder erzählten die jeweilige Geschichte in ihrer Sprache – eine beeindrukkende Erfahrung für die Kinder der jeweiligen Nationalität ebenso wie für die anderen Kinder in der Gruppe. Einige Kinder oder Eltern brachten noch weitere Geschichten und Kinderbücher aus ihrem Land in die Kindergruppe mit.

Es geht also nicht nur um eine „Geschichte aus Jugoslawien" oder eine „Geschichte aus Griechenland", sondern um die daran anknüpfenden Anregungen und Kontakte. Häufig wird beklagt, daß z. B. in türkischen Familien die muttersprachlichen (für Kinder ungeeigneten) Videofilme das Familienleben erobert haben. Man sollte immer wieder versuchen, dieser Isolation ausländischer Familien durch einen konkreten Bezug zum Geschehen im Kindergarten, im Hort oder in der Schule entgegenzuwirken. Es gilt, die Kinder mit einem qualitativ hochwertigen muttersprachlich-kulturellen Angebot zu unterstützen. Auch Kinderbücher aus dem jeweiligen Land sollten zum Grundbestand aller multinational zusammengesetzten Klassen und Kindergruppen gehören.

4. Praktische Anregungen: Spiel- und Gestaltungsvorschläge

Grundsätzlich gilt: eine Erzählung steht für sich. Erzählen, Vorlesen, Zuhören sind bereits dem Medium entsprechende Tätigkeiten. Man muß nicht immer aus jeder Geschichte „etwas machen". Wir haben dennoch beispielhaft zu einzelnen Geschichten Spiel- und Gestaltungsvorschläge ausgearbeitet. Bei diesen Vorschlägen ging es uns um verschiedene Möglichkeiten der *Umsetzung* einer Geschichte (oder einzelner Elemente einer Geschichte) in eine andere Form. Geschichten – generell fiktionale Texte – bieten eine Gestalt an und nicht eine Reihung von Sachaussagen. Sie sollten zur weiteren Gestaltung anregen – sei es im sprachlichen, musikalischen oder bildnerischen Bereich.

Mit Blick auf die gemeinsame Förderung deutscher und ausländischer Kinder ging es uns bei den Spiel- und Gestaltungsvorschlägen noch um etwas anderes. Wird eine Erzählung „fortgesetzt" in ein szenisches Spiel, in das Herstellen eines Bilderbuchs usw., dann bekommt sie im Alltag der Kindergruppe noch mehr Gewicht – es gibt dann etwas, das längerfristig vorbereitet wird, das „hergezeigt" werden kann (anderen Kindern oder Eltern), das sogar einmal auf einem Fest vorgeführt werden kann. Auf diese Weise werden die Erzählungen lebendiger, sie können zu einem Erlebnis werden, das die ganze Gruppe – und möglicherweise auch die Eltern – anspricht.

In den Spiel- und Gestaltungsvorschlägen zu den Geschichten und Märchen wurden, soweit möglich, auch Elemente der jeweiligen Sprache und Kultur einbezogen. Diese Elemente (türkische Musik und Requisiten, eine griechische Begrüßungsformel usw.) sollten sich aber stets aus der jeweiligen Tätigkeit ergeben. Es ist nicht sinnvoll, von Kindern im Alter zwischen 3 und 10 Jahren direkte Übersetzungsleistungen zu verlangen (Übersetzung einzelner Worte und Sätze). Die jeweilige Sprache muß sich im Kontext des Spiels ergeben – z. B. der Ansager des internationalen Zirkus ist Spanier oder eine selbsthergestellte Pinocchio-Puppe spricht italienisch.

Es wurden möglichst unterschiedliche Praxisvorschläge ausgearbeitet: bildnerische Gestaltung, Puppen herstellen, musikalische Umsetzung usw. Dabei haben wir versucht, jeweils die Form auszuwählen, die am ehesten dem Aufforderungscharakter des betreffenden Textes entspricht. Die einzelnen Vorschläge sind aber auch auf andere Geschichten übertragbar, denn es handelt sich durchweg um Grundformen der kreativen Umsetzung von Märchen und Erzählungen.

5. Zum flexiblen Einsatz der Materialien: Konkrete Beispiele

Prinzipiell kann jede Geschichte *einzeln* eingesetzt oder mit anderen Elementen *kombiniert* werden:

- mit anderen Geschichten aus demselben Land,
- mit Geschichten aus anderen Ländern,
- mit Spiel- und Gestaltungsideen (siehe praktische Anregungen),
- mit Illustrationsmaterial,
- mit einer muttersprachlichen Anregung für die ausländische Familie (siehe originalsprachige Texte zu jedem Land).

Die Tabellen (S. 250ff.) ermöglichen eine schnelle pädagogisch-didaktisch orientierte Übersicht – zu den Erzähltexten, zum Land, zur Altersstufe, zu den Themenbereichen, zu den praktischen Anregungen.

Auch die Illustrationen aus den jeweiligen Ländern können für sich stehen: für eine Bildbetrachtung, einen Bildvergleich oder als Anregung zum Phantasieren und Erzählen. Sie können ebenfalls mit den entsprechenden Geschichten oder Praxisanregungen kombiniert werden.

Im folgenden werden vier Beispiele für den flexiblen Einsatz der Materialien durchgespielt. Zu jedem Beispiel werden verschiedene Anregungen angeführt, die wiederum einzeln umgesetzt oder miteinander kombiniert werden können.

Beispiel 1: Eine multinationale *Hortgruppe.* – Dazu gehören u. a. italienische Kinder.

- Einige Kinder haben einen Pinocchio-Film gesehen. Zur Vertiefung und Differenzierung des Pinocchio-Bildes werden die Pinocchio-Illustrationen angeschaut (S. 199). Einige Kinder (italienische und andere) können sich noch um weitere Pinocchio-Bilder bemühen.
- Eine Pinocchio-Puppe wird hergestellt (siehe praktische Anregungen, S. 204ff.).
- Die italienischen Kinder in der Gruppe lassen die Pinocchio-Puppe italienisch sprechen.
- Es werden verschiedene Pinocchio-Geschichten vorgelesen und erzählt, z. B. die klassische Erzählung von Collodi und die moderne Version von Rodari (S. 192ff.).

Beispiel 2: In einer multinationalen *Kindergartengruppe* sind neben deutschen Kindern, Kinder aus Italien, Griechenland, Spanien, Portugal, Vietnam und den USA.

- Die Erzieherin kann das deutsche Geschichtenrepertoire erweitern und die entsprechenden Geschichten aus Italien, Griechenland, Spanien, Portugal auswählen. Zu den USA und zu Vietnam werden von den Eltern oder in der öffentlichen Bücherei ebenfalls Kindergeschichten ausgewählt.
- „Wir erzählen uns Geschichten“ könnte das Thema eines Eltern-Kind-Nachmittags sein. Die Erzieherin regt sowohl Kinder als auch Eltern (die sie individuell anspricht) an, über ihre Lieblingsgeschichte nachzudenken. Kinder und Eltern können sich dann zunächst gemeinsam zu Hause überlegen, was sie erzählen möchten. Wer ein Bild zu der Geschichte hat oder eine passende Spielfigur, sollte diese mitbringen. An dem vereinbarten Nachmittag sorgt die Erzieherin für eine angenehme Atmosphäre (gedämpftes Licht, evtl. Kerzen, gemütliche Sitzgelegenheiten) und erzählt zum Einstieg selbst eine Geschichte. Wer will, kann weitermachen. Ausländische Eltern erzählen eine kurze Geschichte in der eigenen

Sprache, wenn ihre Deutschkenntnisse nicht ausreichend sind. Für die anderen Eltern und Kinder ist das dann eine „Klanggeschichte".

- Im Gang, beim Elternabend oder bei einem Fest werden die im Kindergarten erstellten zweisprachigen Bilderbücher ausgestellt (siehe Vorschlag auf S. 31f.).

Beispiel 3: Eine *Grundschulklasse* mit 35% türkischen Kindern (dem Einzugsgebiet entsprechend). Die Lehrerin kann sich auf das türkische Material konzentrieren und unterschiedliche Angebote machen:

- eine Auswahl von türkischen Geschichten wird in der Klasse in deutscher Sprache vorgelesen und besprochen.

Keloglan und Hodscha

- Die türkischen Illustrationen zu Keloglan (S. 59ff.) oder zu Hodscha (S. 208ff.) werden mit dem Epidiaskop an die Wand projiziert und die Kinder assoziieren dazu. Dabei können sowohl unterschiedliche Darstellungen dieser Figuren als auch eine Bild*geschichte* gezeigt werden.
- Es werden ausgewählte Keloglan- und Hodscha-Geschichten vorgelesen oder erzählt.
- Die türkischen Kinder werden dazu angeregt, sich von ihren Eltern weitere Keloglan- oder Hodscha-Geschichten erzählen zu lassen (Hodscha ist auch heute noch eine der bekanntesten Figuren des türkischen Humors) – die Kinder können diese Geschichten dann in der Klasse erzählen. Vielleicht haben sie auch noch entsprechendes Bildmaterial zu Hause bekommen, das gezeigt werden könnte.
- Bildmaterial oder Geschichten zu Keloglan und Hodscha könnten von den türkischen Kindern auch in einigen städtischen Büchereien ausgeliehen werden.

„Der Jäger Ahmet"

- Der deutsche Märchentext (S. 42ff.) wird in der Klasse vorgelesen und erzählt.
- Die ganze Klasse bereitet, nachdem sie mit dem Märchen gründlich vertraut ist, ein Schattenspiel vor (siehe praktische Anregungen, S. 50ff.).
- Die türkischen Kinder bekommen eine Kopie des türkischen Originaltextes von „Der Jäger Ahmet" mit nach Hause.
- Die türkischen Kinder werden angeregt, von zu Hause Kassetten mit türkischer Volksmusik für die musikalische Untermalung des Schattenspiels mitzubringen.
- Die Kinder und die Lehrer bemühen sich, einen türkischen Lehrer, Nachbarn, Vater usw. für die musikalische Begleitung des Schattenspiels – mit türkischer live-Musik – zu gewinnen.
- Das Schattenspiel wird vor ausländischen und deutschen Eltern aufgeführt – in deutscher Sprache mit türkischer Musik.
- Mit einem türkischen Kollegen wird eine deutsch-türkische Version des Schattenspiels „Der Jäger Ahmet" erarbeitet – z.B. Erzähltexte auf Deutsch, Dialoge in türkischer Sprache. Deutsche und türkische Kinder führen das Stück auf.

Beispiel 4: Anlaß: Im *Kindergarten* geht es um das Thema „Zirkus" – dem Rahmenplan oder der Situation entsprechend.

In der Übersichtstabelle sieht die Erzieherin unter der Rubrik „Themen/Stichworte", welche Geschichte für dieses Thema in Frage kommt – mit den entsprechenden praktischen Anregungen. Dasselbe gilt für viele andere Themen wie Freundschaft, Traurigsein, Teilen und Geben, Winter, Umwelt, Berufe usw. Die entsprechenden Stichworte zu den einzelnen Geschichten ermöglichen eine themenbezogene Auswahl.

Anhand der Beispiele wird klar, daß wir Anregungen geben möchten und nicht ein fertiges Programm präsentieren. Wir hoffen, daß die Geschichten, Bilder, Spielvorschläge oder auch die kulturkundlichen Einführungen zu weiteren Aktivitäten führen: daß ausländische Kinder Lust bekommen, Kinderbücher in ihrer eigenen Sprache kennenzulernen und entsprechend in der Familie das muttersprachliche Angebot an Kinderliteratur erweitert wird; daß sich neue Kontaktformen zwischen Pädagogen und ausländischen Familien oder zwischen ausländischen und deutschen Kindern ergeben; daß deutsche Pädagogen sich für die Literatur der Herkunftsländer interessieren.

B.

Märchen und Erzählungen aus den Ländern Türkei – Jugoslawien – Griechenland – Italien – Spanien – Portugal

I. Märchen und Erzählungen aus der Türkei

Illustration: Yıldız Cıbıroğlu (Istanbul 1982)

0. Türkische Märchen und Erzählungen: Eine Einführung

Entsprechend der Geschichte Türkeis gibt es nicht *die* türkische Erzähltradition, sondern eine Vielfalt von Einflüssen und Strömungen aus unterschiedlichen Kulturkreisen. Mündliche Überlieferung aus Zentralasien und dessen Nachbarländern vermischte sich mit altanatolischen Traditionen ebenso wie mit indischen, persischen und arabischen Erzählstoffen (*Uzunoğlu-Ocherbauer,* 1981, S. 8).

Meral *Alpay* (1983) charakterisiert die Erzähltradition der Türkei folgendermaßen. „Mehrere türkische Tiermärchen haben mit ähnlichen, zum Beispiel in Europa verbreiteten Märchen gemeinsame Quellen: Werke indischen Ursprungs, die durch Vermittlung der Araber und Perser verbreitet wurden, sowie die Fabeln des Äsop, deren Wurzeln bis in die mesopotamische Erzähltradition zurückreichen. Es gibt jedoch auch andere türkische Märchen, solche, die entweder in den alten Zivilisationen der Turkvölker im Mittleren Osten oder aber in den Kulturen Mittelasiens, der alten Heimat der Türken, wurzeln. Die meisten von ihnen erklären Entstehung und Veränderung von Naturereignissen und Elementen. Deshalb auch sind sie eigentlich, wenngleich sie heute die Form von Märchen angenommen haben, Überreste einer alten Glaubensordnung (Religion und Mythologie).

Es ist eine hervorstechende Eigenschaft der türkischen Märchen, daß sie wenig außernatürliche Elemente aufweisen. Die Handlung wird nicht, wie meist angenommen, auf dem Wege über irreale Wesen wie Geister, Feen und Drachen, vorangetrieben. Solche Wesen haben in den Märchen ihren Platz, aber sie besitzen menschenähnliche Eigenschaften. Sie werden dargestellt wie Personen, die über die Fähigkeit verfügen, die Gestalt zu wechseln.

In einigen realistischen türkischen Märchen ist der Sultan die Hauptfigur. Das eine Mal wird er positiv dargestellt: er beschützt das Volk, ist hilfsbereit, freigiebig und von schönem Äußeren. Das andere Mal ist er das genaue Gegenteil. Die Stelle des Sultans wird in manchen Märchen von Fürsten, Veziren oder reichen Kaufleuten eingenommen. Auch Personen wie der Hodscha, der Kadi, der Müftü, die über ideelle Macht verfügen und die Pflicht übernommen haben, den Befehl Gottes und die Gesetze ehrlich zu befolgen, werden in den Märchen einer ebenso scharfen und unbarmherzigen Kritik unterzogen wie die anderen.

Die liebenswert und positiv gezeichneten Personen der realistischen Märchen sind die kleinen Kinder reicher und mächtiger Leute (Sultan, Vezir, Fürst, Kaufmann) oder aber auch armer und schwacher Familien, Mädchen ebenso wie Knaben. Manchmal geschieht es aus irgendeinem Grund, daß diese Kinder aus ihrem eigenen Umkreis ausgestoßen werden und in eine andere Gesellschaftsschicht, unter ihnen völlig fremde Menschen, geraten.

Stellvertretend für alle, die vom Geschick nicht begünstigt sind, ihr hartes Los aber besiegen, tritt in den Märchen der *Keloglan,* der Kahlkopf, auf. Der kahle Junge ist meist der Sohn einer armen, alten Witwe. Er wird in seiner Umgebung gering geachtet, gestoßen und getreten. Er ist gescheit, geschickt, manchmal auch schlau. Es gehört zu seinen Merkmalen, daß er mit den Bösen und Mächtigen kämpft und schließlich unverhoffte Erfolge erringt. Mit seiner Schlauheit ähnelt er den Märchen- und Mythologiehelden, die im Englischen unter dem Namen „trickster" bekannt sind. Sobald er spürt, daß man ihn unterdrücken will, nimmt er den Kampf auf. Der kahle Junge ist häßlich und unbemittelt, er müht sich und plagt sich ab, um innerhalb der Gesellschaft einen Platz zu erringen. Am Ende des Märchens ist er entweder reich geworden oder er hat die Tochter des Sultans zur Frau bekommen. Wenn er es sich in den Kopf gesetzt hat, die Prinzessin zu heiraten, dann führt er es ganz sicherlich aus. Mit List und Verstellung und auf verwickelten Wegen besiegt er seinen Feind auf jeden Fall. Wie jeder Mensch hat er gute und schlechte Seiten. Man kann nicht sagen, daß er vernünftig ist. Er verlangt von niemandem Hilfe. Seine Kampfbereitschaft ist ihm beim Geldverdienen behilflich. Er ist unbarmherzig gegenüber seinen Feinden und gegenüber jedem, der nicht auf seiner Seite steht. Seine Feinde ahnen nicht, daß dieser kleine Kerl, dieser kahle und arme Junge so geschickt sein kann. Dies aber, daß dieser unbedeutend scheinende Held die Bösen, die Riesen und die Zauberer besiegt, ist es, was das Märchen liebenswert macht.

Das Gegenstück zu den Keloglan-Märchen ist das arme, aber kluge Mädchen. Dank ihres Verstandes, ihrer Schönheit und ihrer guten Eigenschaften heiratet auch sie einen Prinzen oder einen Fürstensohn.

Daß Helden wie der „kahle Junge" und das „kluge Mädchen" durch Jahrhunderte hindurch in den Märchen fortlebten, beleuchtet eine Eigenheit des gesellschaftlichen Aufbaus im Osmanischen Reich. Denn innerhalb dieser Gesellschaftsordnung war es jederzeit möglich, vom Sklaven zum Vezir und von der Sklavin zur Herrscherin aufzusteigen.

Wir haben versucht, ein möglichst breitgefächertes Angebot an türkischen Erzählungen zusammenzustellen – breitgefächert im Hinblick auf den Erzählstoff und auf den Erzählstil. Die vielfältige Bild- und Symbolwelt der türkischen Erzähltradition kann dazu beitragen, gängige Stereotypen in Frage zu stellen. So werden in türkischen Erzählungen zum Beispiel keineswegs passive Frauen oder schicksalsergebene Figuren zu Leitbildern erhoben. Im Gegenteil: die Frau übernimmt häufig die Initiative oder sogar eine Führungsrolle. Sie kann durch List, Klugheit oder Liebe das Unheil abwenden und sich das Glück „verdienen". Beispielhaft für diese Tradition steht – ähnlich wie in anderen Ländern – „Das kluge Bauernmädchen" (S. 55f.). In einigen der bekanntesten Märchen der Brüder Grimm hingegen werden Mädchen und Frauen häufig passive und traditionell „weibliche" Funktionen zugeschrieben.

Im türkischen Märchen ist das Schicksal mächtig, aber durchaus nicht allmächtig. A. *Uzunoğlu* (1981, S. 9f.) schreibt zu diesem Thema: „Ergebenheit in das Schicksal ist eine Tugend, aber nur dann, wenn das, was ‚Gott einem auf die Stirne geschrieben hat', unter keinen Umständen zu ändern ist ... Sonst heißt es, sich durchkämpfen" – wie Keloglan oder die kluge Bauerstochter. Für zwei unterschiedliche Perspektiven zur Bedeutung des Schicksals vergleiche „Der Jäger Ahmet" und „Steig auf, liebe Sonne" (S. 42ff. und 36ff.).

1. Der Fisch mit dem goldenen Bart (Türkei)

In einem Teil des Meeres lebten vor langer, langer Zeit zwei Fische, die sehr gute Freunde waren. Davon hatte der eine einen schönen, langen, goldenen Bart.

Die beiden Fische verbrachten, so wie es Freunde tun, viel Zeit miteinander. Doch eines Tages suchte der Fisch mit dem goldenen Bart vergeblich nach seinem Freund. Nirgends konnte er ihn finden. Tief bekümmert suchte er den Zauberer Oktapus auf und erzählte ihm, daß sein bester Freund verschwunden sei.

Der Zauberer sprach: „Die Menschen haben deinen Freund gefangen. Ich werde dich an Land bringen, so daß du deinen Freund suchen kannst. Bedenke aber, du mußt vor Sonnenuntergang wieder ins Meer zurückkommen, sonst mußt du sterben."

Der Zauberer versetzte den Fisch mit dem goldenen Bart in Schlaf, und als dieser am Strand des Meeres aufwachte, hatte er die Gestalt eines Menschen angenommen.

Auf der Erde war es Winter, und der Fisch in Menschengestalt sah überall Schnee und Eisblumen. Er kam durch Wälder und eine große Ebene, bis er am Horizont die schneebedeckten Türme und Dächer einer Stadt sah. Er wanderte auf die Stadt zu und begann sofort, als er sie erreicht hatte, nach seinem Freund zu suchen. Lange, lange suchte er, aber die Suche schien vergeblich zu sein. Der Abend näherte sich schon, und er wurde sehr traurig und niedergeschlagen. Als er schon alle Hoffnung aufgegeben hatte, was sah er da? Im Schaufenster eines Ladens schwamm sein Freund in einem Aquarium. Schnell betrat er den Laden.

„Bitte gib' mit den Fisch dort", sagte er zu dem Verkäufer. Doch der Verkäufer verlangte Geld, was ihm der Fisch in Menschengestalt natürlich nicht geben konnte.

Da sagte der Verkäufer: „Wenn du nicht bezahlen kannst, kann ich dir auch nicht den Fisch verkaufen, es sei denn, du schneidest deinen goldenen Bart ab und bezahlst damit."

Was sollte der arme Fisch in Menschengestalt tun? Das Wichtigste war ihm, seinen Freund zu retten. Er schnitt sich also den Bart ab, dann nahm er seinen Freund in den Arm und rannte aus der Stadt.

Die Sonne ging schon langsam unter, und er erinnerte sich an die Warnung des Zauberers. Er lief und lief, ohne sich eine Rast zu gönnen. Gerade als die Sonne am Horizont verschwand, erreichten beide das Meer und tauchten sofort in den Wellen unter. Der Fisch in Menschengestalt verwandelte sich dabei wieder in einen echten Fisch. Voller Freude umarmten sich die beiden Freunde und schwammen glücklich nach Hause.

Seit diesem Tag hat keiner der beiden Fische mehr einen goldenen Bart, doch sie sind die besten Freunde, die man sich vorstellen kann.

Volksmärchen
Aus dem Türkischen übertragen von Domna Steininger

Originaltext: Altın sakallı balık (Der Fisch mit dem goldenen Bart, Türkei)

Bir zamanlar bir deniz ülkesinde iki arkadaş balık yaşarmış. Balıklardan birinin çok güzel bir altın sakalı varmış. Günlerden birgün altın sakallı balığın arkadaşı kaybolmuş.

Arkadaşının kaybolmasına çok üzülen altın sakallı balık, büyücü ahtopottan yardım istemiş. Büyücü ahtopot: "Arkadaşını insanlar yakalamış. Seni karaya çıkarıyorum. Git onu bul. Yalnız güneş batmadan denize dönmelisin. Eğer dönmezsen yok olursun" demiş.

Altın sakallı balık, gözlerini açtığı zaman kendini insan şeklinde bir deniz kenarında bulmuş. Mevsim kış imiş ve sabah olmak üzereymiş. Altın sakallı balık arkadaşını bulmak ümidiyle yola koyulmuş. Etraf kar çiçekleriyle doluymuş. Altın sakallı balık, ormanlık yollardan geçtikten sonra düz bir yere varmış. Tavşan ona bakıyormuş. Her taraf karla kaplıymış, uzakta karlar arasında evler ve minareler görüyormuş.

Altın sakallı balık şehre girip arkadaşını aramaya başlamış. Bütün çabalarına rağmen arkadaşını bir türlü bulamamış. Akşam yaklaştığı için de çok üzgünmüş. O, böyle üzüntüyle dolaşırken bir de ne görsün? Arkadaşı bir akvaryumcunun vitrinde durmuyor mu? Çok sevinmiş. Hemen dükkana girip arkadaşını istemiş. Ama akvaryumcuya verecek parası yokmuş. Akvaryumcu "O halde altın sakalını ver" demiş. Altın sakallı balık, çaresiz sakalını kesip vermiş. Balığı alır almaz dükkândan çıkmış ve koşmağa başlamış. Altın sakallı balık durmadan koşuyormuş. Çünkü güneş batmak üzereymiş.

Ulaştığı ilk deniz kıyısından kendini arkadaşıyle denize bırakmış. Bu sırada güneş de batıyormuş.

Böylece iki arkadaş balık kucaklaşıp sevinmişler. Altın sakallı balığın artık altın sakalları yokmuş ama, çok mutlu olmuşlar.

Ab 4 Jahren

Themen/Stichworte:
- *Freundschaft;*
- *Etwas herschenken, aufgeben;*
- *Was würde ich für meine beste Freundin bzw. meinen besten Freund herschenken?*

Praktische Anregungen

Aufgrund des relativ einfachen Aufbaus in anschaulichen Abschnitten bietet sich diese Geschichte für *bildnerisches Gestalten* besonders gut an:
- die zwei befreundeten Fische spielen im Meer;
- der Fisch mit dem goldenen Bart wandert durch die Winterlandschaft in Gestalt eines Menschen;
- der verlorene Freund schaut aus dem Aquarium im Schaufenster;
- im Laden schneidet der Fisch seinen goldenen Bart ab;
- die zwei Freunde kehren zum Meer zurück.

Diese Grundelemente der Geschichte können beliebig ausdifferenziert und bildnerisch umgesetzt werden. Wir beschränken uns hier auf drei Vorschläge.

1 *Herstellung eines zweisprachigen Bilderbuches*

Bei der Eigenherstellung von Büchern in Kindergruppen geht es je nach Alter, Interesse und Entwicklungsstand der Kinder sowie didaktischer Absicht des Pädagogen entweder um *individuelle Bilderbücher* oder *Gruppenbilderbücher.*

Bei den *individuellen Bilderbüchern,* die sich an einer Märchenerzählung anlehnen, stellen einzelne Kinder in Buchform eine eigene Interpretation der Geschichte dar. So entstehen viele Varianten der gleichen Erzählung, die die Kinder sich mit Hilfe eines Erwachsenen gegenseitig vorstellen können. Ein Vorteil der individuellen Bücher ist, daß sie für einzelne Kinder eine persönliche Bedeutung haben und – ein wichtiger Gesichtspunkt in der Arbeit mit ausländischen Kindern – daß sie nach Hause mitgenommen werden können.

Im Kindergarten werden solche Bücher nur von den älteren Kindern erstellt werden können, die in der Lage sind, eine zusammenhängende Handlung in Bildfolgen darzustellen. Wie die Bilder entstehen, hängt von der methodischen Vorgehensweise des Pädagogen ab. Im Kindergarten werden solche Bücher eher im Rahmen des freien Spiels oder einer Kleingruppenarbeit entstehen; in der Grundschule können sie in mehr strukturierter Weise als Aufgabe im Deutschunterricht hergestellt werden.

Bei den *Gruppenbilderbüchern* werden die Bilder einzelner Kinder zu verschiedenen Szenen der Geschichte in einem Buch zusammengetragen. Um die einzelnen Elemente der Geschichte möglichst zusammenhängend und erkennbar darstellen zu können, erfordert dieser Vorgang einiges an Vorstrukturierung: Wie teilen wir die Geschichte auf? Wer malt welche Szene usw.? Die Gruppenbilderbücher bleiben im Gruppen- bzw. Klassenraum, am besten in der Bilderbuch- bzw. Leseecke, wo sie immer wieder angeschaut bzw. von Zeit zu Zeit vorgelesen werden können. Die fertigen Bücher können zusammen mit dem Märchen bei einem Elternabend vorgestellt werden. So merken die türkischen Eltern, daß Märchen aus dem eigenen Land geschätzt werden; gleichzeitig lernen die deutschen Eltern auf diese Weise etwas von der türkischen Märchenkultur und haben Spaß an den (meist originellen) Interpretationen ihrer Kinder.

Zum Text:
Die Erzählungen der Kinder zu ihren Bildern können entweder wörtlich (mit Hilfe eines Aufnahmegeräts) wiedergegeben oder von der Erzieherin bzw. Lehrerin in einem knappen Text zusammengefaßt werden. Im Falle eines zweisprachigen Bilderbuches ist die zweite Lösung empfehlenswert. Mit Hilfe eines türkischen Familienangehörigen (Eltern, ältere Geschwister) bzw. eines türkischen Lehrers, Erziehers oder Sozialarbeiters kann dann der einfache Text ins Türkische übersetzt werden. Text und Bild sollten möglichst deutlich voneinander abgesetzt werden. Wegen des Textumfangs, der durch die zwei Sprachen entsteht, empfiehlt sich jeweils eine Seite Bild, eine Seite Text. Wird der Text deutlich in Druckbuchstaben geschrieben, so wird ermöglicht, daß das Buch lange nach der Herstellung noch vorgelesen bzw. gelesen werden kann.

Materialhinweise:
Für das Deckblatt nimmt man am besten einen stabilen Karton, der nach der Ausgestaltung mit einer Folie (zur besseren Haltbarkeit) beklebt wird. Für die Innenseiten eignen sich farbige Tonpapierblätter, auf die die Arbeiten der Kinder geklebt werden.

Gefaltete Blätter können mit Zwirn oder Stickgarn zusammengenäht, einzelne Blätter gelocht und mit einer farbigen Schleife zusammengebunden werden. Das Format ändert sich nach Absicht und Inhalt der Darstellung.

2 *Bilderfries*

Alternativ zur Buchform kann die Geschichte auch als Wandfries nachgestaltet werden. Hier können mehrere Kinder an einzelnen Bildteilen zusammenarbeiten (Voraussetzung: Absprachen über die Aufteilung der Bildfläche und der Malaufgaben).

Die Bildszenen können mit Deckfarben direkt ans Papier gemalt werden oder als Collage aus ausgeschnittenen, selbstgemalten Figuren zusammengestellt werden. Der Fries wirkt lebendiger, wenn bestimmte Elemente der Geschichte dreidimensionalen Charakter haben: so bekommt beispielsweise der Hauptdarsteller dieses Märchens immer einen aus hellem Fell oder aus goldgelber Wolle aufgeklebten Bart; oder der Kaufladen wird aus einer entsprechend ausgeschmückten Schachtel gestaltet und hingeklebt.

Nach Fertigstellung wird der Fries aufgehängt – am besten im Gang, wo Eltern (mindestens im Kindergarten) die Gelegenheit nehmen können, den angebrachten deutschen und türkischen Erzähltext durchzulesen bzw. die zuständige Erzieherin nach einem Leihexemplar zu fragen.

Eine Alternative zum Wandfries bietet das Fensterfries: die Bilder werden in Transparentfarben auf eine feste Folie gemalt und an das Fenster angebracht. Die einzelnen Figuren kommen besonders wirkungsvoll zur Geltung, wenn sie mit einem schwarzen Profilstrich umrandet werden (z.B. Kromarfarben mit Leim vermischt).

3 *Projizierte Bilder*

In Kindergärten und Grundschulen mit Tageslichtprojektor können einzelne Kinder verschiedene Szenen der Geschichte auf Overheadfolien malen, die dann an die Wand projiziert werden. Immer wieder finden Kinder (und Erwachsene) das große selbstgemalte Bild an der Wand reizvoll – und zugleich eine Anregung zum Erzählen und Kommentieren.

2. Der Fuchs und die Trommel (Türkei)

In den meisten Geschichten über Füchse ist der Fuchs immer ganz besonders schlau. Er versucht, die anderen Tiere reinzulegen und zu betrügen.

In unserer Geschichte ist es ganz anders: der Fuchs ist hier nicht nur schlau, sondern auch klug.

Winter herrscht im Walde. Alle Tiere haben sich in ihre kleinen Häuser, Nester und Höhlen zurückgezogen, und diejenigen, die sich zum Winterschlaf hingelegt haben, sind schon im tiefsten Schlummer. Die Bäume können den Schnee, der gefallen ist, kaum noch tragen. Bei jedem Windstoß fliegen die Flocken in die Luft, und es sieht so aus, als ob es schneie.

In dieser Stille hört man plötzlich ein Geräusch. Es hört sich an wie ein Trommelschlag oder vielleicht ein Kanonenschuß.

Der Fuchs hatte sich noch vor Einbruch des Winters eine Höhle ausgesucht. Nun saß er in seinem Heim und fragte sich voller Angst, was das Geräusch wohl bedeuten möge. Aber jedesmal, wenn er neugierig seinen Kopf hinausstreckte, um sich umzusehen, kroch er zaghaft wieder zurück.

Auf die Dauer konnte er mit dieser Angst jedoch nicht weiterleben: Er mußte einfach wissen, was da draußen los war, und außerdem hatte er großen Hunger. Neugier und Hunger halfen ihm schließlich, seine Angst zu besiegen und er dachte: „Was dieses Geräusch auch sein mag, ich muß losgehen". Mit diesem Entschluß trat er aus seiner Höhle heraus und machte sich auf den Weg. Die Spuren seiner leisen Schritte im Schnee waren kaum zu sehen. Immerfort hörte er dasselbe Geräusch.

Er brauchte nicht lange zu gehen, da war er schon an dem Platz angelangt, aus dem das Geräusch kam. Dem Fuchs aber schien es, als ob Jahre vergangen wären. Er sah etwas an einem Ast baumeln, das einem Sack ähnelte. Äste, die bei jedem Windstoß an den schweren Sack stießen, erzeugten das seltsame Geräusch.

Aus der Nähe hörte sich dieses Geräusch gar nicht so schrecklich an, wie es ihm in seiner Höhle vorgekommen war. Was mochte denn in diesem Sack sein? Fleisch, Öl oder Käse? Er streckte sich und holte den Sack herunter. Er war gar nicht so schwer, wie er gedacht hatte. Von allen Seiten sah er sich den Sack an, fand aber nirgends eine Öffnung. Das Geräusch hatte aufgehört, er hatte keine Angst mehr, aber sein Hunger war um so größer geworden. Endlich zerriß er den Sack, um zu sehen, was drinnen war.

Und siehe da: Was er für einen Sack gehalten hatte, war nichts anderes als eine Trommel. Umsonst war also seine Angst gewesen, umsonst sein Bemühen. Da aber unser Fuchs im Unterschied zu vielen nicht nur schlau, sondern auch klug war, zog er seinen Schluß aus dieser Erfahrung und sagte zu sich selber:

- Fürchte dich nicht vor Sachen, nur weil du sie nicht kennst.
- Was innen hohl und leer ist, gibt viel Geräusch von sich.
- Säße ich nach wie vor in meiner Höhle, so wäre ich die Angst nicht losgeworden. Jetzt aber fürchte ich mich nicht mehr. Nicht nur ich, niemand im Walde braucht sich zu fürchten. Ich werde den anderen Tieren die gute Nachricht überbringen.

Beydaba
Aus dem Türkischen übersetzt von Zeynep Sayın,
gekürzt vom Staatsinstitut für Frühpädagogik

Ab 4 Jahren

Themen/Stichworte:
- *Angst/Angst vor dem Unbekannten*
  Wovor haben Tiere Angst (die Katze, die Maus, das Reh, der Fuchs usw.)?
  Wann habe ich das letzte Mal Angst gehabt, was habe ich dann gemacht?
- *Winter/Tiere, die Winterschlaf machen*

Praktische Anregungen

Zum Text

„Der Fuchs und die Trommel" ist eine aus dem Indischen überlieferte Fabel. Sie gehört zu dem berühmten Werk „Kalilah und Dinah", eine Sammlung von Geschichten, die laut Überlieferung im 3. Jahrhundert v. Chr. von dem indischen Priester und Philosophen *Beydaba* niedergeschrieben wurden. Das Werk wurde in viele Sprachen übersetzt und erfreute sich sowohl in christlichen als auch in islamischen Ländern großer Beliebtheit. Im 14. Jahrhundert wurde es zum ersten Mal ins Türkische übertragen.

Inzwischen gibt es zahlreiche türkische Versionen – sowohl in Prosa als auch in Gedichtform. Es ist im Laufe der Jahrhunderte zu einem „Volksbuch" geworden und viele Geschichten tauchen in Fabelbüchern für Kinder immer wieder auf (mit dem Aesopschen Fabeln vergleichbar). 1983 erschien in Istanbul sogar eine türkisch-deutsche Ausgabe, der dieser Text entnommen wurde.

Die Fabel als Erzählform verweist im Unterschied zur Tiergeschichte von vornherein auf eine andere Ebene, sie ist ein Lehrstück über menschliche Schwächen und Tugenden. Diese mehr allegorische Form wird in der Regel erst von Kindern im Grundschulalter erfaßt. Speziell diese Geschichte von der Angst erscheint uns aber als „Geschichte" – und nicht nur als Lehrstück – so einfach und einleuchtend, daß sie auch jüngeren Kindern erzählt werden kann.

1 *Szenisches Spiel mit rhythmischer Begleitung – ab 4 J.*

Um die Kinder zum Nachspiel dieser Erzählung anzuregen, müßte die Geschichte beim Erzählen ausgebaut werden, so daß sich die Kinder die Angst der Tiere, das ängstliche Suchen und Herumschleichen im Wald, die Trommel im Wind usw. vorstellen können. Die Erzählung eignet sich auch für jüngere Kinder gut zum Nachspiel, denn die Handlung

- kann als Gruppenspiel (ohne Publikum) mit einer beliebigen Anzahl von Kindern gespielt werden;
- die Geschichte läßt sich auf einen rudimentären Handlungs- und Bewegungsablauf reduzieren: Versteckt/geborgen – Angst – Suchen – Entdecken;
- das Spiel erfordert nur ein ganz einfaches räumliches Nebeneinander (Trommel im Hintergrund, wird dann entdeckt) und ein einfaches zeitliches Nacheinander (Geräusch, Suchen, Finden).

1. Teil: Winterschlaf; Geräusch der Trommel, Tiere bekommen Angst. Eine beliebige Anzahl von Kindern sucht/baut sich eine Höhle (mehrere kleine Höhlen oder eine große), wärmen sich, schlafen. Im Hintergrund hört man leise rhythmisches Klopfen, Tiere haben Angst: was ist das, wer geht und schaut nach?

2. Teil: Suchen, Entdecken der Trommel
Der Fuchs (oder mehrere Füchse oder verschiedene Tiere) schleichen ängstlich und suchend umher, finden endlich die Trommel.

3. Schlußfeier
Die übrigen Tiere in ihren Höhlen werden benachrichtigt, alle gehen zur Trommel und feiern (eventuell mit Rhythmusinstrumenten, Tanz).

Je nach Kindergruppe kann der erste Teil ausgebaut werden – mit Dialogen über die Angst, was da sein könnte, wer sich traut nachzuschauen usw. – oder aber der zweite Teil kann als Bewegungsspiel ausgebaut werden – wie bewegen sich welche Tiere, wie schleichen sie, wie hüpfen sie ganz leise, um nicht gehört zu werden, usw.

Ein Erzähler kann die Teile verbinden oder auch begleitend kommentieren. Das rhythmische Klopfen gegen die Trommel – hinter einer Trennwand – kann von einem oder mehreren Kindern übernommen werden.

Raumaufteilung

2 räumlich getrennte Spielflächen (durch Trennwand, Vorhang o. ä.), zwischen denen ein Weg zurückgelegt werden kann.

Requisiten, Verkleidung

Selbstgebaute Höhlen, Äste, Trommel (Waschmitteltrommel) mit Sack, Tierverkleidungen oder Tiermasken, eventuell Rhythmusinstrumente für die Schlußfeier.

Die Geschichte kann natürlich ebensogut ohne Masken und Verkleidungen gespielt werden.

2 *Pantomimische Darstellung – ab 6 J.*

Die Handlung läßt sich gut ohne Worte pantomimisch darstellen, wobei die einzelnen Phasen deutlich markiert werden müßten: frieren, in der Höhle schlafen, aufwachen, horchen, Angst haben, umherschleichen und suchen, Entdecken und Auspacken der Trommel, Freude.

Pantomime ist ein Spiel ohne Requisiten, ohne Hilfsmittel – durch Bewegung, Gestik und Mimik werden Begegnungen, Handlungsabläufe und Gegenstände simuliert bzw. „herbeigezaubert". Pantomime ist eine relativ abstrakte Spielform, die Disziplin erfordert, sie macht aber Kindern ab 6–7 Jahren schon Spaß. Das Spiel nach der Textvorlage kann als Einstieg in weitere pantomimische Spiele dienen (z.B. Berufe raten).

3. Steig auf, liebe Sonne (Türkei)

Es gab ein Dorf namens Kayadibi. Die Häuser des Dorfes standen am Fuß eines großen schwarzen Felsens. Deshalb hieß das Dorf „Kayabidi", das bedeutet nämlich so viel wie „Untermfels".

Jener große schwarze Felsen lag am Ostende des Dorfes. Dies war der Grund dafür, daß der Sonnenaufgang vom Dorf aus nicht gesehen werden konnte. Anderswo wurde es Morgen, wurde es Mittag, wurde es Nachmittag, und erst dann stieg die Sonne über der Spitze des schwarzen Felsens hoch. Nur zu sehr später Stunde fielen die Sonnenstrahlen in das Dorf Kayadibi.

Wenn die Kinder aus Kayadibi in der Früh hungrig wurden, riefen sie ihren Müttern zu:

„Mutter, Broooot! Mutter, Brooooot! ..."

Und ihre Mütter gaben ihnen folgende Antwort:

„Es ist ja noch nicht einmal die Sonne aufgegangen. Wartet nur, bis die Sonne aufgeht, dann bekommt ihr auch euer Brot." Wo doch an anderen Orten die Sonne längst aufgegangen war! Aber im Dorf Kayadibi war es noch nicht einmal richtig hell geworden. Da eilten dann die hungrigen Dorfkinder an den Fluß des schwarzen Felsens und flehten zur Sonne:

„Steig auf, liebe Sonne! Steig auf, damit mir meine Mutter Brot gibt!"

Im Dorf Kayadibi lebte ein kluges Kind mit Namen Ali. Er war ein sehr fleißiger Schüler.

Eines Tages flehten die Dorfkinder wieder am Fuß des schwarzen Felsens zur Sonne:

„Steig auf, liebe Sonne! Steig auf, damit mir meine Mutter Brot gibt!"

Ali sagte zu seinen Freunden:

„Hört zu! Unser Lehrer sagt, daß an anderen Orten die Sonne früher aufgeht. Dieser schwarze Felsen hält von unserem Dorf die Sonne ab. Deshalb dringen die Sonnenstrahlen erst spät in unser Dorf ein. Und es wird auch früh Abend."

Eines der Kinder meinte:

„Unser Dorf liegt nun einmal am Fuß des schwarzen Felsens. Was können wir da schon machen ..."

Ali gab ihm zur Antwort:

„Drüben auf der anderen Seite des schwarzen Felsens soll es hell, klar und sonnig sein. Ich bin sehr neugierig, wie es dort ausschaut. Wenn ihr wollt, gehen wir alle zusammen hin."

Freudig schrien die Kinder durcheinander:

„Los ..."

„Los, gehen wir es uns anschauen ..."

„Gehen wir alle zusammen hin, schnell ..."

Die Kinder sprangen von Stein zu Stein. Kletterten von Fels zu Fels. Stiegen hoch und immer höher.

Ali fand einen schmalen Durchgang durch den schwarzen Felsen. Nach dem Durchgang führte der Weg weiter. Ali rief seinen Freunden zu: „Kinder, ich hab' den Weg gefunden. Hier ist ein Durchgang. Kommt hierher! ..."

Die Kinder eilten zu Ali hin.

Gemeinsam gelangten sie alle auf die andere Seite des schwarzen Felsens. Hier war ein heller, großer, freier Platz, der in glitzerndes Sonnenlicht getaucht war. Es war eine grasgrüne Wiese. Es gab üppiges Gras. Um diesen hellen, freien Platz standen Bäume. Zwischen den Bäumen durch floß sauberes, klares Wasser.

Voll Freude rannten die Kinder auf dieser Wiese herum, hüpften und sprangen und spielten.

Ali wandte sich an seine Kameraden:

„Freunde", sagte er, „versetzen wir unser Dorf vom Fuß des schwarzen Felsens auf diese Sonnenseite! Bauen wir unsere Häuser auf diesem schönen Platz! Und es ist ja auch gar nicht weit von hier zu unseren Häusern ..."

Die Kinder klatschten vor Freude in die Hände und schrien:

„Versetzen wir unsere Häuser!"

„Übersiedeln wir hierher!"

„Kommen wir an diesen schönen Ort!"

„Verlassen wir den finsteren Ort unterm Fels!"

„Bauen wir unser Dorf hier von neuem auf!"

Ali sagte zu seinen Freunden:

„Vorher müssen wir die Sache mit den Erwachsenen besprechen! Wir müssen ihnen erzählen, daß es hier schöner, lichter und heller ist." „Also gut", meinten die Kinder, „gehen wir und sagen wir es unseren Eltern ..."

Ali und seine Kameraden kehrten in das Dorf Kayadibi zurück. Sie betraten das Kaffeehaus des Dorfes. Ali wandte sich mit folgenden Worten an die Dorfältesten:

„Liebe Onkels! Der schwarze Felsen hält von unserem Dorf die Sonne ab. Und weil in unserem Dorf keine Sonne scheint, gibt es viele Krankheiten. Die kleinen

Kinder bleiben in ihrer Entwicklung zurück. Unsere Felder liefern keinen guten Ertrag. Wir haben schlechte Ernten."

Ein weißbärtiger Alter aus dem Dorf erwiderte ihm:

„Alles, was du sagst, Ali, ist vollkommen richtig. Aber unser Dorf befindet sich seit jeher hier. Wir können schließlich nicht den schwarzen Felsen woanders hintragen ... Da ist nichts zu machen." Ali gab ihm folgende Antwort:

„Wir können zwar den schwarzen Felsen nicht von seinem Ort rücken, aber wir können unsere Häuser auf die andere Seite des schwarzen Felsens versetzen. Wir sind hingegangen und haben es uns angeschaut. Da gibt es schöne, große, freie Plätze voller Licht und Helligkeit. Bauen wir doch dort unsere Häuser von neuem!"

Die Männer im Kaffeehaus lachten über Alis Worte. Sie verspotteten ihn.

Eines schönen Tages erschien im Dorf Kayadibi ein armer Derwisch. Der Derwisch war ganz abgemagert, er war krank. Sein Gesicht war eingefallen und blaß. Vor Hunger war er völlig entkräftet.

Als der Derwisch eintraf, flehten die Dorfkinder soeben am Fuß des schwarzen Felsens zur Sonne:

„Steig auf, liebe Sonne! Steig auf, damit mir meine Mutter Brot gibt!"

Der Derwisch fragte die Kinder:

„Warum fleht ihr die Sonne an?"

Ali antwortete ihm:

„Weil uns dieser schwarze Felsen die Sonne wegnimmt. In unserem Dorf bricht der Morgen spät an. Wir flehen die Sonne an, sie möge in unserem Dorf auch so früh aufgehen wie an anderen Orten."

„Wenn ihr wollt", sagte der Derwisch, „versetze ich diesen schwarzen Felsen an einen anderen Ort; dann scheint auch in eurem Dorf die Sonne ..."

Ali schaute auf die alten, zerlumpten Kleidungsstücke des Derwisches. Er sah das abgerissene Schuhwerk. Er sah das bleiche Gesicht, die glanzlosen Augen. Dann sagte er zu ihm:

„Du kannst dich selbst nur mit Mühe auf den Beinen halten. Wie willst du da den riesigen schwarzen Felsen forttragen? Geh du deines Weges, uns kannst du nichts vormachen!"

Der Derwisch meinte:

„Laßt euch nicht durch mein Äußeres täuschen! Ihr braucht mir nur gute Nahrung zu geben. Wenn ich genügend zu essen habe, werde ich stark wie ein Riese. Dann nehme ich diesen schwarzen Felsen auf meinen Rücken und trage ihn fort."

Ali gab ihm darauf die folgende Antwort:

„Ich verstehe. Du bist ein ganz durchtriebener Mensch. Man merkt deutlich, daß du seit Tagen nicht mehr gegessen hast. Du suchst einen Ort, wo man dich durchfüttert. Aber wir fallen auf dich nicht herein. Wir glauben nicht, daß du den schwarzen Felsen forttragen kannst. Wenn du sehr hungrig bist, wollen wir es unseren Müttern sagen, sie sollen dir eine Wegzehrung mitgeben."

Der Derwisch begab sich in das Kaffeehaus des Dorfes. Erst entbot er den Anwesenden seinen Gruß. Dann wandte er sich mit folgenden Worten an die Dorfbewohner:

„Wenn ihr wollt, errette ich euer Dorf vor diesem schwarzen Felsen."

Neugierig fragten die Dorfbewohner:

„Wie willst du das anstellen?"
Der Derwisch erklärte ihnen:
„Ihr braucht mich nur vierzig Tage ordentlich zu ernähren. Ihr sollt mich mit Nüssen und Pistazien, mit Honig und Butter, mit Kuchen und Pasteten, mit Mandeln und Rosinen recht gut füttern! Am Ende des vierzigsten Tages bin ich dann stark wie ein Riese. Da nehme ich den schwarzen Felsen auf meinen Rücken und trage ihn weit fort von hier."
Voll Freude sagten die Dorfbewohner zu dem Derwisch:
„Du bist unser rettender Engel. Seit Jahren schon warten wir, daß du kommst. Einverstanden, wir werden dir durch vierzig Tage alles zu essen geben, was du wünschst. Dafür trägst du dann jenen schwarzen Felsen fort von unserem Dorf. Dann haben wir Tageslicht. Dann sehen wir jeden Morgen schon in aller Früh die Sonne aufgehen."

Als Ali hörte, was vorgefallen war, ging er zu den Dorfältesten. Er sagte zu ihnen:
„Dieser Derwisch ist ein gerissener Kerl. Er will uns hinters Licht führen."
Die Männer fragten Ali:
„Woher willst du denn wissen, daß er uns betrügt?"
„Weil", sagte Ali, „ein Mann allein diesen riesigen Felsen unmöglich wegtragen kann."
„Er kann ihn versetzen ...", widersprach ein alter Bauer.
Nun sagte Ali zu ihnen:
„Ihr meint, daß Häuser nicht versetzt werden können. Wie könnt ihr dann glauben, daß ein riesiger Felsen an einen anderen Ort versetzt werden kann? Dieser listige Derwisch hat nichts anderes im Sinn, als sich vierzig Tage lang auf unsere Kosten sattzuessen. Wenn er sich nach vierzig Tagen vollgefressen hat, wird er spurlos verschwinden."
Die Dorfältesten sagten zu Ali:
„Das verstehst du nicht!"
Da meinte Ali:
„Nun gut, aber wir haben auch eine Bitte an euch."
„Was ist eure Bitte?" fragten sie.
Ali führte es näher aus:
„Wenn dieser Derwisch, nachdem er vierzig Tage gut ernährt worden ist, den schwarzen Felsen nicht von hier forttragen kann, müßt ihr erlauben, daß wir unsere Häuser auf die andere Seite des schwarzen Felsens versetzen. Auf jenem großen freien Platz voller Licht und Sonne werden wir unsere Häuser von neuem bauen. Seid ihr einverstanden?"
Die Dorfbewohner glaubten, daß der Derwisch den schwarzen Felsen übertragen könne. Deshalb wollten sie Ali abwimmeln. „Gut", sagten sie, „wir versprechen es. Wenn nach vierzig Tagen der Derwisch den schwarzen Felsen nicht an einen anderen Ort versetzen kann, tragen wir unsere Häuser auf die andere Seite hin."

Der dürre Derwisch wurde im schönsten Zimmer des schönsten Hauses, das es im Dorf gab, untergebracht. Tür und Fenster jenes Zimmers wurden gut verschlossen.
Der Derwisch machte es sich in den weichen Kissen bequem. Jeden Morgen brachte man dem Derwisch Milch und Rahm, Butter und Honig, Kuchen und

Pasteten. Jeden Mittag bekam er gebratene Hühner, Braten, Reis, Kompott und süße Nachspeisen.

An den Abenden wurde er mit verschiedenen Fleischspeisen, gefüllten Gemüsen, kaltem Joghurt und süßen Obstsäften bewirtet. Und wenn der Derwisch noch auf etwas anderes Lust hatte, wurde ihm auch das sofort gebracht.

Alle Bewohner des Dorfes, groß und klein, hielten voll Neugier Wache in der Umgebung des Hauses, in dem sich der Derwisch aufhielt.

Vierzig Tage waren vergangen, seit sich der Derwisch zurückgezogen hatte, um sich mästen zu lassen. Vor dem Haus, in dem er wohnte, hatte sich eine große Menschenmenge angesammelt. Am einundvierzigsten Tag sollte der Derwisch das Haus verlassen. Aber jener zaundürre Derwisch war vom vielen Essen so fett geworden, von der guten Nahrung so dick geworden, daß er einfach in der Türe nicht mehr Platz hatte und das Haus nicht verlassen konnte. Die Bauern packten ihn an den Händen, zogen an seinen Armen. Mit viel Mühe brachten sie ihn schließlich zur Tür hinaus. Voran der Derwisch, hinter ihm die Dorfbewohner, begaben sie sich an den Fuß des schwarzen Felsens. Die Spitze des schwarzen Felsens verlor sich in den Wolken.

Der Derwisch hockte sich auf den Boden, lehnte sich mit dem Rücken an den schwarzen Felsen und sagte dann zu dem Bauern:

„Also los! Ladet ihn mir auf den Rücken, damit ich ihn forttragen kann von hier, den schwarzen Felsen.“

Die Dorfbewohner staunten nicht wenig über diese Worte des schlauen Derwisches.

„Wie sollen wir denn den riesigen Felsen auf deinen Rücken laden?“ fragten sie .

Und der Derwisch gab ihnen zur Antwort:

„Wenn ihr mir den Felsen nicht auf den Rücken ladet, wie soll ich ihn dann forttragen? Ich stehe zu meinem Wort. Ich werde den Felsen von hier fort an einen anderen Ort tragen. Aber ihr müßt ihn mir auf den Rücken laden.“

Alle Bauern versuchten es mit gemeinsamer Kraft. Sie mühten sich, den schwarzen Felsen auf den Rücken des Derwisches zu laden. Sie schoben und schoben, es gelang nicht. Sie zogen und zogen, es ging nicht. Sie banden ein Seil an den Felsen und hängten sich daran, auch das half nichts. Was immer sie auch anstellten, es gelang ihnen nicht, den Felsen von der Stelle zu rücken. Die Bauern waren total erschöpft und in Schweiß gebadet.

Der Derwisch sprach zu ihnen:

„Nun, ihr seht selbst, ich kann nichts dafür. Jetzt muß ich weiterziehen. Gehabt euch wohl!“

Der Derwisch macht sich auf und davon. Die Kinder des Dorfes waren wütend auf ihn und liefen ihm schreiend nach. Der Derwisch rannte, so rasch ihn seine Füße trugen und entkam.

Ali stellte sich auf einen hohen Stein. Von dort aus sprach er zu den Dorfbewohnern:

„Liebe Onkels! Jetzt habt ihr es gesehen, der Derwisch konnte den schwarzen Felsen nicht forttragen. Ihr hattet uns ein Versprechen gegeben: Wenn der Derwisch den Felsen nicht versetzen kann, dann bauen wir unsere Häuser auf der anderen Seite des Felsens auf. Jetzt müßt ihr euer Wort halten. Auf! Ziehen wir von hier fort, bauen wir unsere Häuser an der anderen Hangseite des schwarzen Felsens!“

Ein alter Bauer meinte:

„Wir sind an diesen Ort gewöhnt, wir können von hier nicht wegziehen ...“

Ali sprach daraufhin folgendes:

„Ihr seid hier einer an den anderen gewöhnt. Auf die andere Seite des schwarzen Felsens wollen wir ebenfalls alle gemeinsam ziehen. Dort ist es hell. Dort gibt es Licht. Dort ist es weit und schön. Dort werden wir Helligkeit, Licht und Sonne vorfinden. Auch in unserem Dorf wird die Sonne früh aufgehen. Wenn wir am Morgen Hunger spüren, brauchen wir nicht mehr umsonst zu flehen: „Geh auf, liebe Sonne, geh auf!“ Und außerdem hattet ihr uns euer Wort gegeben. Ihr hattet gesagt, wenn der Derwisch den schwarzen Felsen nicht versetzen kann, übertragen wir unsere Häuser. Ihr müßt zu eurem Wort stehen!“

Alle Kinder klatschten Ali Beifall.

Die Bewohner des Dorfes Kayadibi mußten, wohl oder übel, ihr Versprechen einlösen. Sie gingen daran, alle gemeinsam und alle gleichzeitig, ihre alten Häuser abzutragen und niederzureißen. Auch die Kinder des Dorfes waren voll Freude den Erwachsenen behilflich. Und erst Ali! Vor Freude war er außer Rand und Band und arbeitete wie im Fluge.

Die Bauern trugen alles, was sie besaßen, auf die andere Hangseite des schwarzen Felsens. Mit Lachen und Scherzen und fröhlichen Liedern bauten sie ihre Häuser auf dem hellen, großen und weiten Platz von neuem auf. In dem neugegründeten Dorf herrschte Festtagsfreude. Trommeln und Tamburine wurden geschlagen und die Klarinetten spielten dazu. Die Burschen und Mädchen des Dorfes tanzten. Hier wurde ein Reigen aufgeführt, dort ein schneller Tanz gestampft.

Der Hang auf dieser Seite des schwarzen Felsens wurde von der Sonne beschienen und glänzte in hellstem Licht. Nun nannten sie diesen hochaufragenden Felsen, dessen Haupt bis in die Wolken ragte, nicht mehr „schwarzen Felsen“, sondern „weißen Felsen“.

Als die Dorfkinder in ihren neuen Häusern das erste Mal frühmorgens erwachten, eilten sie rasch ins Freie. Sie wandten ihre Gesichter der Sonne zu, zwinkerten in das grelle Licht und riefen voller Freude:

„Steig auf, liebe Sonne! Steig auf!“

Die hoch am Himmel stehende Sonne ließ ihre Strahlen auf das Dorf fallen. Auch die Sonne lächelte den Kindern zu.

Das Dorf Kayadibi, „Untermfels“, lag weit zurück. Das neugegründete Dorf erhielt den Namen Kayaönü, denn das bedeutet „Vordemfels“.

Azis Nesin
Aus dem Türkischen übersetzt von Adelheid Uzunoğlu

Ab 6 Jahren

Themen/Stichworte: ○ *Die Kinder im Dorf möchten etwas verändern*
○ *Tradition und Wandel*

4. Der Jäger Ahmet (Türkei)

In alter Zeit lebte einst ein Mann mit Namen Ahmet. Der war einer der Reichsten im Lande. Alle Tierherden nah und fern gehörten ihm. Der Jäger Ahmet ging Tag für Tag auf die Jagd. Deshalb auch hatte er den Beinamen „der Jäger“ erhalten. Von jedem Jagdausflug kehrte er mit einer Beute zurück.

Der Jäger Ahmet hatte auch zwei Söhne, die hießen Hasan und Hüseyin. Er lebte mit seiner Frau und seinen Kindern in Glück und Frieden.

Eines Tages hatte er sich wieder zur Jagd in die Berge begeben, da lief ihm eine Gazelle über den Weg. Der Jäger Ahmet nahm ihre Verfolgung auf. Die Gazelle floh, er setzte ihr nach, sie floh weiter, er eilte ihr nach, bis die Gazelle zu einer Höhle kam und hineinverschwand. Der Jäger Ahmet ging ihr nach. Aber da geschah es. Aus der Tiefe der Höhle erklang eine Stimme: „He! Jäger Ahmet! Dreimal wirst du von einem Unglück getroffen werden. Soll es in der Jugend über dich kommen oder im Alter?“

Der Jäger Ahmet sah sich erstaunt nach allen Seiten um. Aber keine Menschenseele war zu erblicken. Von Furcht ergriffen verließ er fluchtartig die Höhle.

An jenem Tag kehrte er nach Hause zurück, ohne etwas erlegt zu haben. Seine Frau machte sich Gedanken darüber, aber sie fragte nicht.

Am nächsten Tag wollte er wieder jagen gehen und stand daher früh auf. Er traf alle Vorbereitungen und machte sich auf den Weg. Es sollte nun einmal so sein: wieder lief ihm die Gazelle über den Weg. Der Jäger Ahmet setzte ihr nach, die Gazelle entfloh, eilte davon und verschwand wieder in der Höhle. Der Jäger Ahmet folgte ihr. Aber er konnte weder die Gazelle erblicken noch ein anderes Lebewesen. In diesem Augenblick erscholl aus der Tiefe eine Stimme: „He! Jäger Ahmet! Dreimal wirst du von einem Unglück getroffen werden. Soll es dich in der Jugend treffen oder im Alter?“

Von Angst und Schrecken erfaßt, flüchtete der Jäger Ahmet wieder zum Eingang der Höhle.

So ging das drei Tage lang. Am dritten Tag rief er seine Frau zu sich. Er erzählte ihr, was vorgefallen war.

Seine Frau meinte: „Mein Jäger, was immer uns zustoßen soll, möge uns in der Jugend treffen. Ein Unglück, das im Alter kommt, läßt sich nur schwer ertragen.“

Da sprach auch der Jäger Ahmet: „Du hast recht, was immer uns zustoßen soll, möge uns in der Jugend treffen.“

Als er sich am vierten Tag auf die Jagd begab, verfolgte er wieder die Gazelle und betrat dieselbe Höhle. Und wieder ertönte die gleiche Stimme: „He! Jäger Ahmet! Dreimal wirst du von einem Unglück getroffen werden. Soll es dich in der Jugend treffen oder im Alter?“

Da antwortete der Jäger: „Was immer mir zustoßen soll, es möge mich in der Jugend treffen.“

Wie sich nun der Jäger Ahmet auf dem Heimweg befand, brach ein solches Unwetter los, daß kein Ding an seinem Platz blieb. Alle seine Tierherden wurden von den Fluten hinweggeschwemmt. Sein Haus wurde von den Stürmen zerstört.

Sein ganzes Hab und Gut, alles, was er besaß, wurde ganz und gar vernichtet. Seine Frau und seine Kinder und noch ein paar Gänse waren obdachlos.

Die Frau des Jägers Ahmet erwartete ihren Mann auf halbem Wege. „Mein Jäger", sagte sie, „das eine Unglück, das uns treffen sollte, haben wir glücklich überstanden. Möge uns nichts Böseres widerfahren!" So sprach sie zwar, aber nun wußten sie nicht, wovon sie leben sollten. Dem Jäger Ahmet kam ein Gedanke. „Dann will ich mich wenigstens ins Nachbarland begeben, dort arbeiten und Geld verdienen", sagte er. Er nahm Abschied von seiner Frau und seinen Kindern und machte sich auf den Weg. In dem benachbarten Land gelangte er in eine Stadt. Dort trat er bei einem Schmied als Lehrling ein.

Seine Frau und seine Kinder schlugen sich so gut sie konnten durch. Wenn ab und zu Karawanen in ihre Gegend kamen, wuschen sie die Wäsche der Reisenden und kauften sich mit dem wenigen Geld, das sie damit verdienten, etwas zum Anziehen.

Eines Tages hatte wieder eine Karawane in ihrer Nähe Halt gemacht. Die arme Frau schickte Hasan und Hüseyin hin, um ihr die Schmutzwäsche zu bringen. Sie wusch und bügelte sie und ließ die Kinder sie zurücktragen. Als der Karawanenführer sah, wie sauber gewaschen und ordentlich gebügelt die Wäsche war, wollte er Näheres über diese Kinder wissen. Er erfuhr, daß ihr Vater sie verlassen hatte und faßte daher den Beschluß, die Frau zu entführen. Er gab den Kindern nur ein geringes Entgelt und sagte, er werde ihnen mehr geben, wenn sie ihn mit ihrer Mutter bekanntmachten.

Daraufhin führten die Kinder den Karawanenführer zu sich nach Hause. Erst trat ihre Mutter nicht aus der Tür. „Du bist nicht der mir rechtmäßig angetraute Mann", sagte sie, „mit dir will ich mich nicht unterhalten". Sie forderte ihn auf, das Geld den Kindern auszuhändigen.

Was sie auch tat und sagte, es nützte nichts, denn der Karawanenführer hatte es sich nun einmal in den Kopf gesetzt, sie zu entführen. Mit den Worten „So streck' wenigstens deine Hand aus, daß ich dir das Geld auf die Hand zählen kann", überlistete er sie. Kaum hatte die Frau die Hand vorgestreckt, da packte er sie am Arm und lud sie sich auf den Rücken. Die Kinder schrien und weinten und blieben allein und verlassen zurück.

Die Frau zappelte mit den Armen und Beinen, doch dann dachte sie, daß dies wohl das zweite Unglück sein müsse. Aber sie war fest entschlossen, sich dem Karawanenführer nicht zu ergeben. Da sagte sie ihm: „Wenn du mir Gewalt antust, töte ich mich." Der Karawanenführer ließ eine Truhe anfertigen und schloß die Frau darin ein. Wo immer er sich hinbegab, trug er die Truhe bei sich, wann immer er eine Rast einlegte, gab er der Frau zu essen und zu trinken.

So verstrich eine lange Zeit. Eines Tages hatte der Jäger Ahmet große Sehnsucht nach seiner Frau und seinen Kindern. Er bat seinen Meister um Urlaub. „Ich will meine Familie doch einmal wiedersehen. Dann kehre ich sogleich zurück", sagte er.

Rasch wie im Vogelflug gelangte er geradewegs in sein früheres Haus. Aber was mußte er da sehen! Seine Frau entführt, Hasan und Hüseyin hungrig und durstig, in völlig verwahrlostem Zustand! Sogleich nahm er Hasan und Hüseyin mit sich und machte sich unter Klagen und Wehgeschrei auf den Weg.

Auf dem Weg zur Stadt gab es einen Fluß. Diesen Fluß konnten drei Personen nicht gleichzeitig überqueren. Er nahm Hüseyin auf den Rücken. Zu Hasan sagte er, er solle warten. Gerade als er sich in der Mitte des Flusses befand, glitt er aus und Hüseyin fiel ins Wasser. Wie er ihn herausziehen wollte, schnappte ein Wels nach Hüseyin und schwamm rasch davon. Der Jäger Ahmet erstarrte vor Kummer. Er weinte und flehte, aber der Fisch war mit dem Kind verschwunden. „Dann will ich wenigstens Hasan holen“, dachte er bei sich und kehrte ans Ufer zurück. Aber bevor er noch dort anlangte, schnappte ein Wolf nach Hasan und rannte rasch davon. Der Jäger Ahmet war völlig verzweifelt. Er hatte seine Frau, seine Kinder, sein Haus und sein gesamtes Hab und Gut verloren und stand nun ganz allein auf der Welt. Unter Weinen und Klagen kehrte er an seinen Arbeitsplatz zurück.

Während sich nun der Jäger Ahmet auf dem Weg ins Nachbarland befand, traf der Wolf, der Hasan entführt hatte, mit Hirten zusammen. Als die Hirten sahen, daß der Wolf ein Kind im Maul trug, hetzten sie ihre Hunde auf ihn. Der Wolf ließ das Kind fallen und rannte um sein Leben. Die Hirten eilten hinzu und nahmen das Kind zu sich. Unterdessen blieben in dem Netz der Fischer, die auf dem Fluß fischten, der Wels und Hüseyin hängen. Als sie anstelle eines Fisches ein Kind aus dem Netz zogen, freuten sich die Fischer sehr.

Nun wurde Hasan von einem Hirten und Hüseyin von einem Fischer an Kindes Statt angenommen. Aber zu dem Jäger Ahmet gelangte keine Kunde, daß Hasan und Hüseyin gerettet worden waren.

Das also war das dritte Unglück, das den Jäger Ahmet hatte treffen sollen.

Während nun aber die Kinder in ihren neuen Heimstätten heranwuchsen, war in dem Land, in dem sich der Jäger Ahmet aufhielt, der Sultan gestorben.

In jenem Land war es üblich, nach dem Ableben des Sultans den Glücksvogel ausfliegen zu lassen. Auf wessen Haupt er sich niederließ, der wurde der neue Sultan.

In alle Teile des Landes wurden Ausrufer geschickt, um überall laut und deutlich zu verkünden, daß der neue Sultan gewählt würde. Alles Volk sollte sich auf dem Wahlplatz versammeln.

Als der besagte Tag gekommen war, eilte jeder zu dem Wahlplatz. Auch der Jäger Ahmet hatte sich von seinem Meister einen freien Tag erbeten und hockte nun in einer Ecke, um den Flug des Vogels mitanzusehen.

Man ließ den Glücksvogel fliegen. Der Vogel kreiste in der Luft, dann ließ er sich auf dem Kopf des Jägers Ahmet nieder. Die Schloßangehörigen und die Minister eilten herbei, um sich ihren neuen Herrscher anzusehen. Als sie sich aber einem Mann gegenübersahen, dessen Gesicht und Hände mit Kohlenstaub und Eisenrost verschmiert waren, wurden sie ärgerlich und wütend. Sie meinten, der Vogel müsse sich geirrt haben und beschlossen, ihn nochmals fliegen zu lassen. Außerdem verjagten sie den Jäger Ahmet von dem Platz, an dem er gesessen hatte. Der arme Jäger verließ den Platz und stieg auf einen Hügel, um von dort den Flug des Vogels zu betrachten.

Wieder ließen sie den Vogel los. Der Vogel kreiste und kreiste in der Luft, dann flog er auf die Berge zu und ließ sich auf dem Kopf des Jägers Ahmet nieder. Die Palastangehörigen und Minister eilten herbei. Als sie sich aber wieder dem Schmiedegesellen gegenübersahen, faßten sie den Beschluß, den Vogel ein drittes

Mal fliegen zu lassen. Dem Jäger Ahmet versetzten sie noch eine ordentliche Tracht Prügel und empfahlen ihm, schleunigst von dem Hügel herunterzusteigen. Der Jäger Ahmet, der nicht wußte, wie ihm geschah, begab sich zu seiner Werkstätte und setzte sich vor die Tür.

Man ließ den Vogel das dritte Mal fliegen. Der Vogel kreiste und kreiste in der Luft, dann nahm er Richtung auf die Stadt. Das Volk folgte dem Vogel. Der Vogel flog geradewegs auf den Jäger Ahmet zu, der vor der Tür der Werkstätte saß und setzte sich auf seinen Kopf. Die Palastangehörigen und die Minister eilten herbei. Da sahen sie den Vogel wieder auf dem Kopf des Schmiedegesellen sitzen. Sie dachten, daß es damit wohl seine Bewandtnis haben müsse und ernannten den Jäger Ahmet zum Sultan. Nun war der Jäger zwar ein Sultan geworden, aber er konnte seine Frau und seine Kinder immer noch nicht vergessen.

Mittlerweile flehte auch Hasan den Hirten an: „Gib mir die Erlaubnis fortzuziehen, um meine Eltern und meinen Bruder ausfindig zu machen." Der Hirte konnte seinem Bitten nicht widerstehen und erteilte ihm die Erlaubnis.

Auch Hüseyin bat den Fischer inständig, ihm die Erlaubnis zum Fortgehen zu geben. „Ich hatte einmal Eltern und einen Bruder. Wenn du es mir gestattest, will ich nach ihnen suchen", sagte er. Auch der Fischer konnte Hüseyins Bitten nicht widerstehen und ließ ihn fortziehen.

Die beiden Kinder brachen von verschiedenen Orten auf und trafen bei einem Fluß zusammen. Sie knüpften ihre Bündel auf und begannen ihren Reiseproviant zu verzehren. Sie sprachen von diesem und jenem und erzählten einander schließlich auch ihre Lebensgeschichte. Erst erkannte Hasan den Hüseyin und dann auch Hüseyin den Hasan. Sie sanken einander in die Arme und faßten den Beschluß, sich gemeinsam auf die Suche nach ihren Eltern zu machen.

Gemeinsam gelangten die beiden Brüder in das Land, in dem der Sultan neu gewählt worden war. Hasan trat bei einem Schmied in die Lehre, Hüseyin nahm Arbeit in einem Kaffeehaus an. Tagsüber arbeiteten sie, und sobald es Feierabend war, spazierten sie in der Stadt umher. Als sie eines Tages an dem Sultanspalast vorbeigingen, erblickte sie der Sultan von seinem Fenster aus. Er fühlte sich so sehr zu ihnen hingezogen, daß er sogleich seinen Adjutanten rufen ließ und ihm befahl, die Burschen, die vor dem Palast auf und ab spazierten, zu ihm zu bringen. Als er erfuhr, daß die beiden Hasan und Hüseyin hießen, gefielen sie ihm noch besser. „Auch ich hatte zwei Söhne mit Namen Hasan und Hüseyin", sagte er zu ihnen. „Ich will euch an ihrer Statt zu mir nehmen. Wollt ihr mir beratend und helfend zur Seite stehen?" Natürlich nahmen die Burschen diesen Vorschlag mit Freuden an. Sie bekamen neue Kleider und unterschieden sich in nichts von den anderen Palastangehörigen.

Inzwischen war aber auch der Karawanenführer, der die Frau des Jägers Ahmet entführt hatte, in das Land des Sultans gekommen, um hier seine Waren zu verkaufen.

Der Karawanenführer begab sich in das Schloß, um dem Sultan seine Geschenke zu überbringen. Der Sultan war über diese Geschenke sehr erfreut. Er forderte den Karawanenführer auf, an dem abendlichen Festmahl teilzunehmen. Daraufhin erwiderte ihm der Karawanenführer: „Mein Sultan, euer Befehl ist mein Wille. Ich führe jedoch ein mir anvertrautes Gut mit mir. Das kann ich nicht unbewacht lassen. Gestattet mir, daß ich zu meiner Karawane zurückkehre?" Der Sultan meinte: „Ein euch anvertrautes Gut ist ebenso mir anvertraut. Mir obliegt es, es zu beschützen." Er beauftragte Hasan und Hüseyin, das anvertraute Gut zu bewachen. Der Karawanenführer mußte notgedrungen im Palast bleiben und an dem Festmahl teilnehmen.

Hasan und Hüseyin begaben sich zum Lagerplatz der Karawane und setzten sich neben die Truhe des Karawanenführers. Sie unterhielten sich über alles, was ihnen zugestoßen war. „Was würdest du tun, Hüseyin, wenn du des Karawanenführers habhaftig würdest, der unsere Mutter entführt hat?" fragte Hasan. „Ich würde ihn bei lebendigem Leibe begraben", gab ihm Hüseyin zur Antwort.

Ihre Mutter, die in der Truhe dem Gespräch der Burschen lauschte, hatte ihre Kinder erkannt. Sie klopfte an das Holz der Truhe. „Ach, meine lieben Kinder, eure Mutter will alles für euch tun. Ihr seid es, ihr seid meine Kinder. Ich bin in der Truhe. Holt mich von hier heraus!" sagte sie.

Da liefen die beiden Burschen, voller Freude, ihre Mutter gefunden zu haben, in den Palast. Heimlich teilten sie dem Sultan mit, was vorgefallen war: „Mein Sultan, wir hatten eine Mutter. Eines Tages wurde sie von einem Karawanenführer entführt. Jetzt ist dieser Karawanenführer euer Gast. In der Truhe, die wir als anvertrautes Gut bewachten, befindet sich unsere Mutter. Da man anvertrautes Gut nicht beschädigen darf, haben wir die Truhe nicht aufgebrochen. Um alles in der Welt, rettet unsere Mutter!"

Nachdem der Sultan die Burschen angehört hatte, war ihm mit einem Schlage alles klar, aber er ließ es sich nicht anmerken. Sogleich gab er den Auftrag, daß die Truhe auf dem Lagerplatz aufgebrochen würde. Man führte den Karawanenführer und die Frau gemeinsam in den Palast vor den Sultan.

Der Sultan verhörte die Frau. Sobald es sich herausstellte, daß sie sich niemand anderem ergeben hatte, gab er sich als der Jäger Ahmet zu erkennen.

„Das waren die Unglücksfälle, die uns hatten treffen sollen, der Karawanenführer trägt keine Schuld", sagte er und ließ ihn noch zusätzlich mit Gold belohnen.

Vor Freude darüber, wieder mit seiner Frau und seinen Kindern vereinigt zu sein, ließ der Sultan überall im Lande frohe Feste veranstalten. Vierzig Tage und vierzig Nächte ließ er die Musikanten zum Tanz spielen und teilte an die Armen Essen aus. Danach lebten sie alle zusammen glücklich bis an ihr Ende.

Volksmärchen
Aus dem Türkischen übersetzt von Adelheid Uzunoğlu

Originaltext: Avcı Ahmet (Der Jäger Ahmet, Türkei)

Zamanın birinde Avcı Ahmet namıyla bir kişi varmış. Zengin mi zengin. Dağ taş onun yılkı ve sürüleriyle doluymuş.

Avcı Ahmet sürekli avlanıyormuş. Avcı namını da buradan almış. Her ava çıkışında mutlaka eli dolu dönüyormuş.

Avcı Ahmed'in Hasan ve Hüseyin isminde iki de oğlu varmış. Karısı ve çocukları ile mutlu bir yaşam sürüyorlarmış.

Bir gün yine avlanmak üzere dağlara çıkmış. Önünden bir ceylan kaçmış. Avcı Ahmet takılmış ceylanın peşine. Ceylan kaçmış, o kovalamış, ceylan kaçmış, o kovalamış. Ceylan varmış bir mağaraya girmiş. Avcı Ahmet de arkasından girmiş. Ama ne olmuşsa o zaman olmuş. Mağaranın derinliklerinden bir ses "– Ey Avcı Ahmet, başına üç, belâ gelecek, erinde mi gelsin, gecinde mi gelsin?" demiş.

Avcı Ahmet şaşkın sağa sola bakmış. Ama kimsecikler görememiş. Korku içinde kendini mağaranın dışına atmış.

O gün avlanamadan evine dönmüş. Karısı durumdan şüphelenmiş, ama hiç bir şey sormamış.

Ikinci gün yine avlanmak üzere erkenden kalkmış. Hazırlanıp yola koyulmuş. Olacak bu ya, yolda yine ceylan önüne çıkmış. Avcı Ahmet kovalamış ceylan kaçmış, varıp yine mağaraya girmiş. Avcı Ahmet de arkasından girmiş. Fakat ne ceylan görebilmiş, ne de bir başka canlı. Tam bu sırada derinliklerde bir ses ünlemiş. "– Ey Avcı Ahmet, başına üç belâ gelecek. Erinde mi gelsin, yoksa gecinde mi?" demiş. Avcı Ahmet korku içinde bulmuş kendini mağaranın kapısında. Bu böylece üç gün sürmüş. Üçüncü gün karısını çağırmış. Durumu ona da anlatmış. Karısı da "– Avcım ne gelecekse, erinde gelsin. Gecinde gelen belâyı çekmek zor olur" demiş. Avcı Ahmet de "– Haklısın, ne gelecekse erinde gelsin" demiş.

Dördüncü gün avlanmaya gittiği zaman ceylanın peşine takılıp aynı mağaraya gelmiş. Her zamanki ses yine ünlemiş. "– Ey Avcı Ahmet. Başına üç belâ gelecek. Erinde mi gelsin, gecinde mi gelsin deyince, Avcı Ahmet – Ne gelecekse erinde gelsin" diye karşılık vermiş.

Avcı Ahmet eve dönedursun, bir tufan kopmuş, yer yerinden oynamış. Avcı Ahmed'in yılkıları, sürüleri sellere gitmiş. Evi barkı yellere gitmiş. Malı mülkü, neyi var nesi yok hiç bir şeycikleri kalmamış. Bir kaz kümesi ile karısı ve çocukları apaçık ortalarda kalmış.

Karısı Avcı Ahmed'i yolda karşılamış. "– Avcım, başımıza gelecek belâlardan birincisini atlattık. Canımız sağ olsun" demiş. Demiş ama geçim derdi bu. Avcı Ahmed'i almış bir düşünce. "Bari komşu ülkeye gidip çalışayım, para kazanayım" demiş. Helâllaşmış karısı ve çocukları ile düşmüş yollara. Komşu ülkede bir kente gelmiş. Bir demircinin yanına çırak durmuş.

Karısı ve çocukları da bulduklarını buldukları gün yiyip vakitlerini geçiriyorlarmış. Zaman zaman da oradan geçen kervanların çamaşırlarını yıkayıp aldıkları beş on kuruşla kendilerine giyecek alıyorlarmış.

Yine bir gün bir kervan konmuş yakınlarına. Kadıncağız Hasan'la Hüseyin'i gönderip kirli çamaşırlarını aldırtmış kervancıların. Yıkamış, ütülemiş, çocukların eline verip göndermiş. Çamaşırların temizliğini ve ütünün güzelliğini gören kervancıbaşı çocuklarla ilgilenmiş. Babalarının kendilerini terk ettiğini de öğrenince, kadını kaçırmaya karar vermiş. Çocukları az para verdiği için haksızlık ettiğine ikna etmiş. Anaları ile tanıştırılırsa, daha fazla para vereceğini söylemiş. Bunun üzerine çocuklar kervancıbaşını alıp evlerine getirmişler. Önce anneleri dışarı çıkmamış. "Benim helâllım değilsin kervancıbaşı, seninle görüşemem" demiş. Parayı da çocuklara vermesini söylemiş. Söylemiş ya kervancıbaşı kadını kaçırmaya kararlıymış. "Bari elini uzat da paraları eline koyayım" diye kandırmış. Kadin elini uzatınca da kolundan tuttuğu gibi sırtlamış. Çocuklar bağırıp çağrışarak kalakalmışlar oracıkta. Kadıncağız çırpınıyormuş ama belâlardan ikincisi de bu ola diye düşünmüş. Fakat kervancıbaşına kesinlikle teslim olmamaya kararlıymış. Bunu kervancıbaşına söylemiş. "– Eğer zorlarsan kendimi öldürürüm" demiş. Kervancıbaşı da bir sandık yaptırıp kadını hapsetmiş. Her gittiği yere sandıkla taşıyor, konakladıkça yiyecek-içeceğini veriyormuş.

Gel zaman git zaman bir gün Avcı Ahmet, karısı ve çocuklarını özlediğini anlamış. Ustasından izin istemiş. "Bir kez olsun ziyaret edeyim. Hemen geri dönerim." demiş.

Kuşlar gibi kanatlanıp doğru eski evine gelmiş. Gelmiş, ama ne görsün. Karısı kaçırılmış, Hasan'la Hüseyin aç susuz, perişan bir durumda. Hemen Hasan'la Hüseyin'i almış, ağıt figan yollara düşmüş.

Kent yolunda bir ırmak varmış. Bu ırmağı üç kişi birden geçmek mümkün değilmiş. Hüseyin'i sırtına almış. Hasan'a da beklemesini söylemiş. Tam ırmağın ortasına gelince, ayağı kaymış, Hüseyin suya dalmış. Kurtarayım derken bir yayın balığı Hüseyin'i kaptığı gibi oradan uzaklaşmış. Avcı Ahmet şaşkın arkalarından bakakalmış. Ağlayıp sızlanmış, ama balık bu, söz dinletememiş. Bari Hasan'ı alayım diye geri dönmüş. Dönmüş ama sahile ulaşamadan Hasan'ı da bir kurt kapıp kaçmış. Avcı Ahmet perişan, şaşkın bakakalmış. Karısını, çocuklarını, evini barkını, malını mülkünü kaybetmiş, hayatta yapayalnız kalmış. Ağlayıp sızlayarak eski işinin başına dönmüş.

Avcı Ahmet gidedursun, Hasan'ı kaçıran kurt, yolda çobanlarla karşılaşmış. Çobanlar kurdun bir çocuk kaçırdığını görünce köpeklerini kışkışlamışlar. Kurt çocuğu bırakıp canını kurtarmış. Çobanlar da varıp çocuğu almışlar.

Diğer yandan ırmakta avlanan balıkçıların ağına yayın balığı ile birlikte Hüseyin de takılmış. Balıkçılar balık beklerken çocuk bulunca bir hayli sevinmişler.

Hasan'ı çoban, Hüseyin'i de balıkçı evlât edinmiş. Ama Hasan'la Hüseyin'in kurtulduklarından Avci Ahmed'in haberi olmamış.

Avcı Ahmed'in başına gelecek belâlardan üçüncüsü de böylece gelmiş.

Çocuklar yeni evlerinde büyüyedursun, Avcı Ahmed'in gittiği ülkenin padişahı ölmüş.

Bu ülkede de padişah ölünce, devlet kuşu uçurulurmuş. Devlet kuşu kimin başına konarsa, yeni padişah o olurmuş.

Padişah seçimi için tellâllar çıkarılmış, çığırtkanlar çağırttırılmış, tüm ülkeye duyurulmuş. Seçim meydanında toplanmaları istenmiş. Gün gelip çatınca, herkes seçim meydanına koşuşmaya başlamış. Avcı Ahmet de ustasından izin alıp bir köşecikte kuşun uçuruluşunu seyretmeye başlamış. Devlet kuşu uçurulmuş. Kuş uçmuş, uçmuş da gelip Avcı Ahmed'in başına konmuş. Saraylılar, vezirler koşuşmuşlar yeni padişahlarını tanımak için. Fakat eli yüzü, kömür tozu, demir pası içinde birisini karşılarında bulunca, öfkelenip küplere binmişler. Kuş şaşırdı deyip yeniden uçurmaya karar vermişler. Avcı Ahmed'i de oradan kovmuşlar. Zavallı Avcı, şöyle uzak bir tepeden seyredeyim diye meydandan ayrılmış. Yine kuşu uçurmuşlar. Kuş süzülmüş, süzülmuş dağlara doğru yol almış, gelip Avcı Ahmed'in başına konmuş. Saraylılar, vezirler koşuşmuşlar. Ama yine karşılarında demirci çırağını görünce, üçüncü kez kuşu uçurmaya karar vermişler. Avcı Ahmed'i de bir iyice dövüp dağdan da ayrılmasını salık vermişler. Avcı Ahmet şaşkın şaşkın çevresine baka baka gelip dükkânlarının kapısına oturmuş.

Kuşu üçüncü kez uçurmuşlar. Kuş süzülmüş, süzülmüş kente doğru kaymış. Halk da kuşla birlikte kente kaymışlar. Kuş gelmiş, dükkânın kapısında oturan Avcı Ahmed'in başına konmuş.

Saraylılar, vezirler koşuşmuşlar. Bakmışlar ki, yine kömürcü çırağının başında kuş. Bunda da var bir hikmet demişler ve Avcı Ahmed'i kendilerine padişah seçmişler. Avcı Ahmet padişah olmuş olmasına, ama karısını, Hasan'ı ve Hüseyin'i bir türlü unutamıyormuş.

Diğer taraftan Hasan çobana yakarmış "– Anamı-babamı, kardeşimi bulmak istiyorum izin ver" demiş. Çoban da yakarışlara dayanamamış, izin vermiş. Hüseyin'se balıkçıya yakarıyormuş izin vermesi için. "– Benim de bir anam-babam vardı, bir de kardeşim. Izin verirsen onları aramaya gideceğim" demiş. Balıkçı da Hüseyin'in yakarışlarına dayanamayıp izin vermiş.

Çocuklar ayrı ayrı yerlerden hareket edip bir ırmağın başında birleşmişler. Azıklarını açıp yemek yemeye başlamışlar. Şurdan burdan derken birbirlerine hayat hikayelerini anlatmaya başlamışlar. Önce Hasan Hüseyin'i, sonra da Hüseyin Hasan'ı tanımış. Birbirleri ile sarmaş dolaş olmuşlar, ana ve babalarını birlikte aramaya karar vermişler.

Iki kardeş padişahın bulunduğu ülkeye gelmişler. Hasan demirci yanında, Hüseyin'se kahveci yanında çırak durmuş. Akşama kadar çalışıyorlarmış. Akşam olunca da kentte geziniyorlarmış. Bir gün padişahın sarayının önünden geçerlerken, padişah pencereden bunları görmüş. Öylesine kanı ısınmış ki, hemen yaverini çağırttırmış, sarayın önünde gezen çocukları getirmelerini söylemiş. Çocuklar gelince de, padişah isimlerini sormuş. Hasan ve Hüseyin olduğunu öğrenince, iyicene kanı ısınmış. "– Benim de Hasan ve Hüseyin isminde iki oğlum vardı. Sizi onların yerine koyuyorum, benim danışmanım olur musunuz?" demiş.

Çocuklar böyle güzel bir teklife hayır diyecek değiller ya, hemen kabul etmişler. Yeni giysiler giymişler, tam bir saraylı olmuşlar.

Bunlar duradursun, Avcı Ahmed'in karısını kaçıran kervancıbaşı kervanı ile padişahın ülkesine mal getirmiş.

Kervancıbaşı hediyelerini sunmak üzere padişahın huzuruna çıkmış. Hediyeleri gören padişah çok memnun kalmış. Kervancıbaşının akşam verilecek ziyafete kalmasını istemiş. Kervancıbaşı da "– Padişahım emriniz başım üstüne. Ancak benim bir emanetim var. Onu gözüme bile güvenemem, izin verin varayım kervanımın başına" demiş. Padişah, sizin emanetiniz benim emanetim sayılır. Onun korunması benim de hakkımdır, deyip Hasan'la Hüseyin'i emaneti korumakla görevlendirmiş. Kervancıbaşı sarayda ziyafete kalmak zorunda kalmış.

Hasan ve Hüseyin konak yerine gelmişler, kervancıbaşının emaneti olan sandığın başına oturmuşlar. Eskilerden konuşmaya başlamışlar. Hasan sormuş, "– Hüseyin anamızı kaçıran kervancıbaşı eline geçse ne yapardın?" demiş, Hüseyin de "– Diri diri toprağa gömerdim" demiş.

Konuşmaları sandığın içinden dinleyen anneleri, çocularını tanımış. Sandığa vurmaya başlamış. "– Aman yavrularım, ananız kurban olsun. Siz benim yavrularımsınız. Ben sandıktayım, çıkarın buradan beni" demiş.

Bunun üzerine annelerini bulduklarının sevinci ile saraya koşmuşlar. Padişaha gizlice durumu anlatmışlar. "– Padişahım bizim bir annemiz vardı. Bir gün bir kervancıbaşı onu kaçırdı. Şimdi o kervancıbaşı sizin konuğunuz. Emanet olarak bizim beklediğimiz sandıkda annemiz hapsedilmiş. Emanete hıyanet olmaz diye biz sandığı kırmadık. Ne olur annemizi kurtarın" demişler.

Padişah çocukları dinledikten sonra, kafası dank etmiş, ama bilgiçlik vermemiş. Hemen konak yerine gelinmiş. Sandık kırılmış. Kervancıbaşını da alarak kadın ile birlikte saraya getirmişler.

Padişah kadının ifadesini almış. Kendisine hiç dokunulmadığını anlayınca Avcı Ahmet olduğunu açıklamış.

Bu bizin başımıza gelecek belâlardı, bunda kervancıbaşının kabahati yoktur diyerek üstelik altınla ödüllendirmişler.

Padişah da karısına ve çocuklarına kavuştuğu için ülkesinde şenlikler düzenlettirmiş. Kırk gün kırk gece davullar çaldırtmış, fakirler doyurmuş. Bundan sonra hep birlikte mutlu bir hayat yaşamışlar.

Ab 6 Jahren

Themen/Stichworte: ○ *Schicksal/Vorsehung*
○ *Schicksalsschläge/Familienzusammenhalt/Mut*

Praktische Anregungen

Zum Text

In dieser Geschichte wird die Macht der Vorsehung, des Schicksals betont. Das Schicksal als bestimmende Macht gehört ganz allgemein zur Gattung „Märchen". So erscheint der Weg, den die Figuren gehen, vorgezeichnet – Dornröschen soll hundert Jahre schlafen und wacht dann erst nach hundert Jahren auf. In diesem türkischen Märchen wird das Schicksal jedoch zum zentralen Thema der Geschichte, zur Prüfung des Helden: es wird bewußt als Schicksal erlebt. Es ist allmächtig und doch treffen die Figuren Entscheidungen und sie entwickeln Mut und Durchhaltevermögen. Vergleiche dagegen die kritische Sicht zur Schicksalsgläubigkeit in „Steig auf, liebe Sonne" (S. 36ff.).

In „Der Jäger Ahmet" vollzieht sich die Handlung wie ein Ritual. Im Unterschied zu vielen türkischen Märchen fehlen hier die realistischen Dialoge oder bodenständigen Witze. Es wird eine in sich geschlossene poetisch-irreale Atmosphäre erzeugt. Diese Atmosphäre läßt sich gut in ein Schattenspiel umsetzen.

1 *Schattenspiel (mit Menschen als Silhouetten) – ab 8 Jahren*

Das Schattenspiel mit menschlichen Silhouetten ist etwas anderes als das traditionelle türkische Schattenspiel, das mit buntbemalten Puppenfiguren gespielt wird. Im Schattenspiel mit Menschen erscheinen alle Figuren als dunkle Silhouetten, verfremdet und geheimnisvoll, und sie sind *alle* – ob Haupt- oder Nebenrollen – nur als Schatten erkennbar. Auf diese Weise entsteht eine relativ geschlossene, poetisch-verfremdete Atmosphäre, die dem Märchen „Ahmet" entspricht. Durch Musik und Lichteffekte kann die gewünschte Wirkung noch verstärkt werden.

Allgemeine Hinweise zum Schattenspiel mit Menschen

1. *Umwandlung der Vorlage* (Fabel, Märchen usw.) in ein szenisches Spiel:

- Was sind die Schwerpunkte, Höhepunkte der Handlung; was soll als Szene gespielt werden?
- Welche Teile werden erzählt/berichtet (einleitend, überleitend)?
- Was wird pantomimisch dargestellt, was wird mit Dialog/Bericht ergänzt?
- Rollenverteilung.
- Welche Art von Musik wird gespielt, an welchen Stellen?
- Welche Requisiten für die Leinwand, für die Mitspieler bieten sich an – können hergestellt werden?

2. *Bühne:*

Am einfachsten ist ein großes weißes Bettuch, das zwischen zwei hochgestellten Tischen gespannt wird. Am besten stehen die Tische jeweils zur Wand, so daß noch Platz zum Durchgehen bleibt, aber das Geschehen hinter der Bühne vom Zuschauerraum aus nicht sichtbar ist (siehe Abbildung).

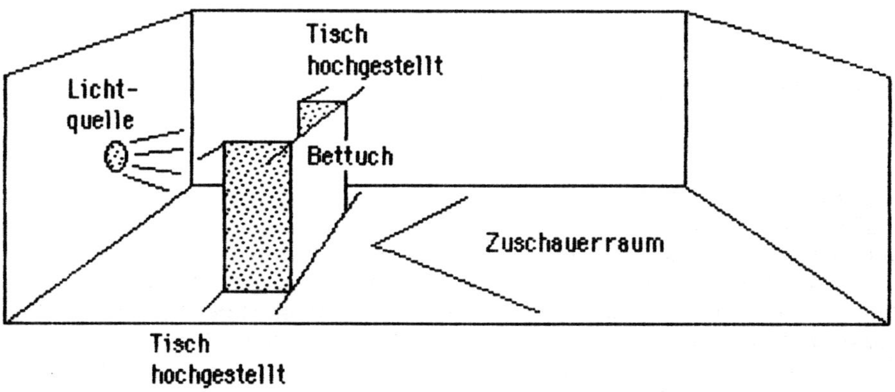

3. *Beleuchtung, Lichteffekte* (vgl. *Bräutigam/Meier,* 1982, S. 24)

- Lichtquelle hinter der Bühne, ganz abgedunkelter Raum.
- Standort der Lichtquelle jeweils abhängig von der Schattentuchgröße. Nähert man die Lichtquelle der Leinwand, werden die Konturen scharf.

Möglichkeiten für Lichtquellen:

- Strahlerleuchten (am besten Klemmlampen mit 100–150 Watt Reflektorlampe). Bei mehreren Strahlern können für bestimmte Stimmungen auch farbige Reflektorlampen eingesetzt werden.
- Overheadprojektor – sehr zu empfehlen als Lichtquelle wegen Lichtstärke, Einstellbarkeit des Lichtkegels, Möglichkeit der Farbeffekte durch aufgelegte Folien.

- Diaprojektor – auch hier kann die Farbe der erleuchteten Flächen variiert werden, indem man getönte Glasplatten vor den Scheinwerfer schiebt; mit Hilfe eines Reglers kann die Fläche langsam ausgeleuchtet werden bzw. das Licht wieder abgeblendet werden.

4. *Figuren, Bewegungen*

- Spieler und Sprecher sollen nicht identisch sein, weil für die Zuschauer das, was hinter der Bühne gesprochen wird, meist zu undeutlich ist.
- Alle Bewegungen müssen langsam ausgeführt werden.
- Bei Dialogen sollte sich nur die Figur bewegen, die gerade spricht.
- Figuren und Gegenstände dürfen sich nicht überschneiden.
- Klare Gesten, z. B. Begrüßung durch Handschlag im Profil, Winken, Geben, Nehmen, Heben, Senken. Deutliches Fortbewegen – mit den typischen Ausdrucksmöglichkeiten: gehen, schreiten, gleiten, zögern, stehenbleiben, stolpern, rennen, hüpfen usw.
- Größer/kleiner und scharf/unscharf – Regulierung durch wechselnde Entfernung von der Lichtquelle und der Leinwand.

5. *Musik*

Musik ist ein wichtiger Bestandteil des Schattenspiels.

Möglichkeiten:
- Entwicklung von passender Musik mit Schlag- und Rhythmusinstrumenten, Musikgruppe begleitet das ganze Stück.
- Musikalische Untermalung durch Tonaufnahmen.
- Mischform zwischen musikalischer Begleitung und Tonaufnahmen.
- Erkennungsmelodien für die einzelnen Figuren helfen zur Orientierung und vermitteln Spaß an der Wiederholung.
  Ein Prolog kann die einzelnen Figuren mit ihrer Erkennungsmelodie vorstellen.

6. *Requisiten*

Bei den Requisiten für die Figuren sind vor allem die Konturen wichtig – z. B. auffallender Kopfschmuck (Feder, Hut, Krone usw.). Für die Schattenbühne können aus standfestem Papiermaterial passende Kulissen geschnitten werden, die am Bühnenrand befestigt werden und schnell ausgewechselt werden können. Mit dem Overhead können durch bemalte Folien viele Effekte erzielt werden.

7. *Einüben*

Es ist leichter, wenn die einzelnen Teile, z. B. Musik/Erzähler/Figurenhandlung, zunächst separat eingeübt werden. Die Bewegungsabfolgen sollten einzeln als Pantomime geübt werden. Die Kinder sollten viel Gelegenheit bekommen, sich gegenseitig als Schatten zu sehen und zu korrigieren.

Zum Schattenspiel „Ahmet“

Für das Schattenspiel „Der Jäger Ahmet“ wäre es denkbar, die Personen als menschliche Schatten auftreten zu lassen, die Tiere jedoch (Gazelle, Vogel) als Schattenfiguren aus festerem Karton darzustellen. Da diese Tiere keine Hauptrollen, sondern eher eine Symbolfunktion übernehmen, könnten sie mit relativ einfach stilisierten Konturen (ohne bewegliche Teile) ausgeschnitten werden.

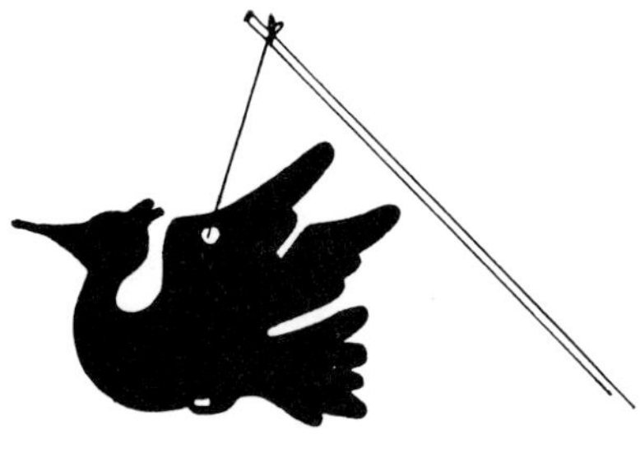

Ein Kind hält die Gazelle vor sich (und ist dabei weitgehend verdeckt) und macht „Gazellensprünge“. Ein weiteres Kind hält den Vogel. Es steht z. B. auf einem Stuhl und führt mit einer Hand einen Stab, an dem der Vogel mit Nylonschnur hängt (wie eine Marionette) (siehe Abbildungen).

Illustrationen: Christoph Oberhuemer.

Zunächst sollte man mit den Kindern die Szenen auswählen, die als Schattenspiel (mit Musik, Dialog und Bewegung der Schattenfiguren) dargestellt werden sollen.

Einige Szenen, die wir für das Schattenspiel „Ahmet“ vorschlagen:

– Ahmet als Jäger.
  Verfolgung der Gazelle. Die Gazelle wird dreimal von einer Seite der Leinwand zur anderen geführt, Ahmet mit gespanntem Bogen und angelegtem Pfeil hinterher. Die Gazelle flüchtet in die Höhle: Kind mit Gazellenschablone entfernt sich langsam von der Leinwand, so daß die Konturen immer unschärfer werden. Das erste Gespräch zwischen Ahmet und seiner Frau ist sehr wesentlich, enthält aber keinen „pantomimischen Stoff“ – es kann einfach von den Sprechern, mit verteilten Rollen, wiedergegeben werden. Der Bericht vom ersten Unglück (Sturm) wirkt dramatischer, wenn er musikalisch untermalt wird.

- Abschied Ahmets von seiner Familie.
  Winken, allmähliches Entfernen. Ahmet geht und geht, bis er schließlich an einer Tür ankommt und klopft.
- Ahmet als Schmied.
  Mit Hammer und Amboß arbeitend.
- Söhne und Mutter.
  Hin- und Hertragen der Wäsche durch die Söhne. Mutter steht an der Tür (Türstock z. B. durch Kartenständer angedeutet), streckt die Hand aus, Münze für Münze fällt in ihre Hand, bis der Karawanenführer die Hand packt und die Mutter zu sich zerrt. Er trägt sie auf dem Rücken davon und steckt sie in eine Truhe.
- Ahmet und der Vogel.
  Ahmet geht umher, bleibt stehen, der Vogel fliegt dreimal auf seinen Kopf. Der Vogel sollte möglichst langsam kreisend auf Ahmets Kopf zufliegen. Nach dem 3. Mal wird Ahmet zum Sultan ernannt (diese Ernennung kann einfach erzählt werden und mit feierlicher Musik oder Klatsch-Jubel-Geräuschen untermalt werden; es könnten dazu auch noch ein paar Schattenfiguren als „Menge“ mit Tüchern winken).
- Ahmets Söhne treffen sich.
  Ahmets Söhne irren umher (hin und her im Hintergrund, schemenhaft) und treffen sich (im Vordergrund), essen etwas, erkennen sich, umarmen sich.
- Söhne sitzen bei der Truhe.
  Man hört die Stimme der Mutter. Aufspringen, Gesten des Erstaunens und der Freude von seiten der Söhne, die dann schnell davoneilen, um den Sultan zu benachrichtigen.
- Schlußfeier im Palast. Freudentanz.

Alle Zwischenteile können erzählt werden (ausführlich oder auch gekürzt, mit einem oder mehreren Sprechern). Die Wiederholungen (Jagd auf Gazelle, Vogel auf Ahmets Kopf) sollten „ausgespielt“ werden.

Mitspieler:

Ahmet, seine Frau, 2 Söhne, Karawanenführer, Gazelle, Vogel, Sprecher, Musikgruppe (für Bedienung von Tonband und Spielen von Schlag-Rhythmus-Instrumenten).

Weitere mögliche Rollen: Meister in der Schmiede, Palastangehörige, Tänzer (für Schlußfeier).

2 *Wechsel von Schattenspiel und „echtem Theater“ (ab 8 Jahren)*

Diese Spielform ist anspruchsvoll, aber sehr ansprechend. Das türkische Theater in München (Regie: E. Okay) hat diese Spielform sehr überzeugend vorgeführt.

Man könnte einige häusliche Szenen als realistisches szenisches Spiel vor oder neben der Leinwand spielen (z. B. im Hause Ahmets, als er von der Jagd zurückkommt, später im Sultanspalast) und einige schicksalhafte Begegnungen als Schattenspiel darstellen (z. B. Gazellenverfolgung, Entführung der Frau, Treffen der Brüder, Vogel auf Ahmets Haupt). Die Requisiten für das szenische Spiel im Hause Ahmets und im Sultanspalast könnten mit Hilfe von türkischen Familien beschafft werden (z. B. Teppich, Teekanne usw.).

5. Das kluge Bauernmädchen (Türkei)

Einstmals hatte ein armer Bauer einen reichen Anrainer. Um sein kleines Feld vor den Tieren des reichen Bauern zu schützen, umgab der arme Bauer es mit einem Graben. Eines Tages aber brach sich eine Kuh des reichen Nachbarn, während sie aus dem Graben Wasser trank und dabei ausrutschte, das Bein. Darauf brachte der reiche Bauer den armen Nachbarn vor Gericht.

Der Richter machte den beiden Bauern keinen Prozeß, sondern fragte sie drei Rätsel:

1. Wer ist von allen am reichsten?
2. Wer läuft von allen am schnellsten?
3. Was ist süßer als alles andere?

Der arme Bauer kam nach Hause und begann darüber nachzudenken. Er hatte eine heiratsfähige Tochter. Als das Mädchen seinen Vater in diesem Zustand sah, fragte es: „Mein lieber Vater, warum bist du so nachdenklich? Wenn du einen Kummer hast, sage ihn mir!" Der Bauer erzählte die Fragen des Richters eine nach der anderen. Das Mädchen antwortete darauf: „Mach dir keine Sorgen, Vater!" und erklärte dem Vater, welche Antwort er geben müsse.

Nach drei Tagen gingen die beiden Bauern zum Gericht. Der Richter fragte: „Wie habt ihr die Rätsel lösen können?"

Der reiche Bauer antwortete: „Von allen sind Sie der reichste, meine Stute läuft schneller als alle anderen und etwas Süßeres als den Honig von meinem Gut gibt es nicht."

Der arme Bauer aber sagte: „Die Natur ist reicher als alles andere, der menschliche Gedanke läuft schneller als alles andere und das Süßeste ist der Schlaf."

Der Richter fand, daß der arme Bauer recht habe und fragte ihn, von wem er dies gelernt habe. „Von meiner Tochter" war die Antwort.

„Da deine Tochter so klug ist", sprach der Richter, „soll sie morgen zu mir kommen weder nackt noch angezogen, weder zu Pferd noch zu Fuß, weder über den Weg noch auf dem Wegesrand; ihr Pferd soll sie zwischen Sommer und Winter anbinden und soll mir weder im Zimmer noch auf der Straße begegnen."

Als das Mädchen das hörte, sagte es: „Sei nicht bekümmert, Väterchen! Dies sind Kleinigkeiten."

Am nächsten Tag stieg das Mädchen weder bekleidet noch nackt auf eine Ziege, auf diese Weise kam es weder zu Fuß noch zu Pferd, da seine Füße auf der Erde schleiften. Die Ziege setzte einen Fuß auf den Weg und einen Fuß auf den Wegrand. Also ging das Mädchen sowohl auf dem Weg als auf dem Wegrand. Als das Mädchen zum Gerichtshof kam, band es die Ziege zwischen Schlitten und Boot, also zwischen Sommer und Winter an und begegnete dem Richter, einen Fuß auf der Türschwelle und einen Fuß auf der Erde.

Dies gefiel dem Richter sehr, und er verheiratete sich mit der klugen Tochter des armen Bauern.

Eines Tages reiste der Richter nach einem Dorf und sagte zu seiner Frau: „Halte über niemand Gerichtsverhandlung ab, bis ich wiederkomme!" Da seine Frau sich aber auf ihren Verstand und ihr Gewissen verließ, sprach sie jedem, der vor Gericht kam, das Urteil.

Als der Richter nach Hause zurückkehrte, wurde er sehr ärgerlich über das, was seine Frau getan hatte und beschloß, sich von ihr zu trennen. Vor der Trennung sagte er zu seiner Frau: „Ich erlaube dir, irgendetwas, das du am liebsten hast, mitzunehmen.“ Darauf antwortete seine Frau: „Ich will weiter nichts, als daß wir unsere Verwandten einladen und ein Festmahl geben, bevor wir uns trennen!“

Der Richter war einverstanden; die Gäste wurden eingeladen, und man begann zu essen. Da gab die Frau nun ihrem Mann viel Wein zu trinken. Schließlich war der Richter völlig betrunken und bewußtlos. Die Frau setzte ihren Mann nun in einen Wagen und brachte ihn zum Hause ihres Vaters, dort legte sie ihn hinter den Ofen nieder. Nach einiger Zeit wachte der Richter auf und fragte, wo er sei. Seine Frau erwiderte: „Du bist im Hause meines Vaters. Ich habe dich hierher gebracht, denn du hast mir ja die Erlaubnis gegeben, das von zu Hause mitzunehmen, was ich am liebsten habe. Ich habe gefunden, daß du das Wertvollste bist und habe dich hierher gebracht.“ Am Morgen stand der Richter auf, nahm seine Frau, deren Klugheit er bewunderte, am Arm und brachte sie nach Hause zurück.

Volksmärchen
Aus dem Türkischen übertragen von Otto Spies

Ab 7 Jahren

Themen/Stichworte: ○ *Klugheit, List und Liebe einer Frau*
○ *Bild einer aktiven und klugen Frau*

6. Keloglan-Geschichten

Einführung

Keloglan ist eine bekannte Figur des türkischen Märchens. Es gibt unendlich viele traditionelle und auch moderne Keloglan-Geschichten und Illustrationen (z. B. Keloglan auf dem Mond).

Keloglan (das heißt so viel wie Kahlkopf) steht im türkischen Märchen für den armen Jungen, der vom Schicksal nicht begünstigt wird, aber doch sein hartes Los besiegt. Er lebt meist allein mit seiner armen alten Mutter und genießt wenig Achtung in seiner Umwelt. Er unternimmt alles Mögliche, um Anerkennung oder Reichtum zu gewinnen. Manchmal kann er sogar die Prinzessin heiraten. Er ist geschickt, manchmal auch schlau und wird von seinen Feinden meist unterschätzt (vgl. *Alpay* 1983).

Keloglans Jacke

Vor langer, langer Zeit gab es einmal einen kleinen Jungen, der hieß Keloglan. Keloglan hatte ein winzig kleines, ganz liebes Lämmchen. Er liebte sein Lämmchen sehr, er gab ihm mit seinen eigenen Händen Gras zu fressen. Mit der Zeit wurde das Lämmchen größer und auch Keloglan war gewachsen. Die Wolle des Lämmchens wurde immer länger, Keloglans Jacke aber immer kürzer. Eines Tages nahm Keloglan die Schere zur Hand und schor das Lämmchen.

Die geschorene Wolle brachte er der Mutter seines Vaters. „Liebe Oma, kämme doch schnell einmal diese Wolle“, bat er. Die Großmutter antwortete: „Ja, gern, mein Kind, ich kämme sie. Aber dann jäte du auch mal schnell im Garten das Unkraut.“ Keloglan jätete im Garten das Unkraut, seine Oma kämmte dafür Keloglans Wolle.

Danach ging Keloglan zur Mutter seiner Mutter. „Liebe Oma, würdest du bitte diese Wolle spinnen“, sagte er. Sie antwortete: „Ja, gern, mein kleiner Junge. Aber während ich deine Wolle spinne, gieße du die Blumen.“ Daraufhin goß Keloglan die Blumen. Seine Großmutter spann unterdessen die Wolle und machte einen Faden daraus.

Danach ging Keloglan zum Farbhändler. Er wollte Farbe, um seine Wolle zu färben. Der Farbhändler sagte lachend: „Mit Ölfarbe färbt man niemals Wolle. Aber schau, ich gebe dir eine Arbeit. Steige in dieses Boot, rudere zum Laden auf der anderen Seite, kaufe mir eine Flasche rohes Erdöl und dir selbst besorgst du Stoff-Farbe.“ Daraufhin stieg Keloglan in das Boot. Vom Farbhändler kaufte er im Laden eine Flasche rohes Erdöl und vom übrigen Geld besorgte er sich selbst eine Tüte voll blauer Farbe. Danach färbte er mit seinen eigenen Händen die Wolle solange, bis jede Faser die Farbe gut aufgesogen hatte.

Als diese Arbeit beendet war, ging Keloglan zu seiner Mutter. „Liebe Mutti, webe doch diese Wolle“, sagte er. Seine Mutter antwortete: „Ja, gern, mein Kind. Paß du auf dein kleines Schwesterchen auf, dann webe ich deine Wolle.“ Keloglan paßte auf sein kleines Schwesterchen auf, seine Mutter webte die Wolle und machte einen Stoff daraus.

Keloglan nahm den Stoff und ging zum Schneider. „Onkel, bitte nähe mir von diesem Stoff etwas zum Anziehen“, bat er. Der Schneider antwortete: „Ja, gern, Keloglan, ich nähe es. Aber du trage doch diese Holzscheite da draußen herein.“ Keloglan trug das ganze Brennholz des Schneiders herein und der Schneider stellte sofort an diesem Samstagabend Keloglans Kleidungsstück fertig. Am Sonntag stand Keloglan früh auf, zog seine neue Jacke an und ging zu seinem Lämmchen. „Für das neue Kleidungsstück bedanke ich mich, mein liebes Lämmchen“, sagte er. „Mee! Mee!“ blökte freudig das Lämmchen.

Liebe Kinder!

Wißt ihr, mit wessen Hilfe eure Kleidung hergestellt wird? Könnt ihr die Namen dieser Leute nochmals nennen?

Volkserzählung
Aus dem Türkischen übersetzt von Sieglinde Reim

Kelogans Stäbchen

In Keloglans Dorf gab es einmal einen sehr schönen Baum. Mit seinen herabhängenden Zweigen und seinen tiefgrünen Blättern war er ein sehr liebenswerter Baum. In seinem Schatten setzten sich die Leute nieder und ruhten sich aus.

Eines Morgens beim Aufwachen trauten die Dorfbewohner ihren Augen nicht: Was sahen sie da? War da nicht der geschätzte Baum von Leuten gefällt, denen Bäume nichts bedeuten? Jeder bedauerte das sehr. Man begann zu untersuchen, wer denn der Schuldige sei. Das Volk verdächtigte drei Männer. Man verhaftete sie und führte sie dem Richter vor. Die drei Männer bestritten, den Baum gefällt zu haben und schoben sich gegenseitig die Schuld zu.

Der Richter vermochte nicht in Erfahrung zu bringen, wer denn nun der eigentlich Schuldige sei. In diesem Moment trat Keloglan hervor. Drei Stäbe befanden sich in seiner Hand. „Ich werde den Hauptschuldigen feststellen", sagte er. „Diese Stäbe, die ihr in meiner Hand seht, sind verzaubert. Mit Hilfe dieser Stäbe werde ich den Schuldigen herausfinden, der diesen so wichtigen Baum gefällt hat."

Die Stäbe in Keloglans Hand waren gleichlang. Keloglan gab jedem der Männer einen Stab und sprach: „Nehmt diese Stäbe, die Nacht über sollen sie bei euch bleiben. Am nächsten Morgen seid ihr mit den Stäbchen wieder hier. Wer jedoch den Baum gefällt hat, dessen Stab wird eine Fingerlänge wachsen."

Die Männer nahmen ihre Stöcke und gingen nach Hause. Am nächsten Morgen versammelte sich jeder auf dem Dorfplatz und wartete voll Spannung. Bald darauf kamen die Männer mit den Stäben in ihren Händen. Keloglan nahm die Stöcke von den Männern entgegen und maß ihre Größe ab. Der Stab eines der Männer war um eine Fingerlänge kürzer als die übrigen. Keloglan fragte: „Wem gehört dieser Stab?" Einer der Männer antwortete: „Mir."

Daraufhin wandte sich Keloglan an die Menge: „Das ist der Mann, der den Baum gefällt hat", sagte er. „Weil er glaubte, der Stab würde in der Nacht um eine Fingerlänge wachsen, kürzte er ihn um dieses Stück. Dabei war der Stab überhaupt nicht verzaubert. Indem man sagt: Wachse! geschieht ja auch nichts. Aus diesem Grund blieb sein Stock um eine Fingerlänge kürzer als die anderen. Ja, dieser Mann ist der Schuldige."

Weil er den Schuldigen tatsächlich überführt hatte, klatschte jeder dem Keloglan Beifall.

Volkserzählung
Aus dem Türkischen übersetzt von Sieglinde Reim

Ab 4 Jahren (Keloglans Jacke)

Themen/Stichworte: ○ *Arbeitsprozesse: vom Schaf zur Jacke*

Ab 6 Jahren (Keloglans Stäbchen)

Themen/Stichworte: ○ *List, Klugheit/Betrug, Dummheit*
○ *Kulturspezifische Figur*

Keloglan-Bilder

Illustrator: Gamze Öznacar (Istanbul 1983)

Illustrator: Mustafa Delioğlu (Istanbul 1980)

Illustrator: Orhan Şimşek (Berlin 1985)

Illustrator: Yusuf Başar (Istanbul 1980)

Illustrator: Mistik (Istanbul 1981)

II. Märchen und Erzählungen aus Jugoslawien

Illustration: Radomir Stević Ras (Gornji Milanovac 1974)

0. Märchen und Erzählungen aus Jugoslawien: Eine Einführung

Der Slawist Werner *Küffner* schreibt: Immer, wenn man von Jugoslawien spricht, muß einem bewußt sein, daß sich das Land aus vielen verschiedenen Völkern, Volksgruppen und Sprachen zusammensetzt und daß es die „jugoslawische Sprache", von der so oft die Rede ist, nicht gibt. Nach der offiziellen Regelung in

Jugoslawien sind dort, neben den Sprachen der zahlreichen Minderheiten, folgende Sprachen zu unterscheiden (in alphabetischer Reihenfolge): Kroatisch (lateinische Schrift), Makedonisch (kyrillische Schrift), Serbisch (vorwiegend kyrillische Schrift) und Slowenisch (lateinische Schrift). Kroatisch und Serbisch sind zwei schriftsprachliche Varianten einer Sprache, unterscheiden sich nur geringfügig und werden meist als „Serbokroatisch" bezeichnet (es gibt noch den Terminus „Kroatoserbisch"). Das Serbokroatische hat sich erst Mitte des 19. Jahrhunderts, das Makedonische erst im Zweiten Weltkrieg als Schriftsprache etabliert. Entsprechend spielte in diesen Regionen die mündliche Überlieferung von volkstümlichen Stoffen bis in jüngste Zeit eine große Rolle (*Küffner* 1983).

In der Erzähltradition gibt es ein Gefälle von Südosten nach Nordwesten. Im Südosten des heutigen jugoslawischen Staatsgebiets überwiegen balkanische Stoffe und Motive – neben südslawischen Motiven finden wir türkische, albanische, altgriechische und byzantinische Motive. So enthalten die aus Bosnien stammenden Märchen eine Fülle orientalischer und islamischer Elemente. Dort gibt es den Hodscha als Priester und die Moschee. Im Nordwesten hingegen, vor allem in Slowenien, finden wir neben alten slavischen Motiven mehr mitteleuropäische Stoffe (wie sie z.B. von den Brüdern Grimm aufgezeichnet wurden). Viele Erzählungen in Jugoslawien sind deutlich an einen bestimmten Landstrich gebunden – durch ein besonderes Detail oder Motiv. *Schütz* (1978) spricht in diesem Zusammenhang von einer „auffälligen landschaftlichen Gebundenheit" jugoslawischer Erzählungen.

Die moderne erzählende Literatur für Kinder, so *Küffner,* die im serbokroatischen Raum von Ivana *Brilić-Mažuranić* mit ihren *Geschichten aus längst vergangener Zeit* (Priče iz davnine, 1916) und dem Kinderroman *Die wundersamen Erlebnisse des Schusterjungen Hlapić* (Čudnovate zgode šegrta Hlapića, 1913) begründet wurde, geht heute in etwa die gleichen Wege wie die westeuropäische Kinderliteratur, ohne daß die alten Traditionen ganz in Vergessenheit gerieten. Neben lustigen Geschichten, banalen oder problembezogenen Erzählungen und Romanen spielen auch Comics eine sehr große Rolle. Lizenzausgaben bzw. Übersetzungen von Kinderbüchern aus anderen Sprachen tragen ebenfalls dazu bei, daß sich die jugoslawische Kinderbuchproduktion nicht allzusehr vom Durchschnitt der westeuropäischen unterscheidet (*Küffner* 1983).

Unsere Auswahl aus Jugoslawien umfaßt Märchen und Erzählungen in serbokroatischer und slowenischer Sprache. Bei den in der Bundesrepublik Deutschland lebenden Jugoslawen sind diese zwei Sprachen am häufigsten vertreten: serbokroatisch- (bzw. kroatoserbisch-)sprechend sind etwa 60%, slowenischsprechend etwa 15%.

Bei den Erzählungen in serbokroatischer Sprache handelt es sich um zwei Geschichten von zeitgenössischen Autoren – Gregor *Vitez (Der Taschenspiegel)* und Veselko *Tenžera (Michel Malers Traumfarben)* – sowie zwei volkstümlichen Erzählungen *(Drei Jäger* und *Die Schar des Zitronenhäuptlings).* Die *Schar des Zitronenhäuptlings* ist eine lebendige aber erbarmungslose Geschichte. Mit der entsprechenden Aufbereitung können Kinder aber hier typische Gewürze des Südens kennenlernen. Slowenien ist ebenso durch eine traditionelle *(Bedinko und Bedinka)* und eine moderne Erzählung *(Das fliegende Haus)* vertreten – letztere ist die Erstübersetzung dieses Bilderbuches in deutscher Sprache.

1. Der Taschenspiegel (Jugoslawien, kroatisch)

Im Gras einer Waldlichtung lag ein Taschenspiegel. Wer ihn verloren hatte, wußte niemand. Vielleicht ein Hirtenmädchen, das hier mit seiner Herde vorbeizog, vielleicht ein Jäger, der sich im Gras ausruhte, vielleicht auch Kinder, die hier einmal vorbeikamen – wer weiß? Nun lag das Spiegelchen da, und in ihm betrachtete sich manchmal der Himmel, dann wieder die Sonne oder das Gezweig, eine Wolke oder ein Vogel im Flug ...

Eines Tages kam hier ein Hase vorbei. Er sah das Spiegelchen, schaute hinein und erblickte darin seine Ohren, seinen Schnurrbart, seine Augen ...

– Oh, das ist ja mein Bild! Aber ich kann mich gar nicht erinnern, wann ich es verloren habe ...

Da hüpfte von einem nahen Baum ein Eichhörnchen herab. Hopp, hopp, hopp – und schon saß es neben dem Hasen.

– Was hast du denn da gefunden?
– Ich habe mein Bild gefunden. Nur kann ich mich einfach nicht erinnern, wann ich es verloren habe.
– Laß mich sehen!

Das Eichhörnchen schaute in den Spiegel und erblickte sich selbst.

– Wie kannst du nur so etwas sagen? Siehst du denn nicht, daß das mein Bild ist? Da, schau es dir genauer an!

Der Hase schaute noch einmal hinein und sah wieder sich selbst.

– Unsinn! Du bist nicht ganz bei Verstand. Siehst du denn nicht meine schönen großen Ohren auf diesem Bild?

Und während der Hase und das Eichhörnchen noch so miteinander stritten, flog von einem Baum ein Eichelhäher herab.

– Worüber streitet ihr euch denn?
– Ich habe mein Bild gefunden – sagte der Hase – aber das Eichhörnchen behauptet, daß es seines sei. Mit seinen Augen ist sicher etwas nicht in Ordnung.
– Mit meinen Augen ist alles in bester Ordnung – sagte das Eichhörnchen – aber im Kopf des Hasen stimmt etwas nicht, wenn er etwas behauptet, was nicht wahr ist. Das ist mein Bild, schau du es doch mal an, Eichelhäher.

Der Eichelhäher schaute in den Spiegel und sah sein eigenes Bild.

– He, he, ihr beide seid mir ja wirklich kluge Köpfchen! Wie könnt ihr euch streiten, wo es doch mein Bild ist? Was habt ihr nur? Seht ihr nicht hier meinen Schnabel? Keiner von euch beiden hat einen Schnabel!

Das hörte auch der Bär, der gerade vorbeikam. Er trat näher, um zu sehen, was das für ein Streit war.

– Was ist denn hier los? Warum streitet ihr so? – fragte der Bär.
– Ich habe mein Bild gefunden – sagte der Hase – dann kam das Eichhörnchen und behauptete, es sei seines und dann kam auch der Eichelhäher und sagte, daß es sein Bild sei!
– Das stimmt nicht – sagte das Eichhörnchen. – Schau selbst, dann kannst du sehen, daß es meines ist.
– Unsinn! – ärgerte sich der Eichelhäher. – Wie können die beiden behaupten, es sei ihr Bild, wenn es doch meines ist und kein anderes! Und mein Schnabel.

Da nahm der Bär das Spiegelchen, schaute hinein und lachte so schallend und dröhnend, daß der ganze Wald widerhallte.

– Ihr Dummköpfe! Was seid ihr doch für Dummköpfe! Ha – ha – ha – ha! Ihr streitet euch ja über mein Bild! Und daß es keiner von euch wagt, noch einmal zu behaupten, das hier sei sein Bild! Das ist mein Bild – polterte der Bär.

Natürlich wagte es niemand von den dreien, dem Bär zu widersprechen. Der Bär nahm das Spiegelchen, tappte in den Wald zurück und begab sich geradewegs zu seinem Haus.

Im Haus waren seine Bärin und ihre beiden kleinen Bärchen.

– Schaut her! – rief der Bär noch auf der Türschwelle. Der Hase hat mein Bild im Gras auf der Waldlichtung gefunden, und dann kam es zwischen ihm, dem Eichhörnchen und dem Eichelhäher zum Streit. Jeder von den dreien behauptete, es sei sein Bild, bis ich kam und sofort sah, daß es mein Bild ist. Da, schaut her!

Die Bärin schaute es an und sagte gleich:

– Aber natürlich, das ist ein Bärenkopf. Wie könnten sie nur so etwas Dummes behaupten?

Dann schauten es nacheinander auch die kleinen Bären an und erklärten:

– Das bist doch du, Vater, als du noch so klein warst wie wir, aber auf keinen Fall ist das ein Hase oder ein Eichhörnchen oder ein Eichelhäher!
– So ist es, meine Söhnchen! Ihr seid noch klein und seht darum alles verkleinert, aber man sieht, daß ihr von meinem Fleisch und Blut seid und meinen Verstand habt!

Und der Bär hängte das Spiegelchen an die Wand.

Grigor Vitez
Aus dem Kroatischen übertragen von Heide Zimmermann

Ab 5 Jahren

Themen/Stichworte:
- *Spiegelbilder/Selbstbildnis*
- *„Jeder sieht nur sich" (im konkreten und im übertragenen Sinn)*
- *Das Spiel mit der beschränkten Perspektive*

Praktische Anregungen

1 *Spiegelbilder*

- Spiegelmalerei mit Fingerfarben (ab 3)
  Ein großes Spiegelglas wird auf eine Tischfläche hingelegt und die Kinder malen allerlei Spuren und Gebilde mit Fingerspitzen und Handflächen. Das Faszinierende u.a. dabei ist, daß man sich selbst beim Malen sehen kann. Außerdem können die Farben beliebig von den Kindern selbst mit einem feuchten Lappen weggewischt werden, damit neue Bilder entstehen können.
- Faltbilder (ab 4)
  Durch eine einfache Technik entstehen symmetrische, d.h. „Spiegel"-Bilder. Das Malpapier wird in die Hälfte gefaltet und wieder auseinandergelegt. Nun wird
  - auf einer Hälfte mit Wasser-, Deck-, Dispersions- oder Erdfarben getupft oder gestrichen; oder
  - das ganze Blatt wird zuerst mit Wasser bestrichen und dann mit Aquarell-(Wasser-)farben bemalt.

  Das Blatt wird gefaltet, zusammengedruckt und nach einigen Sekunden wieder auseinandergelegt. Das entstandene Spiegelbild braucht einige Zeit, bis es trocken ist. Diese Bilder rufen bei den Kindern immer wieder Staunen hervor, denn das Zusammenspiel der Farben und Flüssigkeit ergibt jedesmal andere Spiegelbilder.
- Taschenspiegel schmücken (ab 5)
  Einfache Taschenspiegel werden hinten mit Plakafarben dekorativ gestaltet und mit Klarlack bestrichen – ein mögliches Geschenk für Eltern. Ältere Kinder können einen „Rahmen" in Form eines ornamentalen Musters auf der Spiegelfläche malen.
- Spiegelzeichnung (ab 6)
  Auf einer Tischfläche wird in der linken Hand (bzw. rechten für Linkshänder) ein Taschenspiegel im rechten Winkel zu einem Stück Papier gehalten. Wer kein ein Haus zeichnen, indem er *nur* in den Spiegel (und nicht aufs Blatt!) schaut?
- Wo können wir unser Spiegelbild überall sehen?
  Schaufenster – Pfützen – Teich – Kochtopf – Löffel – Metalltür – usw. usw.

2 *Bewegungen widerspiegeln (ab 6)*

Die Bewegungen eines gegenüberstehenden Partners spiegelbildlich nachmachen zu können, erfordert viel Konzentration und die Fähigkeit, sich auf einen anderen einzustellen. Ein Kind steht vor einem imaginären Spiegel und macht Bewegungen und Mimik mit Kopf, Armen und Beinen. Sein Gegenüber versucht, alles gleichzeitig nachzuahmen bzw. zu widerspiegeln. Als Begleitung hilft eine ruhige Instrumentalmusik, denn zu schnelle Bewegungen können von den Kindern nicht nachvollzogen werden.

2. Drei Jäger (Jugoslawien, serbokroatisch): Volkstümliche Scherzgeschichte, Lügenmärchen

Es waren einmal drei Jäger. Zwei von ihnen hatten kein Gewehr und der dritte war ohne Waffe.

Eines Tages gingen sie auf die Jagd und stöberten drei Hasen auf. Zwei Hasen entkamen ihnen und den dritten erwischten sie nicht. Den Hasen, den sie nicht erlegt hatten, nahmen sie, um ihn nach Hause zu tragen.

Sie kamen zu einem Haus, das weder Mauern noch Grundsteine, weder Dach noch Fenster und auch keine Türen hatte.

Sie riefen den Hausherrn, der nicht da war, und sprachen: Gib uns einen Topf, daß wir den Hasen kochen können.

Der Hausherr sprach: Ich habe drei Töpfe. Zwei sind zerbrochen und der dritte hat keinen Boden.

Sehr gut! – sagten die Jäger. Sie nahmen den Topf ohne Boden und kochten in ihm den Hasen, den sie nicht erwischt hatten, sie aßen sich voll und satt und gingen ihres Weges.

Aus dem Serbokroatischen übersetzt von Werner Küffner

Originaltext: Tri Lovca (Drei Jäger, Jugoslawien, serbokroatisch)

Bila tri lovca. Dvojica nisu imali oružje, a treći je bi bez puške. Podju oni jednom u lov i rasteraju tri zeca. Dva zeca utekoše, a trećeg nisu ulovili.

Onoga što nisu ubili uzmu i ponesu kući.

Dodju pred jednu kuću koja nije imala ni zidova, ni temelja, ni krova, ni prozora, ni vrata.

Pozovu domaćina, koji nije bio tu, i rekoše:

– Daj nam kakav lonac da skuvamo zeca.

Domaćin reče: Imam tri lonca. Dva su trazbijena a treći nema dna.

– Baš dobro! – rekoše lovci.

Uzmu onaj lonac što nije imao dna i u njemu skuvaju zeca kojega nisu ulovili, slatko se najedu i odu.

Ab 5 Jahren

Themen/Stichworte: ○ *Kurze Nonsensgeschichte*

3. Die Schar des Zitronenhäuptlings (Jugoslawien, serbisch)

Einst versammelte der Zitronenhäuptling die schärfsten Gesellen zu einer Schar: Zwiebel, Knoblauch, Paprika und Pfeffer. Danach zogen sie in die Welt zu den Menschen. Sie wanderten einen ganzen Tag lang und gelangten bei Einbruch der Dämmerung in ein Bauernhaus. Dort ging es sehr ärmlich zu. Sie schlichen sich hinein, ohne von jemandem gesehen zu werden, und ließen sich alle auf einem Brett in der Nähe des Backtrogs nieder.

Als es Abend wurde, kam die Bäuerin ins Haus, zündete einen Kienspan an und schürte das Feuer auf der Herdstätte, um ein Essen für die Hausangehörigen zuzubereiten. Sie ließ die Kette über dem offenen Herd herab, befestigte daran den Kupferkessel und kochte Maisbrei.

Da kamen auch schon die Hausangehörigen von der Arbeit heim. Beim Eintritt in das Haus grüßten alle mit „Guten Abend" und ließen sich der Reihe nach, einer neben dem anderen, je nach Alter, nieder. Sie zogen ihr Schuhwerk aus, schüttelten den Staub von den Wadenwärmern und den Fußlappen und ruhten sich ein wenig aus. Als der Maisbrei fertig war, nahm die Hausfrau den Kupferkessel vom Feuer, rührte den Inhalt mit einem großen hölzernen Löffel um und gab mit dem Vorschöpflöffel den Brei in eine große Kupferschüssel. Sie füllte sie bis an den Rand. Sogleich erhoben sich der Hausherr und nach ihm alle übrigen zum Gebet. Als dieses beendet war, setzten sie sich der Reihe nach an den kleinen, niedrigen Tisch.

Da sprach der Hausherr: „Schwiegertochter, hast du irgendwo eine Knolle Knoblauch, denn dieser trockene Fastenbrei stimmt mich traurig."

Die Schwiegertochter sprang auf, tastete in der Dunkelheit dahin und dorthin, erwischte den Knoblauch aus der Schar des Zitronenhäuptlings und brachte ihn auf den Tisch. Die Hausfrau schlug mit der Handfläche auf den Knoblauch, einmal und noch einmal, und der arme Knoblauch zersprang in seine Teile. Der Zitronenhäuptling und seine Schar erschauerten, da sie sahen, wie es ihrem Gesellen erging. Daraufhin schälte die Hausfrau das weiße Hemd von den Knoblauchzehen ab, gab schließlich den Knoblauch in ein hölzernes Gefäß, nahm einen hölzernen Mörser und stampfte drein. Schon als die Schwiegertochter nach dem Knoblauch gegriffen hatte und erst recht, als die Hausfrau ihn entkleidete und ihn auf den Kopf schlug, verlor der arme Weiße seine Besinnung ... Er versuchte sich zu wehren, indem er biß und stank. Doch alles war vergeblich. Nichts half ihm ... Die Hausfrau goß ein wenig Wasser zu, mischte alles, daß es wie Milch aussah, und beträufelte damit den Maisbrei. Danach aß man weiter. Der Maisbrei schmeckte wie mit einem süßen Saft übergossen.

Nach dem Abendbrot erhoben sich alle. Die Hausfrau schüttelte die Krümel vom Tisch und stellte ihn wieder an seinen Platz.

In diesem Augenblick kehrte der Hirte mit seiner Herde heim. Nachdem er den Schafstall versorgt und die verlausten Tiere angebunden hatte, ließ er sich zum Abendessen nieder. Die Hausfrau reichte ihm den Maisbrei in der Kupferschüssel. Der Hirte zögerte und wagte kaum die Hausfrau zu fragen: „Bei Gott, hast du nicht irgendwo noch eine Zwiebel? Diese Fastenzeit mit Maisbrei allein stimmt mich sehr traurig."

Die Hausfrau langte dorthin, wo die Schwiegertochter zuvor den Knoblauch entdeckt hatte. Im Nu ertastete sie eine Zwiebel und gab sie dem Hirten. Als die Zwiebel erkannte, daß sie in feindliche Hände geraten war, begann sie sich allmählich bemerkbar zu machen. Der Hirte nahm sein Taschenmesser mit dem hölzernen Griff und schnitt die Zwiebel in vier Teile. Vergeblich wehrte sich die Zwiebel: sie biß ihn in die Augen und brannte ihm auf der Zunge. Der Hirte wischte sich die Tränen. Jedoch der Roten half dies alles nichts. Sie mußte mit dem Kopf büßen, genau wie ihr Freund, allein auf eine etwas mildere Art und Weise. Nach dem Essen ging der Hirte in den Schafstall und legte sich schlafen. Die Hausfrau scharrte die Glut auf dem Herd in die Asche und legte sich daneben.

Als alle schliefen und Totenstille in die arme Hütte Einzug hielt, faßte unsere Schar nach Entsetzen und Furcht ein wenig Mut, und der Zitronenhäuptling sprach ganz leise zu seiner Gefolgschaft: „Los, Kumpane, laßt uns aus diesem Bauernhaus fliehen, ehe uns wie unseren weißen Freund und unsere rote Genossin der Teufel geholt hat. In dieser Hütte herrscht die reinste Armut; diese Menschen werden selbst Steine verzehren."

Gesagt, getan. Vor dem Morgengrauen flohen sie aus dem armen Bauernhaus, allein um das nackte Leben zu retten.

Als sie so wanderten, kamen sie an den Rand einer Stadt. Sie dachten, hier könnten sie ihres Lebens sicher sein. Ganz heimlich zogen sie in die Stadt ein und bewunderten die Schönheit der Straßen, der Blumengärten und der Brücken. Vor einem schönen großen Haus angelangt, rief der Häuptling: „Kommt Brüder, hierher! Das ist das Haus eines Reichen. Hier können wir friedlich bleiben. Dieser Hausherr hier ist kein Hungerleider wie jener Bauer, daß er sich von uns ernähren würde. Er hat von allem genug, was es auf der Welt gibt." „Jawohl", erwiderten der Paprika und das winzige Pfefferkorn. So schlichen sie sich in jenes schöne Haus, gelangten in die Küche und versteckten sich im Küchenschrank.

Bei Anbruch des Tages betrat die Köchin die Küche und rief der Magd zu: „Mach Feuer, schlachte die Hühnchen und reinige sie!" Im Nu hatte jene ein Feuer entfacht und die Töpfe zurechtgestellt. Es brodelte die Butter im Tiegel, Eier wurden hineingeschlagen und die Hühnchen darin gewendet.

Auf einmal schrie die Köchin: „Wo ist der Paprika?"

Die Magd sprang auf, machte sich am Küchenschrank zu schaffen und öffnete ihn. Flink griff sie nach dem Paprika. Er sah das unheilvolle Ende nahen und wurde vor lauter Furcht ganz rot. Schon im nächsten Augenblick winselte er in der Mühle. Vergeblich wehrte er sich: er kroch der Magd in die Nase, rötete ihre Hände – alles war umsonst ... Beim Mahlen nieste die Magd zehnmal, aber es half ihm nichts. So endete der arme Paprika gemahlen und gebraten noch trauriger als jene vor ihm.

Der Zitronenhäuptling zitterte mit seinem letzten Gesellen im Küchenschrank. Er war schon ganz gelb vor Angst, und der Pfeffer schwarz vor Bangen, da beide die Qualen ihres Freundes mitansehen mußten.

Es kam die Zeit zum Mittagessen. Ein Bursche deckte die Tafel, brachte Teller, eine Flasche mit Wein, eine mit Schnaps und das Salzfäßchen. Dann ging er in die

Küche, ergriff den Häuptling, trug ihn ins Zimmer und steckte ihn auf den Hals einer goldenen Flasche. Als jener sah, welch einen Ehrenplatz man ihm zuwies, schwoll seine Brust vor Stolz.

Indes bemerkte der Diener, daß auf dem Tisch Pfeffer fehlte, und er ließ dies die Köchin wissen. Das Weib stürzte an den Küchenschrank, packte das Pfefferkorn, steckte es in die Mühle und zermahlte es zu Pulver. Der Pfeffer wehrte sich mit aller Kraft: er zwickte die Köchin in die Nase. Diese mußte niesen, aber es half nichts. Der Diener nahm den schwarzen Staub und schüttete ihn in den Pfefferstreuer.

Nun kam der Herr. Er schnaufte und röchelte und konnte kaum die Stufen hochsteigen, so sehr beleibt war er. Er ächzte, als hätte er den ganzen Tag gepflügt und gegraben. Kaum, daß er sich an den gedeckten Tisch setzen konnte, sogleich griff er nach der Zitrone und roch daran. Dem Häuptling schmeichelte es, daß ihn der Herr beschnüffelte. Er ahnte nicht, was ihm bevorstand. Da wurde die Suppe hereingebracht. Der Herr nahm Pfeffer und streute ihn in die Suppe. Dann griff er mit seinen dicken Fingern wieder nach der Zitrone und begann sie zwischen den Handflächen zu kneten und zu walken. Die Zitrone dachte, der Herr liebkose sie. Das gefiel ihr immer mehr und mehr. Auf einmal jedoch zückte er das Messer, das scharf wie eine Schlange war, und es durchflog den Bauch des gelben Häuptlings. Vergeblich wehrte sich der Arme: er spuckte dem Herrn ins Auge, um ihn abzulenken und ihn auf diese Weise mit sich selbst zu beschäftigen. Dennoch preßte ihn jener immer mehr und mehr, bis der letzte Tropfen in die Suppe träufelte. Dann übergab er ihn dem Diener zum Wegwerfen, und mit einem Male fand sich auch der Häuptling statt auf der goldenen Flasche auf dem Mist.

So kam die ganze tapfere Schar des Zitronenhäuptlings in das Essen der armen und reichen Leute.

Volksmärchen
Aus dem Serbischen übertragen von Joseph Schütz

Ab 6 Jahren

Themen/Stichworte:
- *Würzige Speisezutaten*
- *„Schicksal" einzelner Speisewürzen*
- *Eß- und Tischsitten*
- *Selbstwehr in Notsituationen*

Praktische Anregungen

Vordergründig geht es in diesem Märchen um das „Schicksal" würziger Speisezutaten – Zitrone, Pfeffer, Knoblauch. Im wesentlichen erfährt der Zuhörer aber viel über die konkreten Eigenheiten einzelner Gewürze:

- von ihren Vorzügen, eine Speise, sei es Maisbrei oder Brathühnchen, schmackhaft zu machen;
- von den Eigenschaften der Gewürze wie Farbe, Geruch und „Beißen" in Augen und Nase;
- von den Zubereitungsarten wie Schälen, Zermahlen u. a. m.

Es macht den Kindern sicher Spaß, die Eigenheiten der Gewürze, so wie sie im Märchen beschrieben werden, selbst kennenzulernen und auszuprobieren. Zudem handelt es sich um Speisewürzen wie sie in allen südlichen und südöstlichen Ländern bekannt sind. Der Erzieher kann bei dieser Gelegenheit auf die großen Vorzüge des Knoblauchs auch für die Gesundheit hinweisen. Denn zu Unrecht wird er hierzulande oft abgewertet.

1 *Vom Verwenden verschiedener Speisewürzen*

Erzieher und Kinder kaufen mehrere Zitronen, Knoblauchknollen, rote Zwiebeln, kleine, rote Schoten (Peperoni) und schwarze Pfefferkörner. Mit Hilfe der jugoslawischen Kinder kann die Einkaufsliste auch in ihrer Muttersprache zusammengestellt werden:

deutsch	*serbokroatisch*	*slowenisch*
Zitrone	limun	citrona
Knoblauch	češnjak oder bijeli luk	česen
Zwiebel	luk oder kapula	čebula
Paprika	paprika	paprika
Pfeffer	biber oder papar	poper

Ein Teil der Gewürze bleibt dekorativ gruppiert zur Anschauung erhalten, an den anderen werden die Eigenheiten festgestellt, z. B. die Farben.

Dabei kann auch hier die Muttersprache einfließen.

Nach dem Betrachten, Riechen und Betasten der Gewürze wird eines nach dem anderen zubereitet. Dabei können sprachliche Ausdrücke und Handeln unmittelbar miteinander verbunden werden.

Langsam führt der Erzieher das Zubereiten vor und spricht dabei deutlich, was er gerade macht. Er zeigt auch, wie vorsichtig auf der Zungenspitze von den Gewürzen gekostet werden kann. Weil es nicht leicht sein dürfte, für jedes Kind ein Gerät wie einen Mörser ausleihen zu können, kann immer ein Kind vor der Gruppe die Arbeitsweise des Erziehers nachvollziehen und andere Kinder benennen die Tätigkeiten. Das Kind, das das Zubereiten gerade demonstriert, kann dann sagen, wie das Gewürz wirkt.

Die Knoblauchknolle wird auseinandergebrochen. Jede Zehe wird *geschält* und im Mörser *zerstampft* oder in einer Presse *zerquetscht.* Diese Masse kann mit Wasser *verrührt* werden. Der Knoblauch riecht stark und beißt auf der Zunge.

Die Zwiebel wird *geschält* (sieben Häute?) und in vier Teile oder in Würfel *geschnitten.* Sie beißt in den Augen, so daß sich Tränen bilden (Abhilfe: reichlich kaltes Wasser).

Der Paprika kann, wenn er schon gut durchgetrocknet ist, in einer Mühle *zermahlen* werden, ansonsten wird er besser *zerstampft* oder in kleine Stücke *gehackt.* Das Paprikapulver kann zum Niesen führen, es ist scharf und brennt.

Die Pfefferkörner werden in einer Mühle zu feinen Körnchen *gemahlen,* die in einem Pfefferstreuer gesammelt werden. Auch der Pfeffer ist scharf und kann wie Niespulver wirken.

Die Zitrone wird zwischen den Händen leicht *geknetet,* auf dem Brett mit einer Handfläche hin und her *gerollt, aufgeschnitten* und *ausgepreßt.* Dabei gehen oft ein paar Spritzer ins Auge. Die Zitrone hat einen angenehmen Geruch.

Als Abschluß bieten sich mehrere Möglichkeiten an:

- die Kinder erzählen, was sie sonst noch über die Gewürze wissen (Anbau, Ernte, Verwendung in der Küche ...). Vielleicht gibt es Bilder von Bauernhäusern, wie man sie z. B. in Jugoslawien sehen kann, an deren Südseite die dekorativen Paprikaschoten in Ketten und Knoblauch- und Zwiebelzöpfe zum Trocknen hängen;
- einige Kinder kochen einen Maisbrei und jedes Kind würzt ihn beim Essen nach seinem Geschmack. Oder eine Kindergruppe kocht und würzt gemeinsam eine Kartoffelsuppe;
- einige Kinder nehmen die Gewürze mit nach Hause und bitten darum, sie zu einem der nächsten Gerichte zu verwenden;
- die Kinder stellen im Gruppenraum die Gewürze und die Geräte wie Mörser und Pfeffermühle aus.

2 *Rezept: Maisbrei oder Polenta (Kroatien) oder Kačamak (Serbien)*

Zutaten:

½ Liter Wasser, ½ Liter Milch, 1 Prise Salz, 250 g Maismehl, 50–100 g Butter.

Zubereitung:

Wasser und Milch mit dem Salz und der Butter zum Kochen bringen. Bei schwacher Hitze das Maismehl unter ständigem Rühren nach und nach dazugeben. Vorsichtig weiterrühren, bis der Brei dick und fest wird. Um Anbrennen oder Hochspritzen zu vermeiden, muß der Topf eventuell ab und zu kurz von der Kochstelle genommen werden.

Sobald die Masse aufgequollen ist, wird der Topf beiseitegestellt und der Brei noch mindestens fünf Minuten weitergerührt. Diese Aufgabe können z. B. die Kinder einer Gruppe übernehmen: Wenn von 15 bis 20 Kindern jedes zwei-, dreimal umgerührt hat, ist der Brei fertig.

Rezept von: Borislava Mihajlovič,
städt. Kindergarten, München

4. Michel Malers Traumfarben (Jugoslawien, serbokroatisch)

Ich heiße Michel Maler, obwohl das eigentlich nicht mein richtiger Name ist. Mein richtiger Name ist auch gar nicht wichtig für diese Geschichte. Wenn ich ihn euch sagen würde, würdet ihr ihn doch nicht behalten, denn er ist sehr gewöhnlich.

Der Anfang meiner Geschichte ist gleichfalls sehr gewöhnlich. Ich war einmal ein Kind, und ihr wißt ja, daß die Erwachsenen Kindern immer Geschichten erzählen. Es waren Hunderte von Geschichten, wie ihr sie auch kennt: mit Zauberern, Prinzessinnen, Hexen, wilden Tieren und all sowas. Eines Tages bemerkte ich, daß all das in meinem Kopf durcheinandergeraten war. Die vielen Geschichten hatten sich zu einer einzigen vermischt. In diesem heillosen Durcheinander war nicht mehr zu erkennen, wer gut war und wer böse. Alles war irgendwie ganz komisch geworden. Kaum fiel mir Aschenbrödel ein, da irrten auch schon Drachen durch meinen Kopf: Drachen, Wölfe, Prinzen und – ihr wißt schon.

Am Tag ging es ja noch, aber die Nächte wurden schrecklich. Kaum war ich eingeschlafen, fing ich auch schon an zu träumen. Und was träumte ich? Diese eine Geschichte, die alle anderen verschlungen hatte. Obwohl alle von mir sagen, daß ich rennen kann wie ein Wiesel, im Traum ist es, als hätte ich Klötze an den Beinen. Ich weiß, ich muß rennen, wenn ich meinen Kopf retten will, und ich stehe da, als hätte ich Wurzeln geschlagen. Die Ungeheuer in dieser Durcheinandergeschichte hatten keine solchen Probleme. Sie rannten, flogen, spien Feuer, ritten auf Besen, knirschten mit den Zähnen ... Die Hügel um unser Haus herum kamen auch darin vor, aber ganz anders – sie wackelten mit den Gipfeln. Mit einem Wort, grausig! Ich wachte im Dunkeln auf, verschwitzt und so verängstigt, daß ich mich nicht einmal die Mutter rufen traute. Ich bibberte zwischen der dichten Finsternis im Zimmer und dem schaurigen grauen Licht im Traum.

Und dann begann eine neue Geschichte. Eines Tages brachte mir mein Vater einen Farbkasten mit und zeigte mir, wie man damit malt. Ich war nicht allzu begeistert, mich quälten andere Sorgen. Ich kritzelte nur ein bißchen herum, um zu zeigen, daß mir das Geschenk gefiel. Ich zeichnete ein Haus und einen Hügel, ganz unwillkürlich. Und die ganze Landschaft erinnerte mich an meine Träume und all die Schrecken in der Nacht. Ich weiß nicht warum, aber einem Hügel malte ich Mund und Augen. Das gefiel mir, aber nicht meinem Vater. Er sagte, ich sollte erst anständig zeichnen lernen und erst dann die Hühner verrückt machen. So hat er gesagt.

In der darauffolgenden Nacht war wieder alles schrecklich. Aber siehe da, ich hatte einen Freund. Jener Hügel verwandelte sich in das Gesicht eines stillen Mädchens, mit einem Wald anstelle von Haaren und einem Schmetterling, der von Ast zu Ast flog. Ein goldener Vogel trug im Schnabel ein Körbchen zu einem neugeborenen Kind. Am Morgen dachte ich über meinen Traum nach und beschloß, alles um mich herum zu malen. Aber nicht das, was ich am Tage sah, sondern das, was ich träumte, denn am Tag konnte man in der Welt leben, so wie sie war. Der Tag hatte seine Farben, für alle Dinge und alle Menschen.

Und so begann ich, das zu malen, was mir Angst machte. Am meisten Angst machten mir die Schlangen. Nur vor den Schmetterlingen fürchtete ich mich nicht, aber was nützte das schon, sie konnten mir auch nicht helfen. Ich dachte so: wie der Tag der ganzen Welt Farbe gibt, so wollte ich alles malen, was ich träumte. Und kaum hatte ich die Schlange etwas violett angemalt, flog sie ruhig durch die Lüfte. Als hätte sie nur darauf gewartet, aufzuhören zu kriechen. Sie war richtig glücklich, daß sich niemand mehr vor ihr fürchtete. Die wunderlichsten Tiere, deren Namen ich nicht einmal kenne, ließ ich mit hellen Farben sich in die Lüfte erheben wie Luftballons.

Meine Eltern interessierten sich nicht sonderlich für meine Bilder, aber sie waren zufrieden, daß ich sie in Ruhe ließ und in ihrer Nähe war. Das ärgerte mich schon ein bißchen, aber ich machte mir weiter nichts daraus. Außerdem träumt jeder anders, wenigstens kommt es mir so vor. Wer weiß, wovor sie sich fürchten und welche Farben ihnen in ihren Träumen fehlen, dachte ich.

Aber meine Freunde ... ihr wißt ja, die anderen Kinder merken es gleich, wenn einer nicht mitmacht und viel daheim bleibt. Sie fingen an, zu mir nach Hause zu kommen und meine Bilder zu begutachten. Janko, der größte und stärkste von uns, sagte, das wäre lauter Unsinn. Einmal, als wir im Hof spielten, fing er an, mich zu ärgern. Da machten die anderen Kinder mit. Sie umringten mich und riefen: Michel Maler, Michel Maler ... Ich ging auf Janko los, aber er verpaßte mir so eine Ohrfeige, daß ich Sterne sah. Unter Tränen rief ich ihm zu: Ich werde dich als rotzige Schnecke malen! Hinter mir Gelächter ... Und dann erst im Traum: alle standen um mein Bett herum und verspotteten mich. Jetzt hatte ich die eine verdrehte Geschichte aus meinem Traum noch nicht fertig gemalt, schon begann eine neue Geschichte, diesmal am Tag. Nun verfolgten mich die Träume auch schon tagsüber.

So also wurde ich der Michel Maler. Und noch heute suche ich nach Farben und zeichne gerne Tiere. Am schwersten ist es für mich, daß ich noch keine Farbe für das Böse im Menschen gefunden habe, und das plagt mich doch am meisten. Ich muß meine Farben gut mischen, daß sie mich noch einmal mit der Welt versöhnen.

Veselko Tenžera
Aus dem Serbokroatischen übersetzt von Werner Küffner,
gekürzt vom Staatsinstitut für Frühpädagogik

Ab 7/8 Jahren

Themen/Stichworte:
- *Nachtträume/Tagträume/Alpträume*
- *Malen als Ausdruck innerer Stimmungen*
- *Malen zur Überwindung von Angst*
- *Anderssein*

5. Bedinko und Bedinka (Jugoslawien, slowenisch)

Bedinko und Bedinka gingen Haselnüsse pflücken. Bedinko war ein sehr eigensinniger kleiner Junge. Immer wollte er der Erste sein, und so nahm er sich auch jetzt vor, sein Säckchen rasch vollzupflücken. Seine Schwester sollte nur die Haselnüsse erwischen, die er übersehen hatte. Doch Bedinkos Säckchen hatte ein Loch. Er pflückte und pflückte und merkte nicht, daß alle Haselnüsse durch das Loch auf den Boden fielen. Seine Schwester brauchte nichts weiter zu tun, als sie aufzusammeln. So kam es, daß Bedinkas Säckchen bald voll war. Bedinkos Beutel aber war noch leer.

Nun sagte Bedinka zu ihrem Bruder: „Es ist an der Zeit, daß wir nach Hause gehen. Komm, die Mutter wird sonst schelten!“

Aber Bedinko wollte nicht nach Hause gehen, bevor nicht auch sein Säckchen voll war. Bedinka bat und drohte, doch es war alles vergebens. Endlich sagte sie: „Wenn du nicht mitkommst, rufe ich den Wolf, damit er dich frißt!“

Da guckte der Wolf hinter einem Busch hervor und sagte: „Nein, nein, das tu' ich nicht!“

Doch Bedinka sagte: „Wenn du ihn nicht fressen willst, rufe ich den Stock, damit er dich verprügelt!"

Da rief der Stock: „Nein, nein, das tu' ich nicht!"

Bedinka drohte dem Stock: „Wenn du's nicht tust, rufe ich das Feuer, daß es dich verbrennt!"

Aber das Feuer rief: „Nein, nein, das tu' ich nicht!"

Bedinka drohte dem Feuer: „Wenn du's nicht tust, so rufe ich das Wasser, daß es dich löscht!"

Das Wasser aber sagte: „O nein, das kannst du mir nicht befehlen. Mir hat niemand etwas zu befehlen!"

Bedinka drohte dem Wasser: „Warte nur, ich rufe den Ochsen, daß er dich austrinkt!"

Doch der Ochse sagte: „Nein, nein, das tu' ich nicht!"

Bedinka drohte dem Ochsen: „Wenn du das Wasser nicht austrinkst, ruf' ich den Metzger, damit er dich tötet!"

Der Metzger aber meinte nur: „Schön wär's ja, aber darüber hast du nicht zu bestimmen!"

Da sagte Bedinka: „Wenn du es nicht tust, befehl ich dem Strick, daß er dich hängt!"

Nun ließ sich der Strick vernehmen: „Oh nein, mein Kleines, das wirst du mir nicht befehlen!"

Bedinka drohte dem Strick: „Wenn du den störrischen Metzger nicht hängen willst, rufe ich die Mäuse, damit sie dich zernagen!"

Doch die Mäuse riefen: „Oh nein, Bedinka, das tun wir gewiß nicht!" Da schrie Bedinka zornig: „Wenn ihr es nicht tut, so soll die Katze kommen und euch fangen!"

Und die Katze kam sogleich gelaufen, um die Mäuse zu fangen. Da fürchteten sich die Mäuse und liefen rasch zu dem Strick, um ihn zu zernagen. Der Strick hatte Angst vor den Mäusen und eilte zum Metzger, um ihn zu hängen. Der Metzger erschrak und lief zum Ochsen, um ihn totzuschlagen. Der Ochse rannte zum Wasser, um es auszutrinken. Das Wasser lief vor dem Ochsen davon zum Feuer, um es zu löschen. Das Feuer hatte Angst vor dem Wasser und flackerte zum Stock. Der Stock jagte dem Wolf nach, um ihn zu verprügeln. Der Wolf aber stürzte hinter Bedinko her, und dieser rannte nach Hause, so schnell ihn seine Beine nur tragen konnten.

Volkserzählung
Aus dem Slowenischen übertragen von Vladimir Meula

Originaltext: Bedin in Bedina (Bedinko und Bedinka, Jugoslawien, slowenisch)

Bedin in Bedina sta šla nabirat lešnike. Bedin je bil sila trmoglav deček. Tudi danes je hotel biti vedno prvi, češ: jaz hitro natrgam polno vrečko, sestra pa bo trgala le tiste, ki jih jaz ne bom opazil.

Imel pa je preluknjano vrečko, da so mu vsi lešniki utekali na tla. Bedin je hitel trgati, Bedina jih je pa kar brala s tal. Bedina je imela že polno vrečko, Bedin pa še vedno prazno.

Bedina mu de: „Pojdiva domov, čas je že! Mati naju bo kregala!"

Bedin pa se brani na vso moč ter noče iti domov, dokler ne nabere tudi on polne vrečke lešnikov. Bedina mu žuga, prosi, a nič ne pomaga. Naposled de: „Ako ne greš, pokličem volka, da te požre."

Ali glej, volk se pokaže izza grmovja ter de: „Ooo! Tega pa že ne!"

Nato Bedina: „Ako ga nočeš požreti, pokličem palico, da te nabije!"

Palica se oglasi: „Ooo! Tega pa že ne!"

Bedina zagrozi palici: „Ako tega ne storiš, pokličem ogenj, da te ožge!"

Ogenj pa se oglasi: „Ooo! Tega pa že ne!"

Bedina žuga ognju: „Če nočeš, pokličem vodo, da te pogasi!"

Voda reče: „Nak, tega pa ti res ne boš ukazala. Meni nihče ne bo ukazoval."

Bedina grozi vodi: „Le čakaj, pokličem vola, da te popije!"

Toda vol jo zavrne: „Ne bo nič, tega pa že celo ne!"

Bedina: „Ako nočeš piti vode, pokličem mesarja, da te zakolje."

Mesar pa se odreže: „Lepo bi bilo res, toda danes ne ukazuješ ti."

Nato ona: „Če te res ne morem obesiti, pa zapovem vrvem, naj te obesijo."

Toda vrvi se oglasijo: „Ljubica mila, ti pa tega ne boš zapovedala."

Bedina jim zagrozi: „Ako nočete obesiti neubogljivega mesarja, pokličem miši, da vas razgrizejo."

A tudi miši ne ubogajo ter ugovarjajo: „Ooo, Bedinica, tega pa res ne!"

Naposled je bilo Bedini že vsega preveč, pa zakriči: „Ako tega ne storite, naj pride mačka in naj vas polovi!"

Mačka je koj priletela, da bi polovila neubogljive miši: miši so se prestrašile in hitro stekle proti vrvem, da bi jih razgrizle; vrvi se zboje miši ter hite proti mesarju, da bi ga obesile; mesar se ustraši ter teče vola ubijat; vol hiti vodo pit, a voda teče pred volom ogenj gasit; ogenj se ustraši vode ter leti, da bi palico požgal, palica drvi za volkom, da bi ga naklestila, a volk jo udari za Bedinom, ki je tekel proti domu, kar so ga nesle noge.

Ab 5 Jahren

Themen/Stichworte: ○ *Kettenreimmotiv*
○ *Befehlen*

6. Das fliegende Haus (Jugoslawien, slowenisch)

In der Stadt wohnen Häuser. Grau, böse und eingebildet. Und nichts weiter. Nirgends auch nur eine einzige grüne Pflanze.

In den Häusern wohnen Erwachsene und Kinder. Es gibt große Betten für die großen Leute und Kinderbetten für die Kinder. Für die Teddybären gibt es gar keine Betten, denn sie schlafen im Sitzen.

Ein Haus aber ist nicht wie die anderen. Es langweilt sich zwischen den grauen Häusern. Eines Tages faßt es den Entschluß zu verreisen. Noch in derselben Nacht fliegt es weg – mit den Kindern in ihren Betten, mit dem Teddybär und dem Bild an der Wand.

Es fliegt und fliegt – über grüne Felder, über weiße Straßen und über ein einzelnes Haus, das im grünen Feld daheim ist. Unser Haus fliegt dorthin, wo Bäume und Blumen daheim sind und wo kein einziges Haus mehr wohnt. Hier läßt es sich auf die Erde nieder und da es inzwischen sehr müde geworden ist, schläft es sofort ein.

Die Kinder aber wachen auf, kriechen aus ihren Betten und wundern sich über die hellen Flecken, die die Sonne auf den Boden malt. Sie gehen auf den Balkon, schauen verwundert und fragen sich, wo sind wir hier?

Aber es gefällt ihnen hier: im Grünen, unter Bäumen, in der Sonne. Sie laufen hinaus, fassen sich bei den Händen und erforschen gemeinsam das neue Land.

Sie laufen unter den Bäumen herum und denken sich allerlei Spiele aus. Erst nachdem sie lange, lange gespielt haben, setzen sie sich auf die Wiese und merken, daß es Abend wird. Sie wollen aber nicht morgen wieder in der Stadt aufwachen, wo es nur graue Häuser gibt, kein Gras, keine Blumen und keine Bäume – ja, gar keine Pflanzen.

Sie denken nach und beginnen, kleine Bäumchen zu sammeln, auch Pflanzen und Zweige. Ganze Arme voll tragen sie ins Haus. So viel Grün, daß sie damit alle Räume im Haus anfüllen und auch alle Balkone. Das Haus ist jetzt ein grünes Haus.

Das Haus erwacht und beschließt, in die Stadt zurückzukehren. Es fliegt los und trägt die Kinder und die jungen Bäume in den Abend hinein.

Als es über seiner Heimatstadt fliegt, wo all die grauen Häuser mit ihren Glotzfenstern wohnen, beginnen die Kinder grüne Pflanzen abzuwerfen. Jetzt ist es, als regnete es einen Wald vom Himmel, und die Pflanzen bedecken alle Straßen, Wege und Plätze. Dann läßt sich das Haus wieder in seiner Straße an seinem angestammten Platz nieder.

Am Morgen erwachen die Bewohner der Stadt: Väter, Großväter, Mütter, Großmütter, Tanten, Onkel, Jungen und Mädchen und schauen ganz verwundert. Die ganze Stadt ist grün. Es wachsen Linden, Pappeln, Ebereschen, Weißbuchen, Rotbuchen, Fichten, Lärchen und Blumen, überall Blumen.

Jetzt wohnen in der Stadt nicht nur Häuser, jetzt wachsen hier auch Bäume, die Häuser sind nicht mehr grau und klotzig, sie sind lustig und freundlich, und sogar die Sonne bleibt jeden Tag eine Weile stehen und sagt: „Das ist eine nette Stadt! Hier würde ich mich niederlassen, wenn ich nicht gerade auf Dienstreise wäre.“

D. Zajc
Aus dem Slowenischen übersetzt von Werner Küffner,
bearbeitet vom Staatsinstitut für Frühpädagogik

Ab 5 Jahren

Themen/Stichworte:
- *Architektur/Natur*
- *Begrünung der städtischen Umwelt*
- *Umweltprobleme als Phantasiegeschichte*

Praktische Anregung

1 *Ein Naturhaus bauen*

In dieser Phantasiegeschichte wird der Kinderalltag und eine ganze Stadt durch einen Traum verwandelt: graue Häuser und eine Betonwüste verwandeln sich in eine grüne Stadt voller Bäume und Blumen. Man könnte diese Motivreihe der Erzählung „unsere Stadt/unser Haus/Natur" im Gespräch mit den Kindern auf ihre eigene Umgebung beziehen und dann ein großes Projekt entwickeln: im Hof, im Gartengelände wird von Kindern (und Erwachsenen) ein „Naturhaus" gebaut. Das heißt ein Haus aus Ästen und Zweigen, dessen Außenwände bepflanzt werden. Dieses Projekt kann Kinder über Monate hinweg immer wieder faszinieren und Erwachsene (auch Eltern und Nachbarn) können mithelfen.

Bauteile: Äste, die im Frühjahr aus den Bäumen geschnitten werden; Schnüre, um die Äste miteinander zu verbinden; Fett, um die Schnüre gegen Porosität zu schützen.

Materialien: Säge, Schere, großer Hammer, Haushaltsleiter, Pflock.

Pflanzen (selbstgezogen oder gekauft): Geißblatt, Efeu, Sonnenblumen, Wicken, Klettererdbeere, Klematis, Estragon, Tomaten, Knöterich, wilder Wein, Erbsen, Kapuzinerkresse, Bohnen.

Bauplatz: ca. 10 qm im Freigelände.

Der Bau des Hauses ist einfach. Die Wände entstehen, indem die Äste und Zweige miteinander verwunden werden und, falls notwendig, mit den Schnüren zusätzlich verbunden werden. Wenn das Haus fertig ist, wird um das Haus das Erdreich ca. 30 cm breit und 30 cm tief (je nach Bodenbeschaffenheit) ausgehoben und mit guter Erde vermischt und gelockert in den entstandenen Graben eingefüllt. Anschließend kann, wenn die Jahreszeit es zuläßt, gepflanzt werden. Das Haus wächst von selbst zu und die Kinder können es „einrichten". Wenn das Haus steht, kann im Kindergarten/Hort/ Schule ein Richtfest gefeiert werden – mit Nachbarn, Eltern usw.

Aus: Projekt „Naturhäuser. Ökologie. Erziehung" von Horst Beisl, Staatsinstitut für Frühpädagogik, München.

III. Märchen und Erzählungen aus Griechenland

Illustration: Griechische Volkskunst

0. Griechische Märchen und Erzählungen: Eine Einführung

A. *Megas* schreibt: Das neugriechische Märchen kennt einige eigentümliche Gestalten, die nur zum Teil ihre Entsprechung in deutschen Märchen finden. Zu den charakteristischen Gestalten zählen z.B. die Moiren, die bereits unter den altgriechischen Dämonen als Schicksalsgöttinnen bekannt waren. Ihr Wirken beginnt nach der Geburt eines Kindes und offenbart sich in den späteren Lebensereignissen. Eine weitere bedeutende, dem osteuropäischen Märchen eigene Gestalt ist die des „Bartlosen". Er verkörpert den Typus des Schlaukopfs, vor dem man sich in acht nehmen muß, der aber auch Verachtung erfährt. Eine phantastische Gestalt, die dem Helden eines Märchens als übernatürlicher Gegner gegenübertritt, ist der Drake oder Drakos. Er entspricht in den nordischen Märchen dem (menschenfressenden) Riesen, der in den Bergen oder in der Einöde haust und vom Raub und Plündern des Besitzes der Menschen lebt. In Sage und Märchen tauchen auch öfter die Neraiden (Nymphen) auf. Sie entsprechen den Feen oder Schwanenjungfrauen der deutschen Mythologie. Zwerge, die z.B. in deutschen Märchen auftreten, sind in den griechischen Märchen kaum bekannt. Deren Stelle nehmen z.B. im Schneewittchenmotiv („Myrsina") die zwölf guten Brüder, nämlich die zwölf Monate, ein (vgl. *Megas* 1965, S. 39). Vergleiche auch unsere Märchenauswahl „Die zwölf Brüder".

Zu den klassischen Ausgaben griechischer Volksmärchen gehört die von Giorgios A. *Megas* 1927 herausgegebene Sammlung.

Alexandra *Stavropulos* (1982) sagt über die Märchen der Sammlung von Megas: „Ihren Erfolg verdanken sie der Tatsache, daß sie die Welt nicht verschönern, sondern verklären. Die Gestalten bewegen sich in einer isolierten Sphäre, die zwar abgetrennt von der Realität, aber durchaus zufriedenstellend ist. Sie bieten den Kindern eine unbeschwerte Welt, mit positiven, lebensbejahenden Elementen."

Antike Sagen und Mythen sind seit den Anfängen der griechischen Kinder- und Jugendliteratur sehr beliebt. Sie gehören zum festen Bestandteil des Lehrplans der Grundschulen und werden in Form von Bilderbüchern auch den jüngeren Kindern zugänglich gemacht. Als einflußreiche Illustratoren sind hier Sophia *Zarampuka* und Paulos *Balasakes* hervorzuheben.

Inzwischen wenden sich viele engagierte Kinderbuchautoren der Gegenwart dem Leben um die Kinder zu. Viele Kunstmärchen befassen sich mit Umweltschutz und Umweltverschmutzung, wobei die Hoffnung auf eine bessere Welt häufig von den Kindern getragen wird.

Zu den modernen Erzählungen, die sich mit Erlebnissen, Gedanken und Gefühlen der Kinder befassen, gehört auch die hier ausgewählte „Was hast du getan, Dionisis?" von Jolanda *Pateraki*. Die Themen „Kriegspielen" und „Außenseiter" erschienen uns so wichtig, daß wir den moralisierenden Ton der Erzählung in Kauf genommen haben.

Neben dieser modernen Geschichte haben wir zwei traditionelle Märchen „Die zwölf Monate" und „Ein Bündel Weintrauben" ausgewählt sowie eine Fabel von *Aesop*[1]: „Der Esel mit der Salzlast".

Fabeln erfreuen sich in Griechenland großer Beliebtheit. „Sie sind die Fortsetzung einer unsterblichen antiken Überlieferung, durch die sich vielmehr als durch das Märchen pädagogische Absichten formulieren lassen. Diese Gattung nimmt in der griechischen Kinderliteratur einen Ehrenplatz ein, zumal *Aesop* die Zusammengehörigkeit mit der altgriechischen Vergangenheit darstellt" (*Stavropulos* 1982).

Aus der großen Zahl der Fabeln haben wir die vom Esel mit der Salzlast ausgewählt, weil sie uns thematisch wichtig erschien: In ländlichen Gebieten Griechenlands ist weiterhin der Esel (oder das Maultier) das Last- und Nutztier der

1 Der Legende nach lebte *Aesop* im 6. Jahrhundert v. Chr. als Sklave des Samiers Iadmon. Mit seinen Fabeln erlangte er große Berühmtheit, machte sich jedoch auch Feinde. Die überlieferte Sammlung enthält mehr als 350 Fabeln, wobei nicht genau bekannt ist, welche Stücke wirklich auf ihn zurückgehen (vgl. *Flacelière* 1966, S. 180f.).

Menschen. Der wandernde Händler, der auf einem Dorfplatz seine Waren anbietet (z. B. frisches Gemüse), trägt in manchen Gegenden Griechenlands auch heute noch zur Versorgung der Landbevölkerung bei. Zudem bringt die Erzählung die Verbundenheit zwischen Mensch und Tier anschaulich zum Ausdruck.

1. Ein Bündel Weintrauben (Griechenland)

Es war einmal in alten Zeiten ein kleines Dorf namens Agathochori; das heißt so viel wie ‚Dorf der lieben Leute'. In Agathochori waren alle Leute freundlich und liebten sich untereinander sehr.

In Agathochori gab es alles. Nur Weinstöcke gab es nicht. Die Dorfbewohner hatten nie Trauben gesehen; sie hatten auch noch nie Wein getrunken, der ja aus Trauben gemacht wird.

Da brachte eines Tages ein alter Mann, der mit seinem Esel in ein anderes Dorf gegangen war, eine kleine Wurzel von einem Weinstock mit und pflanzte sie in seinen Garten.

Der Weinstock wuchs, und als der Monat August kam, da gab es auch die ersten Trauben. Der gute Mann von Agathochori schnitt sie voller Freude ab und wusch sie unter seinem Wasserhahn. Aber bevor er anfing sie zu essen, dachte er: „Es ist doch schade, wenn ich sie allein esse; lieber lade ich auch meinen Nachbarn ein und wir essen sie zusammen."

Und er rief seinen Nachbarn: „Nachbar, komm, laß uns meine Trauben gemeinsam essen."

Voller Freude kam der Nachbar mit seiner Frau; aber bevor sie zu essen anfingen, sagte die gute Frau: „Es ist doch schade, wenn wir sie allein essen; wir könnten auch unsere übrigen Nachbarn einladen, die obendrein noch ein kleines Kind haben."

Dann kamen auch die anderen Nachbarn mit dem kleinen Kind. Die dachten nun wiederum an ihre Nachbarn, die sogar drei Kinder hatten; also kamen auch diese mit ihren drei Kindern. Sie luden wieder andere Leute ein und so ging es weiter, bis der Garten des guten Mannes von Agathochori voll wurde – von Erwachsenen und Kindern.

Es hatten sich so viele Menschen versammelt, wie Beeren an der Traube waren. Also konnte jeder nur eine Beere bekommen.

Als der Alte die erste Beere abnahm, um sie seinem guten Nachbarn zu geben, verwandelte sie sich in eine ganze Traube. Er nahm die zweite Beere und es passierte wieder das gleiche. Welche Freude für die Bewohner von Agathochori! Auch die dritte und die vierte verwandelten sich der Reihe nach in große und schöne Trauben.

Voller Freude aßen die Bauern von Agathochori der Reihe nach ihre Trauben und zogen zufrieden nach Hause. Als auch die letzte Beere, die der Alte für sich aufbewahrt hatte, zu einer großen und schönen Traube geworden war, dachte er bei sich: „Besser, ich esse sie nicht, sondern mache Wein daraus."

Er preßte sie sehr, sehr gut aus und bekam ein Glas Most. Den Most füllte er in ein kleines Faß und wartete ab. Als genügend Zeit vergangen und der Wein fertig war, rief er wieder seinen Nachbarn, um mit ihm zusammen den Wein zu trinken.

Der Nachbar wiederum dachte an seinen Nachbarn und lud ihn ein, der lud einen anderen ein, und langsam versammelten sich wieder alle Bewohner von Agathochori im Garten des guten Alten, um seinen Wein zu kosten. Es geschah nun wieder die gleiche sonderbare Sache, die auch mit den Beeren passiert war.

Das Faß wurde und wurde nicht leer. Sie tranken und tranken, doch das Faß blieb immer voll. Das sei ein Segen Gottes, meinte der gute Alte. Und Gott wolle ihnen damit zeigen, daß, wenn man sein Hab und Gut miteinander teile, es nicht weniger würde, sondern sich ständig vermehre.

Seither ist in Agathochori das Faß mit dem süßen Wein immer voll. Wer will, geht hin und trinkt davon. Der Wein ist so süß, wie kein anderer Wein auf der Welt.

Aus dem Griechischen übersetzt von Maria Stamatopoulou-Blümlein

Originaltext: Ενα τσαμπί σταφύλι *Ena tzambi stafyli (Ein Bündel Weintrauben, Griechenland)*

Μιά φορά κι έναν καιρό, στα πολύ παλιά χρόνια, υπήρχε ένα μικρό χωριό που το λέγανε Αγαθοχώρι. Στο Αγαθοχώρι όλοι οι άνθρωποι ήταν καλοί κι αγαπούσαν πολύ ο ένας τον άλλο.

Είχε απ'όλα τα καλά το Αγαθοχώρι, εκτός από αμπέλια και κληματαριές. Σταφύλι δεν είχαν δει ποτέ στα μάτια τους οι Αγαθοχωρίτες, και κρασάκι, που γίνεται απ'τα σταφύλια, δεν είχανε ποτέ τους πιεί.

Μιά μέρα, ένας γέρος, που πήγε με το γαϊδουράκι του σ'ένα άλλο χωριό, έφερε γυρίζοντας μιά μικρή ρίζα κληματαριά και τη φύτεψε στην αυλή του.

Η κληματαριά μεγάλωσε, κι όταν ήρθε ο Αύγουστος, είχε κιόλας έτοιμο το πρώτο τσαμπί σταφύλι. Το'κοψε γεμάτος χαρά ο καγός Αγαθοχωρίτης, το'πλυνε στη βρυσούλα του, αλλά πριν το φάει, σκέφτηκε: «Δεν είναι κρίμα να το φάω μοναχός μου, ενώ μπορώ να καλέσω και το γείτονα μου να το φάμε μαζί;»

Μιά και δυό πλησίασε το φράχτη και φώναξε:

– Γείτονα, έλα να φάμε μαζί το σταφύλι μου.

Ηρθε ο γείτονας χαρούμενος, μαζί με τη γυναίκα του, αλλά πριν αρχίσουν να το τρώνε, είπε η καλή γυναίκα:

– Τι κρίμα να το φάμε μόνοι μας, αφού μπορούμε να καλέσουμε και τους άλλους μας γείτονες, που έχουν και μικρό παιδί.

Ηρθαν λοιπόν κι οι γείτονες οι άλλοι με το παιδί. Εκείνοι με τη σειρά τους σκέφτηκαν τους δικούς τους γείτονες, πού'χαν μάλιστα τρία παιδιά, ήρθαν κι εκείνοι με τα τρία παιδιά.

Εκείνα κάλεσαν άλλους, οι άλλοι άλλους, και έτσι σιγά σιγά η αυλή του καλού Αγαθοχωρίτη γέμισε ανθρώπους και παιδιά.

Οταν άρχισε η μοιρασιά, ήταν τόσοι πολλοί άνθρωποι μαζεμένοι, όσες κι οι ρώγες του σταφυλιού. Ετσι θά'παιρνε ο καθένας από μιά ρώγα μονάχα.

Μόλις όμως έκοψε ο γέρος την πρώτη, γιά να τη δώσει στον καλό του γείτονα, αμέρως η ρώγα μεταμορφώθηκε σε ολόκληρο τσαμπί. Εκοψε τη δεύτερη, κι αυτή το ίδιο. Χαρές που κάνανε οι Αγαθοχωρίτες! Και η τρίτη και η τέταρτη έγιναν κι αυτές με τη σειρά τους μεγάλα ωραία τσαμπιά.

Ξετρελαμένοι από χαρά οι χωρικοί επαιρναν ο καθένας, το τσαμπί του κι έφευγαν ευχαριστημένοι. Οταν και η τελευταία ρώγα που κράτησε ο γέρος για τον εαυτόν του έγινε κι αυτή, με τη σειρά της, μεγάλο κι'όμορφο τσαμπί, ο γέρος σκέφτηκε: «Καλύτερα να μην το φάω, να το κάνω κρασακι».

Το έστιψε λοιπόν καλά καλά, έβγαλε ζουμί όσο χωραεί ένα ποτήρι, τό'βαλε ύστερα σ'ένα μικρό μικρό βαρελάκι, και περίμενε. Οταν πέρασαν οι μέρες και το κρασί ήταν έτοιμο, φώναξε πάλι το γείτονα του να το πιούνε μαζί.

Εκείνος θυμήθηκε το δικό του γείτονα και τον κάλεσε, αυτός κάλεσε έναν άλλο, ο άλλος άλλον, και σιγά σιγά μαζεύτηκαν πάλι όλοι οι Αγαθοχωρίτες στην αυλή του καλού γέρου, γιά να δοκιμάσουν το κρασάκι του. Ομως έγινε και πάλι το ίδιο παράξενο πράγμα, που είχε γίνει με τις ρώγες του σταφυλιού.

Το βαρελάκι δεν άδειαζε, όσο κι αν έπιναν. Επιναν, έπιναν, κι αυτό ήταν πάντα γεμάτο. Ηταν η ευλογία του Θεού, είχε πει ο καλός γέροντας. Κι ήθελε μ'αυτό ο Θεός να τους δείξει, ότι όποιος μοιράζεται μ'άλλους τα καλά που έχει, αυτά δεν λιγοστεύουν, αλλά όλο και πιό πολλά γίνονται.

Από τότε το βαρελάκι με το γλυκό κρασί στο Αγαθοχώρι είναι πάντα γεμάτο. Οποιος θέλει, πάει, πίνει, και είναι τόσο γλυκό, όσο κανένα κρασί σ'όλο τον κόσμο.

Ab 4 Jahren

Themen/Stichworte:
- *Teilen und Geben*
- *Gastfreundschaft, Freude am gemeinsamen Essen*
- *Gute Nachbarschaft*
- *Von der Traube zum Wein*

Praktische Anregung

In diesem Märchen werden Fähigkeiten zum Teilen und zum Geben, Gastfreundschaft und Sinn für Gemeinschaft thematisiert. Diese Themen lassen sich gut in ein Kennenlern- und Gemeinschaftsspiel umsetzen. Dazu schlagen wir als Form ein Ritualspiel vor, das sich besonders zur Eingewöhnung neuer Kinder eignet und das zur Erntedankzeit (reife Trauben) gespielt werden kann.

1 *Ein Kennenlern- oder ein Gesellschaftsspiel*

Vorbereitung:

Nach dem Erzählen des Märchens bringt jedes Kind von zu Hause eine Traube mit oder: Erzieher und Kinder kaufen die nötige Menge Trauben ein.

Spielverlauf:

Alle Kinder verteilen sich im Gruppenraum und halten ihre Traube bereit.

Ein (griechisches) Kind kommt von draußen herein und bringt eine prächtige Traube mit.

Es setzt sich abseits von den Kindern auf den Boden und betrachtet die Traube von allen Seiten. Kurz vor dem Abzupfen einer Weinbeere spricht es: „Eigentlich ist es schade, wenn ich meine Traube allein esse. Ich könnte doch meine Nachbarin (meinen Nachbarn) einladen."

Mit diesen Worten legt das Kind seine Traube in eine große, bereitstehende Schüssel. Dann schaut es sich um und wählt ein Kind als Nachbarin und ruft: „Maria, komm und laß uns gemeinsam essen!" Maria kommt, bringt ihre Traube mit und setzt sich neben „den alten Mann". Sie ißt jedoch nicht, sondern spricht ebenso: „Eigentlich ist es schade, wenn wir die Trauben allein essen. Wir könnten doch noch unseren Nachbarn einladen."

Damit legt sie ihre Traube in die Schüssel, wählt aus der Gruppe einen Nachbarn und ruft: „Michael, komm und laß uns gemeinsam essen!" Michael kommt, bringt seine Traube mit und handelt und spricht wie vorher die beiden Kinder.

Die Einladungen wiederholen sich in dieser Art solange, bis alle Kinder im Kreis beisammensitzen.

Der Erzieher kann mitentscheiden und mithelfen, wenn es darum geht, Kinder, denen das Aussprechen der Einladung Schwierigkeiten bereiten könnte, z.B. als Kinder einer der Nachbarsfamilien miteinzuladen. Aber nach Möglichkeit sollte jedes Kind einzeln und namentlich eingeladen werden, so daß wiederum es selbst ein Kind einladen kann. Dabei dürfte manchem Kind der gleichlautende Satz eine Hilfe sein. Unter Umständen kann ein ausländisches Kind die Einladung auch in seiner Muttersprache sprechen.

Die Schüssel ist nun übervoll und das gemeinsame Essen kann beginnen. Aus der Fülle der Trauben kann auch noch „mehr" gemacht werden, z.B. ein „Traubensalat", gewürzt mit Rosinen, Zucker und Zitronensaft.

Nach dem gemeinsamen Essen endet das Spiel mit einem Dank an den alten Mann und einem Aufwiedersehen:

deutsch	*griechisch*	
Danke	ευχαριστώ	(efcharistó)
Auf Wiedersehen	γειά σου	(jásu) sing.
	γειά σας	(jàsas) plur.
Adieu	αντίο	(adío)

2. Der Esel mit der Salzlast (Griechenland)

Es war einmal ein wandernder Händler. Der belud seinen Esel mit Waren und lief von Dorf zu Dorf, um sie dort zu verkaufen. So verdiente er sich seinen Lebensunterhalt.

Als die Zeit kam, in der die Hausfrauen immer die Oliven in ihre Tongefäße einlegten, dachte der Händler:

„Ich muß in die Stadt und meinen Esel mit Salz beladen. Das werde ich dann im ersten Dorf verkaufen, in das ich komme."

Am gleichen Tag ging er auch wirklich in die Stadt. Und am nächsten Morgen kam er wieder in Richtung Dorf, nachdem er seinen Esel mit zwei vollen Säcken Salz beladen hatte. Um aber ins Dorf zu kommen, mußte er einen Fluß überqueren, dessen Wasser nicht sehr tief war. Für den Esel war das nichts Besonderes, denn er ging jedesmal über den Fluß, und auch jetzt betrat er furchtlos das Wasser. Als er aber anfing zu laufen, stolperte er über einen Stein, und seine Beine knickten um.

Er blieb an dieser Stelle, damit sein Herr kommen und ihm hochhelfen konnte. Die Säcke waren tief in den Fluß hineingetaucht, und das meiste Salz hatte sich im Wasser aufgelöst. Als der Esel aufstand und zu laufen anfing, bemerkte er, daß seine Last viel leichter war als vorher.

„Dieser Sturz in den Fluß war sehr schön!" dachte er. „Jetzt, da ich das weiß, werde ich jedesmal beim Überqueren des Flusses so tun, als ob ich ausrutschte und ganz ins Wasser tauchen. Meine Last wird leichter, genauso wie jetzt, und mir wird es gut gehen."

Sie kamen im Dorf an, und der wandernde Händler verkaufte das bißchen Salz, das noch übriggeblieben war. Dann aber schickte ihn ein anderer Händler in die Stadt zurück, um sich von ihm eine Ladung Schwämme bringen zu lassen, die er dringend benötigte. Der Wanderhändler ging am nächsten Morgen wieder los, lud sich in der Stadt die Schwämme auf und machte sich auf den Weg zurück ins Dorf. Beim Laufen dachte sich der Esel: „Meine Last ist heute nicht schwer. Ich werde mich trotzdem ins Wasser fallen lassen, denn dadurch wird sie noch leichter."

Und als sie am Fluß waren, tat er, als ob er ausrutschte, und plumps – fiel er hinein. Sein Herr lief zu ihm, um ihm hochzuhelfen. „Das fehlt uns noch", rief er. „Daß du jedesmal, wenn du hier vorbeiläufst, in den Fluß fällst. Du solltest dich in acht nehmen, liebes Eselchen, denn du könntest dir ein Bein brechen."

Als der Esel sich erhob und wieder zu laufen anfing – oh je, oh je! – da war jeder Sack so schwer, als wäre er aus Eisen. Der arme Esel konnte kaum laufen. Aber was sollte er tun? Er stieg schnaufend den Abhang hoch und dachte bei sich:

„Das war doch kein so guter Einfall, jetzt ist meine Last so schwer wie nie zuvor. Nie im Leben werde ich so etwas wieder versuchen!"

Aesop-Fabel
Aus dem Griechischen übersetzt von Maria Stamatopoulou-Blümlein

Originaltext: Γαϊδούρι φορτωμένο αλάτι
Auch: Gaidouri fortomeno alati
(Der Esel mit der Salzlast, Griechenland)

Μιά φορά ζούσε ένας πραματευτής, που φόρτωνε το γάϊδαρο πραμάτειες και γύριζε από χωριό σε χωριό και τις πουλούσε κι έβγαζε το ψωμί του.

Σαν ήρθε καιρός που οι νοικοκυρές ετοιμάζονταν να βάλουν στα κιούπια τους τις ελιές τους, ο πραματευτής συλλογίστηκε:

– Πρέπει να παω στην πολιτεία και να φορτώσω το γάϊδαρο μου αλάτι, θα το πουλήσω αμέσως στο πρώτο χωριό.

Πραγματικά, την ίδια κιόλας μέρα ξεκίνησε γιά την πολιτεία. Και το άλλο πρωί ξανάφυγε με το γαϊδούρι του φορτωμένο δυό καλά σακκιά αλάτι και τράβηξε κατά το χωριό. Γιά να φτάση όμως εκεί, έπρεπε να περάση ενα ποτάμι, που το νερό του δεν ήταν πολύ βαθύ. Το γαϊδούρι ήταν συνηθισμένο, γιατί το περνούσε κάθε φορά και μπήκε και τώρα άφοβα μέσα στο νερό. Καθώς όμως άρχισε να περπατά, γλίστρησε σε κάποια πέτρα και γονάτισε, κι έμεινε έτσι γονατισμένο, ώσπου να φτάση πισω του ο αφεντικός του, να τον βοηθήση να σηκωθή. Τα σακκιά είχαν βουτηχτή μέσα στο ποτάμι, το πολυ αλάτι διαλύθηκε στο νερό, κι έτσι όταν ο γάϊδαρος σηκώθηκε κι άρχισε να περπατά, ένοιωσε πως το φόρτωμα του είχε γίνει πολύ ελαφρότερο απο πρωτυτερα.

–Αυτό το πέσιμο στο ποτάμι ήταν πολύ ωραίο! είπε μέσα του. Τώρα που το ξέρω, όποτε ξαναπερνώ θα κάνω πως γλιστράω και θα βουτώ ολόκληρος στο νερό. Το φόρτωμα μου θα γίνεται πιο ελαφρό, όπως και τώρα και θα καλοπερνώ.

Εφτασαν στο χωριό, κι ο πραματευτής πούλησε το αλάτι του. Κάποιος όμως έμπορος που βρισκόταν εκεί, τον έστειλε πίσω στην πολιτεία γιά να του φέρη ένα φόρτωμα σφουγγάρια που χρειαζόταν. Ο πραματευτής έφυγε το άλλο πρωϊ, φόρτωσε τα σφουγγάρια του και κίνησε πάλι γιά το χωριό. Το γαϊδούρι, καθώς έτρεχε, συλλογιζόταν:

– Σημερα το φόρτωμά μου δεν είναι βαρύ. Ωστόσο εγώ θα πέσω στο νερό και θα το κάμω ακόμω ελαφρότερο.

Κι όταν έφτασαν στο ποτάμι, δε χάνει καιρό, κάνει πως γλιστράει και πλαφ-πλουφ πέφτει μέσα.

Ο αφεντικός του έτρεξε να τον βοηθήση να σηκωθή.

– Αυτά θά' χουμε τώρα; φώναξε. Καθε φορά που θα περνάς, θα πέφτης στο ποτάμι; Να προσέχης, γαλϊδουράκο μου, γιατί μπορεί να σπάσης κανένα πόδι.

Μόλις σηκώθηκε ο γάϊδαρος κι εκανε να περπατήση, ώ συφορά! Το κάθε σακκί θά'λεγες πως ήταν τώρα γεμάτο σίδερο, κ'είχε τόσο βάρος που μόλις μπορούσε ο κακομοίρης να περπατάη. Τι να κάμη όμως; Ανέβηκε τον ανήφορο αγκομαχώντας και καθώς ανέβαινε, έλεγε μέσα του:

– Η πονηριά μου μού βγήκε σε κακό! Γιατί αν δεν έπεφτα μέσα στο ποτάμι, δε θά'κανα το φόρτωμά μου δύο και τρεις φορές πιό βαρύ και θα περπατούσα τώρα σαν παλληκάρι. Μπα, μπα, μπα! Που ξαναδοκιμάζω τέτοιο πράγμα άλλη φορά!

Ab 5 Jahren

Themen/Stichworte:
- *Der Esel als Lasttier*
- *Beruf des fahrenden Händlers*
- *List ist nicht gleich Klugheit*

3. Was hast du getan, Dionisis? (Griechenland)

Dionisis war vier Jahre alt. Jeden Morgen sauste er schon früh aus dem Haus. Wie eine Rakete schoß er aus der Tür und um die Ecke, wo die anderen Kinder, Alexis, Marina, Nikos, Apostolis und Sotiris schon auf ihn warteten. Jeden Morgen trafen sie sich hier, um das gleiche Spiel zu spielen, und so brauchten sie auch heute nur wenige Augenblicke, um ihre Vorbereitungen zu treffen.

Aber was spielten sie da mit so viel Lärm und Getöse?

Sie spielten Krieg. Es ging so wild zu, daß ihr Geschrei die engen Gassen füllte und an Ruhe gar nicht mehr zu denken war.

„... du bist hingefallen, du bist tot – aus, ich habe dich getroffen!" Sie zielen mit

Gewehren aufeinander, schießen sie mit Getöse ab, laden sie neu, rufen und schreien durcheinander. Jeder will den anderen mit seiner Stimme übertönen. Am lautesten ist Dionisis' Stimme, er ist der Befehlshaber. Er rennt hin und her, teilt Befehle aus, lobt den einen, treibt den anderen an: „Gut gemacht, Alexis – beinahe hätte ich ihn erwischt, aber der Hund ist mir wieder entkommen! Los, alle Mann auf ihn! Jetzt haben wir ihn! ..."

Als das Kriegsspiel in der Straße aufkam, da mußte der Kater von Frau Euthimia als Feind herhalten. Schwarz, dick und faul, war er genau der richtige Herausforderer für die Kinder.

Und so sah das Spiel aus: Wenn die Mannschaft vollzählig versammelt war, begann Dionisis vor dem Küchenfenster von Frau Euthimia zu miauen, um den Kater anzulocken. Meistens klappte der Trick auch, und langsam, langsam kam der Kater zwischen den Gitterstäben hervor, vielleicht weil dies für ihn eine Abwechslung des täglichen Einerleis war. Er sprang herunter und trat der versammelten Mannschaft entgegen. Er hielt sie eine Weile in Schach, fauchte ein bißchen und verschwand dann wieder hinter dem Gitterfenster. Danach ließ er sich gewöhnlich nicht wieder blicken.

Die Kinder nahmen ihre Waffen und kehrten nach Hause zurück, in der Hoffnung, daß sie am nächsten Tag ihr Kriegsspiel wiederholen könnten.

Eines Tages ließ sich der Kater jedoch trotz allen Miauens nicht herauslocken. Erst versuchte es wie gewöhnlich Dionisis, dann auch Alexis und Nikos, aber nichts passierte. Was war los? War der Kater irgendwo eingesperrt oder hatte er das Spiel einfach satt?

Da plötzlich ging die Küchentür auf. Aber nicht ihr Feind, der Kater, kam heraus, sondern der Sohn von Frau Euthimia, Giorgos, ein ruhiger Junge mit großen Augen und lockigem Haar.

„Pharao wird heute nicht kommen", sagte er mit fester Stimme, „ich habe ihn ins Bad eingesperrt!"

Die versammelte Kindermannschaft war verdutzt und verstummte. Nach einer Weile rief Marina: „Ja, aber wie sollen wir dann unser Kriegsspiel spielen?"

„Ihr sollt etwas anderes spielen", antwortete Giorgos. „Können wir nicht zusammen Verstecken spielen?"

„Bah, so ein Babyspiel", meinte Alexis verächtlich. „Verstecken spielt die Chari auf dem Spielplatz, und die ist erst drei Jahre alt!" „Wir wollen Krieg spielen!" rief Dionisis.

„Ich mag nicht Krieg spielen", sagte Giorgos und wollte wieder ins Haus gehen.

„Du magst den Krieg nicht?", fragte Dionisis erstaunt. „Warum nicht?" Giorgos fühlte sich nicht mehr recht wohl in seiner Haut. So viele Augenpaare schauten ihn neugierig oder verächtlich an. Er dachte: „Jetzt werden sie wohl nie mehr mit mir spielen wollen."

„Hast du vielleicht kein Gewehr?", fragte Sotoris.

„Ich habe eines und sogar ein ganz neues! Meine Tante Zoi hat es mir mitgebracht. Wartet mal ... wie heißt es?" Er versuchte, sich an den Namen des Gewehrs zu erinnern und kratzte sich dabei am Kopf. Schnell fuhr er fort: „Ich bringe es und frage meine Mutter auch wie es heißt."

„Mach schnell", rief Dionisis. „Wir wollen jetzt endlich spielen."

Giorgos ging hinein. Seine Mutter bemerkte, daß er bedrückt war. „Was ist geschehen, Giorgos?“

„Ich will so gern mit den anderen spielen, aber sie spielen immer nur Krieg.“

„Und warum spielst du denn nicht mit?“

„Ich mag nicht. Wo ist das Gewehr, das ich von Tante Zoi geschenkt bekommen habe?“

„Im Schrank bei den anderen Spielsachen.“

Giorgos holte es schnell. „Wie heißt es?“

„Karabiner.“

„Ah, ja“ und damit wollte er hinauslaufen.

„Wo willst du hin?“ fragte seine Mutter besorgt.

„Ich will es den anderen Kindern schenken. Ich brauche es nicht, Dionisis soll es bekommen.“

Dionisis nahm das Gewehr. Sein Dankeschön war kaum zu hören. Voller Stolz hüpfte er herum, zeigte allen das Gewehr und schwenkte es hin und her. „Jetzt werde ich einen richtigen Krieg machen. Ich werde euch alle töten. Niemand wird übrigbleiben.“

„Ich auch nicht?“, fragte die kleine Marina erschrocken.

„Natürlich du auch nicht“, fauchte Dionisis sie an. Er kniete nieder und begann wie närrisch alle mit seinem Maschinengewehr zu bedrohen und auf sie zu schießen. Der Krieg hatte begonnen. Einer gegen alle. Alle gegen einen. Die Kinder griffen Dionisis an, schossen auf ihn mit Peng-Peng und Bum-Bum und sprangen drohend um ihn herum.

Giorgos stand abseits und sah traurig einmal Dionisis und einmal die anderen fünf Kinder an. Deren Gesichter waren rot von der Anstrengung und dem Geschrei.

Plötzlich entdeckten die beiden kämpfenden Parteien Giorgos, wie er so dastand und zuschaute.

„Eh, du, warum stehst du da herum? Du bist unser Feind“, schrie Dionisis.

„Los, auf ihn!“

Und er stürmte als erster hin zu Giorgos. Schreiend folgten die anderen.

Giorgos bekam Angst, er drehte sich um und wollte sich durch die Küchentür retten. Er schaffte es aber nicht, denn in diesem Augenblick stürzte sich Dionisis mit lautem Peng-Peng auf ihn. Giorgos drehte sich kurz um, rannte weiter, stolperte über die erste Stufe und fiel der Länge nach hin.

Von seiner Stirn lief Blut.

Die Kinder waren plötzlich still. Wie versteinert blickten sie auf Giorgos.

Da schluchzte Marina: „Was hast du getan, Dionisis? Du hast ihn getötet. Siehst du, er ist voller Blut.“

Apostolis klopfte an die Küchentür und rief Frau Euthimia. Auch Nikos, der sah, daß Giorgos noch immer wie tot dalag und daß die Wunde an Giorgos' Stirn nicht aufhörte zu bluten, sagte plötzlich: „Oh, was hast du getan, Dionisis?“

Dionisis war fassungslos. Bis zu diesem Augenblick hatte er nicht gewußt, daß im Krieg nicht mit Gewehren gespielt, sondern getötet wird. Jetzt, da er Giorgos auf dem Boden liegen sah und hörte, was seine Freunde sagten, war er tief erschrocken. Weinend ging er nach Hause. Giorgos hatte Recht gehabt. Warum hatten sie nur immer wieder Krieg gespielt!?

Dionisis weinte immerzu. In seinen Ohren klangen noch die ängstlichen Worte seiner Freunde: „Was hast du getan, Dionisis?" „Was hast du getan, Dionisis??" ...
Als seine Mutter ihn sah und hörte, was geschehen war, rannte sie hinaus, um Frau Euthimia zu helfen. Auch die anderen Nachbarn kamen angelaufen. Zum Glück war die Wunde nicht sehr schlimm. Schon am nächsten Tag ging Giorgos mit seiner Mutter wieder auf die Straße – unter seinen Locken sah man ein Pflaster. Die Mutter hielt ihn fest an der Hand, damit er nicht wieder stolpere. Und bald war Giorgos wieder ganz gesund.
Aber Dionisis und seine Bande hatten am anderen Morgen den Karabiner, ihre Gewehre und alle anderen Waffen in die Mülltonne geworfen.

Giolanda Paterake
Aus dem Griechischen übersetzt von Domna Steininger,
gekürzt vom Staatsinstitut für Frühpädagogik

Ab 5 Jahren

Themen/Stichworte:
- *Kinder spielen Krieg*
- *Ein Anführer und seine Bande*
- *„Außenseiter"*

4. Die zwölf Monate (Griechenland)

Es war einmal eine Witwe, die war sehr arm. Sie hatte fünf Kinder und war so arm, daß sie kein bißchen Glück hatte. Und sie fand auch keine Arbeit. Nur einmal in der Woche rief sie eine reiche Frau aus der Nachbarschaft und ließ sie den Brotteig kneten, und für ihre Mühe gab sie ihr auch nicht einen Kanten Brot für ihre Kinder. Aber die Arme pflegte fortzugehen mit den Teigresten an den Händen, die wusch sie zu Hause mit sauberem Wasser, und dieses Wasser kochte sie, und es wurde eine Art Brei daraus, und ihre Kinder aßen es. Und von diesem Brei waren sie die ganze Woche satt, bis ihre Mutter wieder bei der reichen Frau knetete und wieder mit ungewaschenen Händen zurückkehrte und ihnen den Brei bereitete.
Und die Kinder der reichen Frau wurden bei ihrem reichlichen und fetten Essen, bei dem schneeweißen Brot nicht kräftig und rund, sondern waren mager wie getrocknete Makrelen. Aber die Kinder der armen Frau gediehen prächtig und wurden dick und waren wie die Meerbarben. Und die reiche Frau wurde ganz unruhig und sprach mit ihren Freundinnen, und die Freundinnen sagten ihr: „Die Kinder der Armen gedeihen und werden dick, weil sie das Glück deiner Kinder an ihren Händen mitnimmt und es ihren eigenen bringt. Deswegen werden ihre Kinder dick und kommen deine herunter und schwinden dahin."

Das glaubte die reiche Frau, und als der Tag kam, an dem die andere wieder kneten sollte, ließ sie sie nicht mit ungewaschenen Händen fortgehen, sondern hieß sie sie gründlich waschen, damit das Glück in ihrem Hause bleibe. Und die Arme kam mit Tränen in den Augen nach Hause.

Als die Kinder sahen, daß sie ohne Teig an den Händen kam, fingen sie an zu weinen. Und auf der einen Seite weinten die Kinder, auf der anderen die Mutter. Zum Schluß machte sie als Erwachsene ihr Herz hart wie Eisen und beruhigte sich und sagte zu den Kindern: „Beruhigt euch, liebe Kinder, und weint nicht, ich werde schon ein Stück Brot für euch finden."

Und sie ging von Tür zu Tür und mühte sich, bis sie Leute fand, die ihr einen trockenen Brotkanten gaben, den weichte sie gründlich in Wasser ein und verteilte ihn unter die Kinder. Und als sie gegessen hatten, ließ sie sie zu Bett gehen und einschlafen. Und gleich nach Mitternacht nahm sie allen Mut zusammen und ging fort, um nicht sehen zu müssen, wie ihre Kinder vor Hunger stürben.

Als sie nun durch die einsame Nacht ging, sah sie auf einer Höhe einen Lichtschein und ging darauf zu. Und als sie nahe herankam, sah sie, daß es ein Zelt war, und in der Mitte des Zeltes hing ein großer Kronleuchter mit zwölf Lampen. Und unter dem Kronleuchter hing etwas Rundes wie ein Ball. Sie trat ins Zelt und sah dort zwölf Jünglinge sitzen, die über eine Angelegenheit beratschlagten.

Das Zelt war rund, und am Eingang des Zeltes rechts saßen drei Jünglinge, die trugen ein offenes Hemd und hielten zarte Gräser und Blüten in den Händen.

Weiterhin saßen drei andere Jünglinge, die hatten die Ärmel aufgestreift bis zu den Ellbogen, waren ohne Überrock und hielten reife Ähren in den Händen.

Weiterhin saßen noch drei Jünglinge, die hielten Weintrauben, Quitten und Äpfel in den Händen.

Weiterhin saßen wieder drei Jünglinge, zusammengekauert, die trugen lange Pelze vom Hals bis hinunter an die Knie.

Als die Jünglinge die Frau sahen, sagten sie: „Sei gegrüßt, Muhme, nimm Platz."

Und nachdem die Frau sie begrüßt hatte, setzte sie sich. Und danach fragten sie sie, wie es zuginge, daß sie in diese Gegend käme. Und die arme Witwe berichtete von ihrer traurigen Lage und ihren Leiden, und als die Jünglinge gemerkt hatten, daß die Arme Hunger hatte, erhob sich einer von denen, die die Pelze trugen, und richtete ihr den Tisch und ließ sie essen. Und sie sah, daß er hinkte.

Als die Frau gegessen hatte und satt war, fingen die Jünglinge an, sie nach vielerlei Angelegenheiten des Landes zu fragen, und die Frau antwortete, was sie wußte. Zuletzt sagten die drei Jünglinge, die das Hemd offen trugen, zu ihr: „Na, Muhme, wie kommt ihr mit den Monaten des Jahres zurecht? Was haltet ihr von März, April und Mai?"

„Gut kommen wir zurecht, meine Kinder", antwortete die Witwe, „und ganz besonders, wenn diese Monate kommen, dann grünen Berge und Ebenen, und die Erde schmückt sich mit allerlei Blumen und strömt einen Duft aus, daß der Mensch sich neu belebt. Dann fangen auch alle Vögel an zu singen. Die Bauern betrachten ihre grünen Felder, und ihr Herz freut sich, und sie bereiten ihre Scheunen vor. So haben wir nichts zu klagen über März, April und Mai, denn sonst würde Gott um unseres Undankes willen Feuer schicken und uns verbrennen."

Danach sprachen auch die anderen drei Jünglinge, die aufgestreifte Ärmel trugen und Ähren hielten, mit ihr: „Vom Mähmond, vom Dreschmond und August, was haltet ihr von denen?"

Und die Arme erwiderte: „Auch über diese Monate können wir uns gar nicht beklagen, denn mit der Hitze, die sie bringen, lassen sie das Getreide und alle Früchte reifen. Dann ernten die Bauern, was sie ausgesät haben, und die Gärtner sammeln das Obst ein. Und besonders die Armen sind sehr zufrieden mit diesen Monaten, denn sie brauchen nicht so viel teure Kleidung."

Danach fragten auch die drei anderen Jünglinge, die die Trauben hielten: „Wie geht es euch mit den Monaten September, Oktober und November?"

„In diesen Monaten", antwortete die Frau, „sammeln die Menschen die Trauben und machen Wein daraus. Und übrigens haben sie das Gute, daß sie uns daran erinnern, daß der Winter kommt, und die Menschen sorgen für Holz und Kohle und für warme Kleidung, um sich zu wärmen."

Danach fragten sie auch die Jünglinge, die die Pelze trugen: „Nun, wie kommt ihr mit den Monaten Dezember, Januar und Februar zurecht?"

„Ach, diese Monate lieben uns sehr", sagte die Arme, „und wir lieben sie sehr. Aber ihr werdet fragen, warum? Nun, darum! Da die Menschen von Natur unersättlich sind und das ganze Jahr hindurch arbeiten möchten, um viel zu gewinnen, kommen diese Wintermonate und versammeln uns im Winkel und lassen uns ausruhen von den Arbeiten des Sommers. Die Menschen lieben sie auch darum, weil sie durch ihren Regen und ihren Schnee alle Saaten und Kräuter wachsen lassen. Also, liebe Kinder, alle Monate sind gut und wertvoll, und ein jeder tut die Arbeit, die Gott ihm aufgetragen hat. Nur wir Menschen sind nicht gut."

Da nickten die elf Jünglinge dem ersten von denen zu, die Weintrauben hielten, und er ging hinaus, und in kurzer Zeit kam er wieder herein, und in seinen Händen hielt er einen verschlossenen Krug und gab ihn der Frau und sagte zu ihr: „Nun wohlan, Muhme, nimm diesen Krug und geh nach Hause und ernähre deine Kinder."

Die Frau nahm den Krug mit Freuden auf und sagte zu den Jünglingen: „Ich wünsche euch noch viele Jahre, meine Kinder."

„Glück zu, Muhme", antworteten die Jünglinge, und sie ging.

Und gerade zu der Stunde, als der Morgen anbrach, kam sie nach Hause und fand ihre Kinder noch schlafend. Und sie breitete ein Laken aus und leerte den Krug und sah, daß er voller Dukaten war, und sie war nahe daran, vor Freude ihren Verstand zu verlieren.

Sobald es richtig hell geworden war, ging sie zum Backhaus am Markt und kaufte fünf, sechs Brote und ein Kilo Käse und weckte ihre Kinder, wusch sie, zog sie an und ließ sie ihr Gebet sprechen, und dann gab sie ihnen Brot und Käse, und sie aßen, die armen Kleinen, und sie wurden schön satt.

Danach kaufte sie einen Scheffel Weizen, brachte ihn zur Mühle und ließ ihn mahlen, knetete einen Teig und brachte die Brote zum Backofen, wo sie gebacken wurden.

Und als sie vom Backofen zurückkehrte, mit dem Brett voll von Broten auf der Schulter, sah die reiche Frau sie und argwöhnte, daß sich mit der anderen irgendetwas ereignet hätte, und folgte ihr auf dem Fuße, um zu erfahren, wo sie das Mehl zum Teig gefunden habe. Die gute Arme sagte die ganze Wahrheit.

Die reiche Frau wurde neidisch und beschloß in ihrem Sinn, selbst auch zu den Jünglingen zu gehen.

Des Nachts also, als sie ihren Mann und ihre Kinder zur Ruhe gebracht hatte, ging sie aus dem Haus und machte sich auf den Weg und fand das Zelt, in dem die zwölf Monate waren, und begrüßte sie. Und die sagten zu ihr: „Guten Tag, liebe Dame, wie ging es zu, daß du die Güte hattest, uns zu besuchen?" – „Ich bin arm", antwortete sie, „und kam, um Hilfe von euch zu erlangen."

„Sehr wohl", sagten sie, „hast du Hunger? Willst du essen?" – „Nein, ich danke euch", sagte sie, „ich bin satt."

„Sehr wohl", sagten die Jünglinge, „und wie geht es euch dortzulande?" – „Möge es nur nicht noch schlimmer werden", erwiderte sie.

„Nun, wie kommt ihr mit den Monaten zurecht?", fragten sie wieder. „Wie wir zurechtkommen?", antwortete sie. „Jeder von ihnen bringt Ärger. Wenn wir vom August her an die Hitze gewöhnt sind, kommen schleunigst der September, der Oktober und der November und bringen uns Kälte. Und den einen packen die Krämpfe, und der andere erkältet sich. Danach kommen die Wintermonate Dezember, Januar und Februar und lassen uns frieren, und die Straßen sind voll Schnee, und wir können nicht hinausgehen, und besonders diese lahme Februar! ..." (Das hörte der unglückliche Februar.) „Und dann wieder die kindischen Monate März, April und Mai! Sie begreifen nicht, daß sie Sommermonate sind, sondern wollen sich auch aufführen wie die Wintermonate, so daß sie den Winter auf neun Monate ausdehnen. Und am ersten Mai können wir nicht nach draußen gehen, um unseren Milchkaffee zu trinken und uns ins Gras zu legen. Danach kommen der Mähmond, der Dreschmond und der August. Die haben wiederum die Sucht, uns im Schweiß ersticken zu lassen bei ihrer Hitze. Und besonders durch die Hitze des 15. August packt uns das Fieber, und in den ersten Augustwochen verdirbt uns die Wäsche auf der Bleiche. Was soll ich euch sagen, ihr Jünglinge. Wir führen mit den Monaten (möchte es sie nie gegeben haben, Fluch ihnen!) ein trostloses Leben."

Die Jünglinge sagten kein Wort, sondern winkten nur dem mittleren von denen mit den aufgestreiften Ärmeln, die Ähren hielten. Und er erhob sich und brachte einen verschlossenen Krug und gab ihn der Frau und sagte zu ihr: „Nimm diesen Krug, und wenn du nach Hause kommst, schließe dich ganz allein in ein Zimmer ein und leere ihn. Auf dem Weg darfst du ihn nicht öffnen." – „Nein, ich öffne ihn nicht", sagte die Frau und ging fort und kam fröhlich nach Hause, bevor es noch hell wurde.

Und sie schloß sich ganz allein in ein Zimmer ein und breitete ein Laken aus, öffnete den Krug und leerte ihn. Und was kam heraus? Lauter Schlangen! Und die stürzten sich auf sie und fraßen sie bei lebendigem Leibe. Und sie ließ ihre Kinder als Waisen zurück; denn es ist nicht gut, daß einer dem anderen Übles nachredet. Die Arme jedoch mit ihrem guten Herzen und ihrer freundlichen Zunge gewann Reichtum und wurde eine große Dame und brachte ihre Kinder gut voran. Das ist, was man ein „glückliches Alter" nennt.

Volksmärchen
Aus dem Griechischen übertragen von Inez Diller

Ab 5 Jahren

Themen/Stichworte:
- *Die zwölf Monate im Jahreskreis*
- *Jahreszeiten*
- *Brot als lebenswichtige Nahrung*
- *Der Mensch und die Natur (Bedeutung, Wertung)*
- *Armut und Reichtum konkret (des Besitzes) und im übertragenen Sinn (der Güte)*

Praktische Anregungen

Das Märchen gliedert sich in eine Rahmenhandlung (Anfang und Schlußteil im Haus der armen und der reichen Frau) und in einen Mittelteil, die Begegnung mit den zwölf Monaten. In allen Teilen wird die Achtung des Menschen vor der Natur und ihren Gaben (Naturalien, Nahrung) thematisiert. In der Einleitung wird dieses Prinzip sehr konkret und greifbar: Teigkneten, Bewahren der Teigreste an den Händen, Teig und Brot zum Überleben. Im Hauptteil kommt es zu einer mehr allegorischen Darstellung des Themas: Die zwölf Monate treten in personifizierter Form auf und „prüfen" die Hauptfigur.

Es ist durchaus möglich, die Aufbereitung des Märchens zweigeteilt vorzunehmen. Im Kindergarten z. B. können die jüngeren Kinder Teig kneten und Brote backen, die älteren Kinder die zwölf Monate bildnerisch darstellen.

Im folgenden stellen wir drei Beispiele vor, die einzeln durchgeführt oder miteinander kombiniert werden können.

1 *Viele Länder – viele Brote*

Das Backen von kleinen Broten

An den vorbereitenden Überlegungen wird deutlich, wie bereichernd die Anwesenheit ausländischer Kinder in einer deutschen Gruppe wirken kann:

- Berücksichtigung anderer Sitten unter Einbeziehung der Familien:
  - Welche Brotsorten werden in den verschiedenen Ländern gebacken und zu welchen Anlässen werden diese Brote hauptsächlich gegessen?
  - Welche Broteßgewohnheiten gibt es? Zum Beispiel: Brot schneiden, brechen, bestreichen, belegen, aufweichen ...
  - Eltern helfen beim Einkauf der Zutaten. Kinder bringen Kostproben mit nach Hause. Ein Elternteil bäckt mit den Kindern eine spezielle ausländische Brotsorte, z. B. pide (türkisches Fladenbrot). Eltern stellen Brotrezepte zur Verfügung. Eltern erzählen vom Brotbacken, wie es in der (ländlichen) Heimat üblich ist.
  - Nach welchem Rezept backen wir? Im Zusammenhang mit dem griechischen Märchen bietet sich z. B. das griechische Alltagsbrot, das frantzola, an. Es ist ein Stangenweißbrot, in der Form dicker und kürzer als das französische baguette, im Geschmack jedoch ähnlich, man bekommt es mit oder ohne darübergestreuten Sesam.

- Berücksichtigung der Sprachkenntnisse:
  - Sind die Zutaten bekannt und Begriffe wie kneten, messen, wiegen?
  - Während des länger dauernden Knetens (jedes Kind knetet seine eigene Teigmasse) lassen sich sehr gut Begriffe verdeutlichen, die u.a. auch im Märchentext vorgekommen sind: Teig, kneten, klebrig, mit Mehl bestäuben, formen ...
  - Mit jüngeren und noch nicht gut deutsch sprechenden Kindern sollte so einfach und bildhaft wie möglich gearbeitet werden. So kann das Bemessen der Zutaten mit Hilfe eines Meßbechers erarbeitet werden, der mit verschiedenen Farben markiert worden ist: Das Mehl wird bis zum blauen Strich eingefüllt, das Wasser bis zur roten Markierung.
  - Wie kann ich die Muttersprache berücksichtigen? Hier z.B. durch gemeinsames Benennen des Begriffes „Brot" in allen Sprachen der beteiligten Kinder:

psomi	(griechisch)	pão	(portugiesisch)
ekmek	(türkisch)	hljeb	(serbisch)
pane	(italienisch)	kruh	(slowenisch und kroatisch)
pan	(spanisch)	und weitere Nationalitäten.	

In unserem Beispiel wählten wir aus zwei Gründen ein Semmelrezept:
- Wie beim frantzola ist die wesentliche Zutat auch hier das Weizenmehl, der Teig kann mit oder ohne Sesamsamen gebacken werden.
- Jedes Kind bekommt von der gemeinsam hergestellten Teigmenge seinen eigenen Anteil, den es kräftig durchkneten und dann kleine Brote nach eigenen Vorstellungen formen kann.

Rezept

Semmel

Zutaten:
750 g Weizenmehl (Typ 405), 42 g Hefe, 1 gestrichener TL Zucker, 1 gehäufter TL Salz, etwa ⅓ l lauwarme Milch. Zum Bestreichen: 1 verquirltes Ei.

Zubereitung:
Das Mehl in eine große Schüssel geben, in die Mitte eine Vertiefung drücken und die Hefe hineinbröckeln. Den Zucker und ½ Tasse Milch darübergeben. 15 Minuten gehen lassen.
Die restlichen Zutaten in die Schüssel geben und durchkneten, bis sich der Teig vom Schüsselrand löst.
Den Teig mit Mehl bestäuben, abdecken und gehen lassen, bis er etwa die doppelte Größe erreicht hat (etwa 30 Minuten).
Den Teig nach Anzahl der Kinder in Portionen teilen. Jede Portion mit bemehlten Händen durchkneten und z.B. zu Brötchen formen, etwas flach drükken und auf das gefettete Backblech setzen. Abgedeckt erneut etwa 20 Minuten gehen lassen. Die Teigstücke z.B. kreuzweise einschneiden, mit dem verquirlten Ei bestreichen und das Blech auf mittlerer Schiene in den vorgeheizten Ofen schieben.
Ergibt in Semmelgröße etwa 15 kleine Brote.

Backzeit:
Elektroherd: etwa 15–20 Minuten bei 250 Grad.
Gasherd: etwa 15–20 Minuten bei Stufe 4–5.

Das Kosten von verschiedenen Brotsorten

Zu den unzähligen Brotsorten, die in Deutschland bekannt sind, gehören inzwischen – zumindest in größeren Städten – auch Brote, die aus anderen Ländern kommen. Entsprechend den in der Kindergruppe vertretenen Nationalitäten können verschiedene Brotsorten entweder gemeinsam besorgt oder von den Kindern selbst mitgebracht werden.

Vor dem Herausschmecken der Unterschiede können Erzieher und Kinder das Gemeinsame festhalten:

- Brot gilt in nahezu allen Ländern als wichtiges Grundnahrungsmittel.
- Als die wesentlichen Zutaten braucht man überall: Mehl, Wasser, Salz und ein Treibmittel (Hefe, Sauerteig).

Die auffälligsten Unterschiede liegen in den verschiedenen Formen wie Laib, Wecken, Fladen, Stangen- oder Kastenform, Ring, Semmel, Brezel ...

Die Unterschiede im Geschmack und Geruch rühren von den Mehlsorten und von den Gewürzen her. Die gängigsten Mehlsorten sind Weizen, Roggen und in den südöstlichen Ländern Mais. Häufig werden Mischungen verwendet, auch mit anderen Getreidearten.

Nach dem Probieren der verschiedenen Brotsorten können die Kinder eine kleine Zutatenausstellung arrangieren: Den verschiedenen Mehlsorten werden die jeweiligen Getreidepflanzen und Schälchen mit den dazugehörenden losgelösten Körnern zugeordnet. Daneben wird eine ganze Reihe typischer Brotgewürze aufgebaut: Kümmel, Anis, Sesam, Mohn, Koriander, Leinsamen, Sonnenblumenkerne ...

Ältere ausländische Kinder können zu Hause nachfragen und über die bekannten Brotsorten des Heimatlandes ihrer Eltern berichten. So kennt man in *Griechenland* u.a.:

- frantzola, ein weißes Stangenbrot;
- choriatiko, ein dunkleres Bauernbrot;
- ein bäuerliches Hausbrot, für das ¾ Weizenmehl mit ¼ Maismehl gemischt wird;
- tsoreki, ein Hefezopf, der nur zu Ostern gebacken wird (mit einem roten Ei in der Mitte);
- kleine, weiße mit Anis gewürzte Brotwürfel, die ausschließlich in Gottesdiensten gereicht werden.

2 *Das Malen der zwölf Monate im Jahreskreis*

Die Begegnung der armen Frau mit den zwölf Monaten im Rundzelt wird sehr anschaulich geschildert. Das Darstellen der Monate in einem Jahreskreis bietet sich damit geradezu an.

Ältere Kinder können die Gestaltung in zwei konzentrischen Kreisen vornehmen. Eine Gruppe malt einen inneren Kreis mit den vier Jahreszeiten (siehe Abbildung).

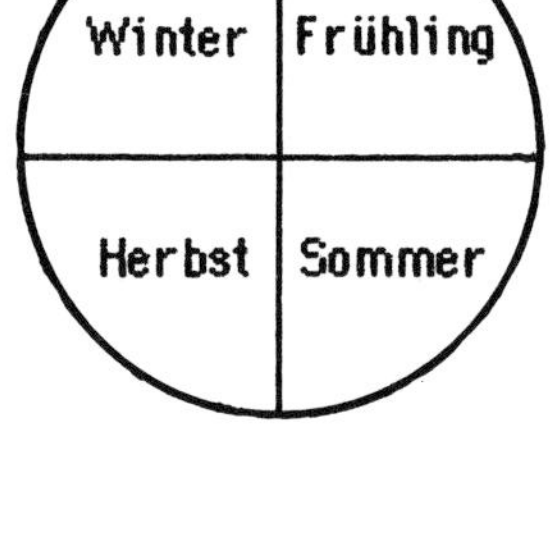

Eine zweite Gruppe malt den äußeren Kreis mit den zwölf Monaten, und zwar so, wie sie im Märchen vorkommen, als Jünglinge mit bestimmten Attributen, jeweils in Dreiergruppen.

Mit dieser Form wird die Verflochtenheit der zwölf Monate zu einem ganzen Jahr und die Beziehung Monat/Jahreszeit bildhaft deutlich. Die Anordnung könnte so aussehen (siehe Abbildung).

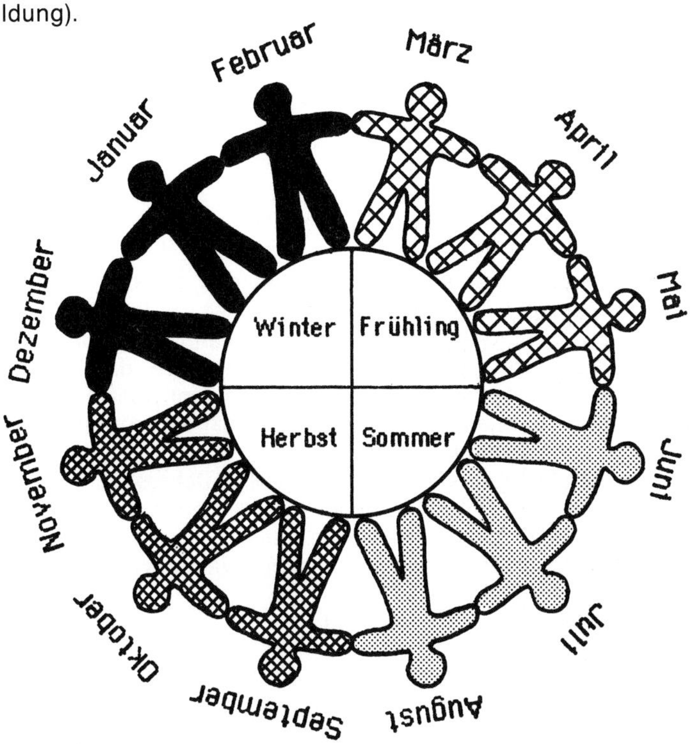

Zur Vorgehensweise

Alle Formate der Papiere werden vorgegeben. Beteiligen können sich an dieser Gemeinschaftsarbeit etwa 16 Kinder.

Zum inneren Kreis:

Vier Kinder zeichnen Erscheinungsformen der vier Jahreszeiten. Dabei können sie sich von den Schilderungen der armen oder auch der reichen Frau anregen lassen, die aus der Geschichte zusammengetragen werden können, zum Beispiel:

Aussagen der armen Frau	und der reichen Frau
zu den Frühlingsmonaten	
Grüne Berge und grüne Ebenen, bunte Blumen, Vögel, Bauern bereiten ihre Scheunen vor	Wechselhaftes, launisches Wetter
zu den Sommermonaten	
Reifes Getreide, reife Früchte, Beginn der Ernte, die Menschen sind leicht gekleidet	Schweißtreibende Hitze

Aus diesen Schilderungen wählt jedes Kind eine Szene, die ihm zusagt. Die vier Bilder werden dann zu einem runden Ganzen zusammengefügt.

Zum äußeren Kreis:

Hier können zwölf Kinder mitwirken. Jedes Kind zeichnet einen Monat in Gestalt eines jungen Mannes und orientiert sich dabei an der Darstellung aus dem Märchen, z. B.:

März April Mai	offenes Hemd, in den Händen zarte Gräser und Blüten
Juni Juli August	hochgekrempelte Ärmel, in den Händen reife Ähren

Alle Monate werden ausgeschnitten, zugeordnet und auf das äußere Rund (z. B. farbiges Tonpapier) geklebt.

Eine Abwandlung, den äußeren Kreis zu gestalten, kann so aussehen: Je drei Kinder bilden eine Kleingruppe und stimmen sich ab, wie sie „ihre" drei Monate jeweils als kleine Einheit zeichnen, ausschneiden, aufkleben und dann noch ausschmücken, z. B. mit gepreßten Gräsern, Blumen, Weinlaub, mit getrockneten Ähren, mit Früchten aus Filz, mit Pelzresten oder Watteflocken.

Alle Werke zusammengefügt ergeben einen großen Jahreskreis. Schulkinder können noch die Namen der Monate oder der Jahreszeiten dazu schreiben. Ältere Kindergartenkinder, die z. B. nur den äußeren Kreis in einer einfachen Form gestaltet haben, können die deutschen und die griechischen Namen vorsprechen.

griechisch		*deutsch*
Ιανουάριος	(Ianuários)	Januar
Φεβρουάριος	(Fewruários)	Februar
Μάρτης	(Mártis)	März
Απρίλις	(Aprílis)	April
Μάϊος	(Máios)	Mai
Ιούνιος	(Iúnios)	Juni
Ιούλιος	(Iúlios)	Juli
Αύγουστος	(Awgustos)	August
Σεπτέμβριος	(Septémwris)	September
Οκτώβριος	(Októwris)	Oktober
Νοέμβρης	(Noémwris)	November
Δεκέμβρης	(Dekémwris)	Dezember
'Ανοιξη	('Anixi)	Frühling
Καλοκαίρι	(Kalokéri)	Sommer
Φθινόπωρο	(Fthinóporo)	Herbst
Χειμώνας	(Himónas)	Winter

IV. Märchen und Erzählungen aus Italien

Illustration: Marcella Fusi (Firenze 1983)

0. Italienische Märchen und Erzählungen: Eine Einführung

Erzählungen aus dem Volksmund wurden in Italien erstmals von *G. V. Basile* (1575–1632) niedergeschrieben und posthum 1634–1636 in neapolitanischem Dialekt unter dem Titel *Pentamerone* (dt. „Der Pentamerone“ oder „Das Märchen aller Märchen“) veröffentlicht. Diese Sammlung inspirierte dann später Charles Perrault, der auch für die Brüder Grimm eine wichtige Quelle war.

Rossana *Guarnieri* (1982), selbst Autorin moderner Erzählungen für Kinder, schreibt über italienische Märchenmotive: „Diese Motive sind im allgemeinen an ein soziales Schema gebunden, das in Italien bäuerlich und handwerklich ist – nur selten wird auf das ‚Zauberhafte' zurückgegriffen. Die Hauptpersonen sind häufig arme, einfache Leute, die um ihr Überleben gegen Reiche und Mächtige kämpfen. Dabei vertrauen sie eher auf eigene Begabungen wie List, Humor oder die Kunst, sich ‚durchzuwursteln', als auf allgemeingültige Regeln der Gerechtigkeit."

Hunger und Not sind in vielen italienischen Märchen Teil einer durchaus realistischen Handlung. Ganz allgemein gehören Not oder Elend als Ausgangspunkte der Handlung zu den Grundmustern der Gattung „Märchen". In vielen Märchen ist diese Not jedoch ein mehr symbolisches Eingangstor ins Reich des Wunderbaren und des Überflusses (Könige, Schlösser, Goldregen), sie bleibt das symbolische Gegenstück zu Glück und Reichtum. In der italienischen Volkserzählung hat dieser märchenhafte Auftakt – eine Familie hat nichts mehr zu essen, die Kinder oder die Frau machen sich auf den Weg – einen anderen Stellenwert (*Calvino* 1956). In vielen Erzählungen bleibt der Feldarbeiter oder das Bauernmädchen der Held, selbstbewußt und „unverwandelt". In unserer Auswahl ist „Dreizehnlein" ein Beispiel für diese vor allem in Süditalien vertretene Märchentradition. Auch in dem Märchen „Der Topf des Riesen" ist und bleibt der „kleine Mann" – im wörtlichen und im übertragenen Sinn – der Held der Geschichte, er wird weder König noch wird er die Prinzessin heiraten.

Könige und Königinnen werden im italienischen Märchen kaum mit der Autorität der göttlichen Gnade versehen. Sie sind entweder einfach wirtschaftlich mächtige Feudalherren oder aber Menschen wie alle anderen. In der modernen Geschichte „Die zwei Kronen" wird diese Tradition aufgegriffen und in moderner Sprache und „Respektlosigkeit" dargeboten: die Krone baumelt an einem Faden, goldene Kronen werden mit Papierkronen ausgetauscht, das Lachen in der Hochzeitskutsche „befreit" das junge Königspaar.

Im Unterschied zur nordischen Märchentradition sind die italienischen Märchen eher heiter, manchmal sogar burschikos. Sie spiegeln das Sonnige der Mittelmeerlandschaft wider. Insbesondere das Bedrohliche in der Natur ist eine eher nordische Tradition. Fritz *Gordian* (1976) schreibt dazu:

„Die Auseinandersetzung des italienischen Märchens mit der Natur verdient eine besondere Betrachtung. Das Rotkäppchen, das im drohenden Schatten der Tannen dem bösen Wolf begegnet, findet keinen Widerhall in der italienischen Realität, und die Hexen, Kobolde und Erlkönige, die die germanische Welt schicksalhaft in ihre dichten, düsteren Wälder projiziert, hätten keine Heimstatt auf italienischer Erde.

Freilich fehlt im italienischen Märchen die Gewalt- und Bluttat nicht, aber fast immer erscheint sie unwirklich und nur als Element, das ein Spannungsfeld der Erzählung schaffen soll, hinter dem die Sonne hervortritt, um die Harmonie wiederherzustellen."

Die unterschiedlichsten Märchenforscher betonen im italienischen Märchen die Tendenz zum Heiteren, zum Grotesken und zum Schwank – unterschiedliche Formen, den Zuhörer und Leser zum Lachen zu bringen.

In unserer Auswahl sind sowohl traditionelle als auch moderne Erzählungen vertreten. Dabei kommen in allen Geschichten die drei Typen von „Helden" vor:

- Helden aus dem Alltag (Bauern, Handwerker, Mütter und Hausfrauen, Menschen, die ihr Glück suchen);
- „besondere“ Helden (Könige, Prinzen, Prinzessinnen);
- „verzauberte“ Helden (Hexen, Feen, Zauberer, Ungeheuer, Riesen).

Auch die modernen Erzählungen passen sich – in modifizierter Weise – diesem „Heldenschema“ an – das arme Mädchen (Die Feigenverkäuferin), der besondere Held (Die zwei Kronen), der verzauberte Held (Der Zauberer Giro).

„Die Feigenverkäuferin“ und „Die zwei Kronen“ sind beide von Sergio *Tofano* (STO) geschrieben und wurden wegen ihres Humors und ihrer Bildhaftigkeit gewählt. (Tofano, 1886–1983, war als Schauspieler und Regisseur am Theater tätig.) „Der Zauberer Giro“ ist eine Geschichte von Gianni *Rodari*. Keine Auswahl italienischer Kinderliteratur wäre ohne einen Beitrag von Rodari komplett. Er wird generell als bedeutendster italienischer Kinderschriftsteller der letzten Jahre anerkannt (vgl. *Poesio* 1981, S. 43).

1. Der Topf des Riesen (Italien)

Es war einmal ein Mann, der hieß Ticke-Tacke und verdiente sich seinen Lebensunterhalt als Kesselflicker. Aber die Leute in seinem Dorf waren so arm, daß sie nicht einmal genug Geld hatten, ihre zerbrochenen Töpfe und Pfannen flicken zu lassen, und so beschloß Ticke-Tacke eines Tages fortzugehen und in der Welt sein Glück zu versuchen. Es fiel ihm nicht leicht, das Dorf zu verlassen, in dem er geboren war und in dem er gelebt hatte, aber er wollte schließlich nicht vor Hunger sterben.

Er machte sich auf den Weg, und in jedem Dorf rief er laut: „Der Kesselflicker ist da! Wer hat Töpfe und Pfannen zu flicken?“

Eines Abends kam Ticke-Tacke zum Haus eines Riesen. Er klopfte an die Tür und fragte die große, dicke Frau, die ihm öffnete: „Signora, haben Sie Töpfe oder Pfannen zu flicken? Ich bin der Kesselflicker.“

„Ja, ja – mein Topf hat ein Loch, und ich kann kein Wasser mehr kochen, um meinem Mann Kaffee zu machen. Wenn ich dem Riesen am Morgen keinen Kaffee bringe, gerät er außer sich vor Wut und mir geht es dann schlecht. Kannst du meinen Topf flicken?“

„Natürlich!“, antwortete Ticke-Tacke. „Ich habe in meinem Leben schon Tausende von Töpfen geflickt!“

„Dann komm’ herein und mach’ dich sogleich an die Arbeit. Du kannst in der Küche schlafen, ich werde dir zu essen und zu trinken geben und dich gut bezahlen“, sprach die Frau des Riesen.

Aber als der Kesselflicker in der Küche den Topf sah, riß er die Augen weit auf und bekreuzigte sich. Der Topf war so groß wie ein Haus und das Loch so groß wie ein Mensch. Wie sollte er das flicken?

Die Frau des Riesen bereitete dem armen Kesselflicker das Abendessen, und bevor sie zu Bett ging, ermahnte sie ihn: „Sieh zu, daß du bis zum Morgen mit der

Arbeit fertig bist. Wenn der Riese morgen früh keinen Kaffee trinken kann, wird er wütend werden und dich mit einem einzigen Bissen hinunterschlucken."

Als Ticke-Tacke allein war, begann er wie Espenlaub zu zittern. Er wäre am liebsten davongelaufen, aber er konnte es nicht. Das Fenster war zu hoch, und die Tür hatte die Frau des Riesen mit einem Schlüssel abgeschlossen.

Da setzte er sich in eine Ecke und begann zu schluchzen. „Warum habe ich nur mein Dorf verlassen, um in der Welt mein Glück zu versuchen? Ich Armer, ich Unglücklicher!"

„Was ist denn los?", rief ein Stuhl, der neben dem Fenster stand.

„Bei all dem Lärm kann man nicht schlafen. He, Kesselflicker, hör' auf!"

„Ich kann nicht", antwortete Ticke-Tacke und schluchzte weiter, „weil es mir nicht gelingt, den Topf des Riesen zu flicken und er mich morgen früh fressen wird."

„Dann werde ich auf den Boden stampfen und noch mehr Lärm machen als du!", erwiderte der Stuhl ärgerlich.

Und er begann mit seinen vier Beinen zu hüpfen. Er machte dabei so viel Krach, daß der Ofen zornig aus dem Schlaf auffuhr.

„Was ist denn los? Hört auf mit dem Lärm!", schrie der Ofen.
„Ich kann nicht aufhören", sagte der Stuhl.
„Ich bin wütend,
denn Ticke-Tacke weint,
weil er den Topf des Riesen nicht flicken kann."
„Dann werde ich mit meiner Tür klappern und noch mehr Lärm machen als du!"
Und sofort begann der Ofen zu klappern. Daraufhin schrie das Fenster:

„Was ist denn los? Hört auf mit dem Lärm!"
„Ich kann nicht aufhören", antwortete der Ofen.
„Ich bin wütend,
denn der Stuhl stampft mit seinen Beinen auf den Boden,
und Ticke-Tacke weint,
weil er den Topf des Riesen nicht flicken kann."
„Dann werde ich knarren und noch mehr Lärm machen als du." Und das Fenster knarrte und knarrte. Dann begann die Eiche im Garten zu murren:

„Was ist denn los? Hört auf mit dem Lärm!"
„Ich kann nicht aufhören", sagte das Fenster.
„Ich bin wütend,
denn der Ofen klappert mit seiner Tür,
und der Stuhl stampft mit seinen Beinen auf den Boden,
und Ticke-Tacke weint,
weil er den Topf des Riesen nicht flicken kann."
„Dann werde ich mit meinem Laub rauschen und noch mehr Lärm machen als du", sprach die Eiche.

Und sie begann, ihre Blätter und Zweige zu schütteln, daß es nur so rauschte. Ein Rabe, der sein Nest genau unter dem Wipfel hatte, wachte auf.

„Was ist denn los? Hört auf mit dem Lärm!"
„Ich kann nicht aufhören", sagte die Eiche.

„Ich bin wütend,
denn das Fenster knarrt,
und der Ofen klappert mit seiner Tür,
und der Stuhl stampft mit seinen Beinen auf den Boden,
und Ticke-Tacke weint,
weil er den Topf des Riesen nicht flicken kann."

„Dann werde ich krächzen und krächzen und noch mehr Lärm machen als ihr alle", schrie der Rabe.

Und da begann er laut zu krächzen. Er krächzte so laut, daß ein Wichtelmännchen, das genau im Stamm der Eiche wohnte, herauskam und rot vor Zorn schrie:

„Was ist denn los? Hört auf mit dem Lärm!"
„Ich kann nicht aufhören", sagte der Rabe.

„Ich bin wütend,
denn die Eiche rauscht,
und das Fenster knarrt,
und der Ofen klappert mit seiner Tür,
und der Stuhl stampft mit seinen Beinen auf den Boden,
und Ticke-Tacke weint,
weil er den Topf des Riesen nicht flicken kann."

„So viel Lärm um so eine Kleinigkeit", sagte das Wichtelmännchen. „He, Ticke-Tacke, hier hast du einen Zauberstoff, mit dem kannst du das Loch im Topf des Riesen zustopfen. Aber bitte hört auf, mir mit eurem Gejammer in den Ohren zu liegen."

Ticke-Tacke packte blitzschnell den Zauberstoff und flickte damit den Topf des Riesen. Er sah aus wie neu! Dann hörte er endlich auf zu weinen und schlief ein.

Sofort hörte der Stuhl auf, mit seinen Beinen auf den Boden zu stampfen, der Ofen hörte auf, mit seiner Tür zu klappern, das Fenster hörte auf zu knarren, die Eiche hörte auf zu rauschen, der Rabe hörte auf zu krächzen, und alle schliefen tief.

Im Morgengrauen stand die Frau des Riesen auf und ging in die Küche, um nachzusehen, ob der Topf fertig war.

„Ich haben ihn geflickt", sagte Ticke-Tacke. „Er ist wieder wie neu." „Wirklich? Gut. Hier hast du dein Frühstück und ein Säckchen mit Goldmünzen, sprach die Frau des Riesen. „Und außerdem will ich dir noch einen Rat geben."

„Ich will ihn gern befolgen", antwortete Ticke-Tacke und steckte das Säckchen in die Hosentasche.

„An deiner Stelle würde ich von hier fortgehen, bevor der Riese aufsteht."

„Aber ich habe den Topf doch nach allen Regeln der Kunst geflickt, Signora."

„Ja, das stimmt, aber weißt du ... vielleicht hat der Riese noch mehr Hunger als sonst ..."

Ticke-Tacke machte sich eilig davon. Er lief und lief, bis er sein Dorf erreichte. Von dem verdienten Gold kaufte er sich ein schönes, großes Haus, und von dem Tag an flickte er die Töpfe und Pfannen der Dorfbewohner umsonst. Und er versuchte nie mehr, Töpfe von Riesen zu flicken. „Das ist zu schwierig für mich", sagte er mit einem Lächeln.

Und er erzählte dann seine Geschichte, genauso wie ich sie euch erzählt habe.

Volksmärchen
Aus dem Italienischen übertragen von Hildegard Rudolph

Originaltext: Il pentolino del gigante (Der Topf des Riesen, Italien)

C'era una volta un omino che si chiamava Ticche-Tacche e che, per vivere, faceva il calderaio. Nel suo paese, però, la gente era così povera che non aveva denaro neanche per far riparare pentole e tegamini, quando si rompevano, e così, un giorno, Ticche-Tacche decise di andarsene a cercare fortuna per il mondo. Gli dispiaceva lasciare il luogo dove era nato e vissuto, ma non voleva morire di fame. Si mise in cammino e, ad ogni villaggio che trovava, lanciava il suo grido: "C'è il calderaio! Chi ha pentole e tegamini da accomodare?"

Una sera Ticche-Tacche arrivò alla casa di un gigante. Bussò alla porta e alla donna grande e grossa che venne ad aprire chiese: "Signora, avete pentole e tegamini da accomodare? Sono il calderaio."

"Nel mio pentolino c'è un buco e non posso bollire l'acqua per fare il caffè a mio marito. Quando la mattina non gli porto il caffè lui va su tutte le furie e sono guai. Sapresti accomodare il mio pentolino?"

"Eccome!" disse Ticche-Tacche. "Ne ho accomodati a migliaia nella mia vita!"

"Allora entra e mettiti subito al lavoro. Dormirai in cucina, ti darò da mangiare e da bere e ti pagherò bene", disse la moglie del gigante.

Ma quando il calderaio fu entrato in cucina, spalancò tanto d'occhi e si fece il segno della croce: il pentolino era grande come una casa e il buco alto quanto un uomo: impossibile accomodarlo! La moglie del gigante preparò la cena al povero calderaio e prima di andarsene a letto lo avvertì: "Finisci il lavoro entro domattina perché il gigante si arrabbierà e ti mangerà in un boccone se domattina non potrà bere il suo caffè."

Ticche-Tacche, rimasto solo, cominciò a tremare come una foglia. Avrebbe voluto scappare ma non poteva, perché la finestra era troppo alta per lui e la moglie del gigante aveva chiuso a chiave la porta. Allora si sedette in un angolo e cominciò a singhiozzare. "Perché ho lasciato il mio paese per cercare fortuna nel mondo? Povero me, sono proprio disgraziato!"

"Ma che succede?" esclamò una seggiola che se ne stava accanto alla finestra. "Non si può dormire con tutto questo rumore. Ehi, calderaio, smettila!"

"Non posso", rispose Ticche-Tacche tra i singhiozzi, "perché non riesco ad accomodare il pentolino del gigante e domattina lui mi mangerà."

"Allora io batterò sul pavimento e farò più rumore di te!" ribatté la seggiola, stizzita.

E cominciò a saltare sulle quattro gambe facendo un chiasso tale che la stufa si svegliò di soprassalto, arrabbiatissima.

"Ma che succede! Basta con questo rumore!" strillò.
"Non posso smettere", disse la seggiola,
    "perché Ticche-Tacche piange
    perché non può accomodare il pentolino del gigante e io divento bizzosa."
"Allora io sbatterò il mio sportello e farò più rumore di te!"

La stufa mantenne subito la parola e cominciò a sbattere, a sbattere, fino a che la finestra gridò:

"Ma che succede? Basta con questo rumore!"
"Non posso smettere", disse la stufa,
    "perché la seggiola picchia le gambe sul pavimento
    perché Ticche-Tacche non può accomodare il pentolino del gigante e io divento bizzosa."
"Allora io comincierò a stridere e farò più rumore di te!"

E stridette, stridette, finché la quercia del giardino cominciò a borbottare:

"Ma che succede? Basta con questo rumore!"
"Non posso smettere", disse la finestra,
    "perché la stufa sbatte il suo sportello,
    perché la seggiola picchia le gambe sul pavimento,
    perché Ticche-Tacche piange,
    perché non può accomodare il pentolino del gigante e io divento bizzosa."
"Allora io farò stormire le mie fronde e farò più rumore di voi", disse la quercia.

E cominciò a muovere foglie e rami con un tal chiasso che un corvo che aveva il nido proprio sulla cima si svegliò.

"Ma che succede? Basta con questo rumore!" gracchió.
"Non posso smettere", disse la quercia,
    "perché la finestra stride,
    perché la stufa sbatte il suo sportello,
    perché la seggiola picchia le gambe sul pavimento,
    perché Ticche-Tacche piange,
    perché non può accomodare il pentolino del gigante e io divento bizzosa."
"Allora io comincerò a gracidare e farò più rumore di tutti!" strillò il corvo.

E ci si mise con tanto impegno che un Folletto che aveva la sua casa proprio nel tronco della quercia uscì fuori rosso di rabbia.

"Ma che succede? Basta con questo rumore!"
"Non posso smettere," disse il corvo,
    "perché la quercia stormisce,
    perché la finestra stride,
    perché la stufa sbatte il suo sportello,
    perché la seggiola picchia le gambe sul pavimento,

perché Ticche-Tacche piange,
perché non può accomodare il pentolino del gigante e io divento bizzoso."
"Quante storie per così poco!" disse il folletto. "Ehi, Ticche-Tacche, eccoti una magia che riempirá il buco del pentolino del gigante, ma, per favore, smettetela tutti di rompermi le orecchie con i vostri lamenti."

Ticche-Tacche afferrò al volo la magia e con quella riparò il pentolino del gigante che tornò come nuovo. Allora, finalmente, smise di piangere e si addormentò.

Immediatamente la seggiola smise di picchiare le gambe sul pavimento, la stufa smise di sbattere lo sportello, la finestra smise di stridere, la quercia smise di frusciare, il corvo smise di gracidare e tutti si addormentarono placidamente.

Spuntò l'alba, la moglie del gigante si alzò e corse in cucina a vedere se il pentolino era pronto.

"L'ho accomodato," disse Ticche-Tacche "ed è tornato come nuovo."

"Davvero? Bravo. Ecco qui la tua colazione e un sacchetto di monete d'oro," disse la moglie del gigante. "E, in più, voglio darti anche un consiglio."

"Lo accetterò volentieri", rispose Ticche-Tacche, riponendo in tasca il sacchetto.

"Se fossi in te, me ne andrei via da qui prima che il gigante si alzi."

"Ma il pentolino è accomodato a regola d'arte, signora!"

"Sì, è vero, ma sai ... il gigante potrebbe avere più fame del solito ..."

Ticche-Tacche scappò via in fretta. Cammina, cammina, raggiunse il suo paese e, con l'oro guadagnato, si comprò una bella casina e da quel giorno accomodò gratis pentole e tegamini dei suoi compaesani. Man non si provò mai più ad accomodare i pentolini dei giganti.

"E' un lavoro troppo difficile," diceva con un sorriso.

E cominciava a raccontare la sua storia, proprio come ve l'ho raccontata io.

Ab 4 Jahren

Themen/Stichworte:
- *Klein/groß*
- *Erkennen der eigenen Grenzen*
- *Berufe aus vergangener Zeit*
- *Kettenreimmotiv*

Praktische Anregungen

Der Reiz dieser Geschichte liegt unter anderem im zentralen Kettenreimmotiv. Der Auf- und Abbau des Kettenreims bietet sich in besonderer Weise für eine Vertonung bzw. *Umsetzung mit Klangerzeugern und Instrumenten* an. Der Spaß an „Lärmmachen" bzw. Geräuscheerzeugen bekommt hier einen Rahmen: In dieser Geschichte setzen verschiedene Geräusche nacheinander ein, d. h. die Kinder müssen sich vorstellen „Ich bin ein Stuhl", ihren Einsatz abwarten, aufeinander hören und gemeinsam spielen.

Jüngere Kinder können einfach stampfen, klatschen usw., während ältere Kinder eine differenziertere musikalisch-rhythmische Umsetzung der Handlung vornehmen können. Dabei kann

(1) der Kettenreim für sich stehen,
(2) das ganze Märchen in ein Hörspiel oder Rollenspiel mit Instrumentalbegleitung umgesetzt werden.

1 *Vertonung des Kettenreims*

Der Kettenreim baut sich folgendermaßen auf bzw. ab:

Aufbau des Kettenreims

Ticke-Tacke weint,	weil er den Topf nicht flicken kann.					
Der Stuhl stampft,	und Ticke-Tacke weint,	weil er den Topf nicht flicken kann.				
Der Ofen klappert,	und der Stuhl stampft,	und Ticke-Tacke weint,	weil er den Topf nicht flicken kann.			
Das Fenster knarrt,	und der Ofen klappert	und der Stuhl stampft,	und Ticke-Tacke weint,	weil er den Topf nicht flicken kann.		
Die Eiche rauscht,	und das Fenster knarrt,	und der Ofen klappert,	und der Stuhl stampft,	und Ticke-Tacke weint,	weil er den Topf nicht flicken kann.	
Der Rabe krächzt,	und die Eiche rauscht,	und das Fenster knarrt,	und der Ofen klappert,	und der Stuhl stampft,	und Ticke-Tacke weint,	weil er den Topf nicht flicken kann.
						Ticke-Tacke hört auf zu weinen.
					Der Stuhl hört auf zu stampfen.	
				Der Ofen hört auf zu klappern.		
			Das Fenster hört auf zu knarren.			
		Die Eiche hört auf zu rauschen.				
	Der Rabe hört auf zu krächzen.					
... und alle schlafen tief.						

Die verschiedenen Geräusche der Märchenmotive können mit dem eigenen Körper, mit Gebrauchsgegenständen oder auch mit Musikinstrumenten erzeugt werden. Zum Beispiel:

Motiv	Mit einfachen Mitteln	Mit Klangerzeugern oder Instrumenten
Ticke-Tacke weint	mit der Stimme laut schluchzen	
Der Stuhl stampft	mit den Füßen auf den Boden stampfen	○ mit einem Kochlöffel auf einen Papp- oder Plastikeimer schlagen ○ mit der Handfläche auf ein Fellinstrument trommeln
Der Ofen klappert	○ sehr schnell „dumpf" klatschen ○ mit den Handflächen schnell auf eine Tischfläche schlagen	○ zwei Metallöffel aufeinander schlagen ○ mit Kastagnetten klappern
Das Fenster knarrt	mit der Stimme	○ über eine geriffelte Fläche schaben (altes Waschbrett, Nesquik-Dose) ○ eine Ratsche drehen
Die Eiche rauscht	in die hohlen Hände geräuschvoll hineinhauchen	○ mit einem Eichenblattzweig rascheln ○ mit den Fingernägeln auf der Handtrommel kreisen
Der Rabe krächzt	mit der Stimme krächzen	

2 *Erzählung mit Instrumentalbegleitung*

Das Märchen wird erzählt. Dabei kann entweder der Erzieher die ganze Geschichte erzählen oder (ab dem 2. Schuljahr) der Text wird von verschiedenen Kindern vorgelesen. Hier empfiehlt sich, dem jeweiligen Kind „seinen" Abschnitt auf ein Extrablatt zu geben, etwa so:

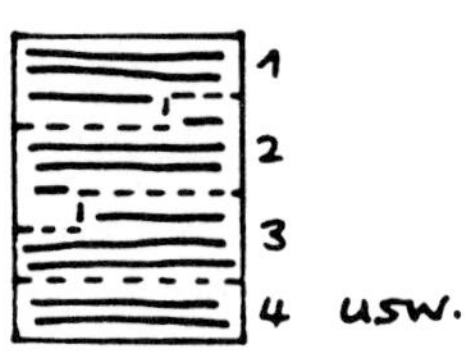

An der jeweiligen Stelle im Kettenreim setzen die Instrumente (oder andere Geräuscherzeuger) ihre Klänge hinzu. Wichtig ist, daß der Erzähler größere Pausen für die Entfaltung der Klangmotive zuläßt.

Der musikalische Auf- und Abbau vollzieht sich etwa folgendermaßen: (siehe Abbildung).

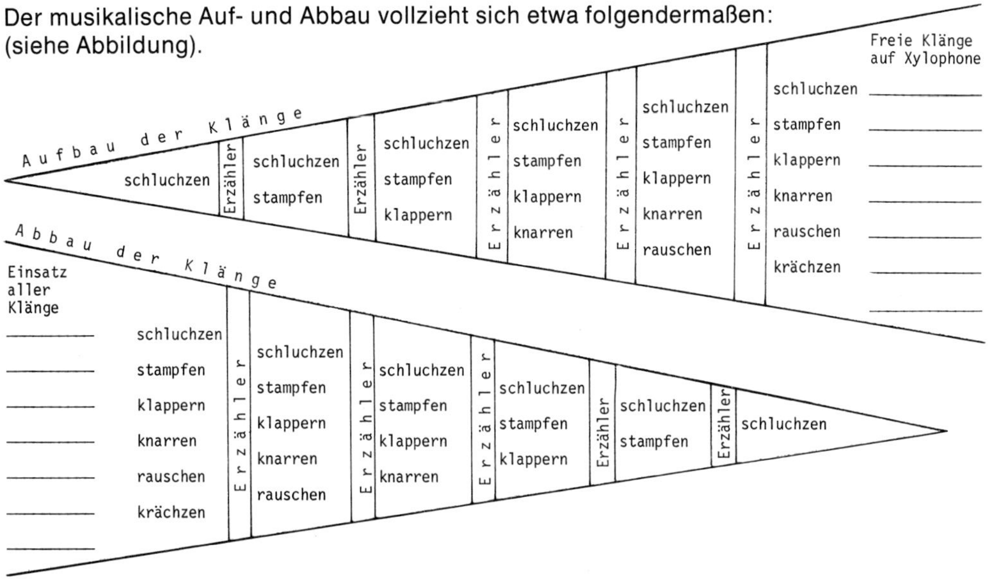

3 *Szenisches Spiel mit musikalischer Begleitung (ab 7)*

Rollenverteilung:

(1) Darsteller
- ○ Ticke-Tacke
- ○ die Frau des Riesen
- ○ das Wichtelmännchen
- ○ evtl. Dorfbewohner

(2) Instrumentalgruppe
- ○ der Stuhl
- ○ der Ofen
- ○ das Fenster
- ○ die Eiche
- ○ der Rabe.

Je nach Kindergruppe kann ein Erzähler den Anfang und einzelne Zwischenteile sprechen, oder das ganze Märchen wird in Szenen umgesetzt.

Szenischer Ablauf:

Die Handlung spielt sich vorwiegend im Haus des Riesen ab. Ticke-Tackes Reisen zu Fuß zum Haus des Riesen und zurück bilden die Rahmenhandlung.

1. Ticke-Tacke geht von Dorf zu Dorf: „Der Kesselflicker ist da!".
2. Ankunft beim Haus des Riesen, Arbeitsauftrag der Frau, Abendessen.
3. Allein in der Küche: Ticke-Tacke ist verzweifelt und fängt an zu weinen.
4. Aufbau des Kettenreimmotivs.
5. Ticke-Tacke flickt den Topf und schläft ein.
6. Abbau des Kettenreimmotivs.
7. Die Frau des Riesen zahlt und warnt vor dem Riesen.
8. Ticke-Tacke kehrt nach Hause zurück.

Zur musikalischen und szenischen Gestaltung:

Die einzelnen Geräusche/Klänge können je nach Größe der Gruppe entweder jeweils von einem Kind oder gleichzeitig von mehreren Kindern erzeugt werden. Dabei übernimmt der Instrumentspieler auch die passenden Dialogteile, z. B. sagt der Stuhl:

„Was ist denn los? Bei all dem Lärm kann ich nicht schlafen. He, Kesselflicker, hör' auf!"

(Ticke-Tacke antwortet „Ich kann nicht . .")

„Dann werde ich auf den Boden stampfen und noch mehr Lärm machen als du!"

(Der Stuhl beginnt zu trommeln)

Illustrationen: Christoph Oberhuemer

Es empfiehlt sich, daß bei den Dialogstellen alle Kinder aufhören zu musizieren, sonst kommt die jeweilige Sprechstimme nicht zur Geltung. Diese kleinen Pausen erhöhen außerdem die Wirkung des Crescendos bzw. Decrescendos.

Das Spiel kann in jedem Raum improvisiert werden – wichtig ist, daß die Spielfläche klar abgegrenzt wird, z. B. durch Stühle und Tische, die entsprechend arrangiert werden, um das Haus des Riesen zu kennzeichnen.

Ticke-Tacke und die Frau des Riesen werden mit einfachen Mitteln ausgestattet, z. B. um Ticke-Tackes Schultern werden einige Töpfe gehängt; bei der Frau des Riesen werden zwei Polster (hinten und vorn) mit einem Gürtel befestigt und mit einem einfachen Umhang bedeckt. Noch wirkungsvoller ist es natürlich, wenn der Umhang auch Stelzen verdeckt.

Das Loch (des Riesentopfes) darf nicht fehlen – am besten wird es symbolisch dargestellt, z. B. mit Stühlen (siehe Bild).

Wenn Ticke-Tacke den Topf richtet, kann er das Loch dann mit einer dritten Decke „flicken".

2. Dreizehnlein (Italien)

Es lebte einmal eine arme Mutter, die war Witwe und hatte dreizehn Kinder. So mußte sie jeden Tag dreizehn hungrige Mäuler ernähren. Die Ärmste arbeitete Tag und Nacht, aber manches Mal gab es im Küchenkasten weder Brot noch Polenta für die Kinder.

Eines schönen Tages rief die Mutter verzweifelt ihre Kinder und sagte zu ihnen: „Meine lieben Kinder, ich habe alles getan, was ich konnte, aber jetzt bin ich alt und ich kann euch nicht mehr ernähren. Ihr seid jetzt schon so groß, daß ihr für mich sorgen solltet." „Was müssen wir nun tun?" fragten die Kinder. „Schaut, jedes bekommt einen Brotsack und im Brotsack ist ein kleines Stückchen Brot. Das ist alles, was ich habe. Geht fort und sucht euer Glück in der Welt." Alle dreizehn Kinder warfen den Brotsack über die Schulter, umarmten die Mutter und gingen dann alle im Gänsemarsch fort.

Und sie gingen und gingen, bis sie in ein fremdes Land kamen, und endlich standen sie vor dem königlichen Palast. Es war dunkel und sie hatten Hunger und Durst. Sie klopften an und baten um ein Bett und einen Bissen Brot. Aber der König erschrak, als er die lange Reihe von abgemagerten Kindern sah. Es schien ihm, als ob die Reihe nie aufhören würde. So sagte er: „Umsonst kann ich euch nichts zu essen geben. Wenn ihr essen wollt, müßt ihr etwas verdienen." „Was sollen wir tun?" fragten die dreizehn im Chor.

„Nun, hier in der Nähe ist ein Wald und im Wald wohnt ein Wolf, der Tiere und Menschen anfällt. Ich brauche Leute ohne Angst in meinem Königreich und wenn einer von euch so mutig ist, daß er morgen dem Wolf die Decke stiehlt und mir die Decke bringt, so werde ich euch allen einen guten Unterschlupf und gutes Essen geben."

Als die Kinder diesen Vorschlag hörten, verloren sie allen Mut und antworteten nicht. Man hörte nur zwölf lange Seufzer ... Ja, zwölf, denn einer von ihnen hatte nicht geseufzt. Es war der Kleinste, der Dünnste, der Magerste und der Jüngste. Aber er war schlau wie ein Fuchs. Und er hieß Dreizehnlein.

„Eure Majestät", sagte Dreizehnlein, „ich habe ungeheuren Mut. Ich werde zum Wolf gehen und die Decke stehlen. Aber ich brauche etwas."

„Vielleicht eine Waffe?" fragte der König.

„Nein, eine Nadel, so lang wie ein Arm."

Der König gab sie ihm.

Dreizehnlein packte die Nadel, die fast so lang war wie er selbst, mit beiden Händen, zog hinein in den finsteren Wald und erreichte die Hütte des Wolfes. Er kletterte auf das Dach und dann ließ er sich ganz langsam durch den Schornstein hinunter bis in die Schlafkammer des Wolfes. Dort blieb er im Rauchfang versteckt.

Als die Sonne unterging, kam der Wolf nach Hause. Müde wie er war von der Jagd, die den ganzen Tag gedauert hatte, legte er sich sofort ins Bett. Dreizehnlein wartete, bis der Wolf fest eingeschlafen war, dann stieg er aus dem Rauchfang und begann, den Wolf überall mit der Nadel zu stechen: in die Pfoten, dann in den Rücken, dann in den Schwanz. Jedesmal zuckte der Wolf im Schlaf zusammen und drehte sich nach allen Seiten, nach links und nach rechts, nach oben und nach unten, bis die Decke nach unten auf den Boden fiel. Da packte sie Dreizehnlein schnell wie ein Blitz, kletterte hinauf durch den Schornstein auf das Dach und eilte fort.

Der Wolf besaß einen sprechenden Papagei. Dieser war ein wahres Wunder. Er wußte auf alles zu antworten und gab sogar die Stunden an. Dieser Papagei weckte den Wolf am nächsten Morgen.

„Wieviel Uhr ist es?" fragte der Wolf.

„Es ist fünf Uhr und Dreizehnlein hat dich überlistet" antwortete der Papagei.

„Dreizehnlein, wer ist dieses Dreizehnlein? Und was hat es gemacht?"

Dreizehnlein ist ein ganz kleiner, schlauer Bub. Heute nacht hat er dir die Decke gestohlen."

„Oh, so ein Gauner! Wenn ich den erwische, fresse ich ihn in einem Bissen auf!"

Unterdessen war Dreizehnlein mit der Decke unter dem Arm zum Königspalast zurückgekehrt.

„Hier bin ich, Majestät, ich habe Euren Befehl ausgeführt. Jetzt bitte ich um Unterkunft und Essen für mich und meine zwölf Geschwister!"

Der König war sehr zufrieden. Er konnte den kleinen, schlauen Dreikäsehoch gut gebrauchen.

„Was ich versprochen habe, werde ich halten. Ihr bekommt zu essen und eine Unterkunft zum Schlafen" sagte er. „Aber wenn du gerne im Königspalast bleiben möchtest, so mußt du noch etwas leisten. Eine Decke ist zu wenig für dreizehn Teller Suppe und für dreizehn Betten."

„Majestät, was muß ich noch tun?"

„Der Wolf besitzt noch eine Decke, eine viel kostbarere mit vielen Glöcklein. Die will ich auch!"

„Eure Majestät, die sollt Ihr haben. Aber ich wünsche mir auch etwas."

„Vielleicht noch eine Nadel?" fragte der König.

„Nein, Faden und Watte."

„Und wozu?"

„Das ist mein Geheimnis!"

Die Diener des Königs brachten Faden und Watte und Dreizehnlein kehrte in den Wald zurück. Er kam wieder zur Hütte, ließ sich durch den Schornstein in die Kammer des Wolfes nieder und versteckte sich unter dem Bett. Als die Sonne unterging, kam der Wolf nach Hause. Er war todmüde und bald schlief er wie ein Murmeltier. Dreizehnlein kroch unter dem Bett hervor und begann, alle Glöcklein mit Faden und Watte zu umhüllen, so daß sie keinen Ton mehr von sich gaben. Dann rollte er die Decke ganz gut auf und entwischte durch den Schornstein und über's Dach in den Wald.

Bei Sonnenaufgang am nächsten Morgen erwachte der Wolf und fragte den Papagei:

„Wieviel Uhr ist es?"

„Es ist vier Uhr", antwortete der Papagei, „und Dreizehnlein hat dich wieder überlistet."

„Was hat er diesmal für einen Streich vollbracht?"

„Er hat dir die Glockendecke gestohlen!"

Da geriet der Wolf außer sich vor Wut, er sah furchterregend aus. „Ah", schrie er, „ich schwöre, wenn ich diesen Gauner erwische, mit Haut und Haaren fresse ich den auf!"

Unterdessen war Dreizehnlein wieder im Königspalast angekommen. „Hier, Eure Majestät, ist die Decke mit den Glöcklein. Seid Ihr jetzt zufrieden?"

Aber je mehr Dreizehnlein Erfolg hatte mit seinen Heldentaten, um so besser gefielen sie dem König. Er konnte gar nicht genug davon bekommen, und so stellte er dem Dreizehnlein noch eine Aufgabe. „Ich werde erst zufrieden sein, wenn du mir noch etwas bringst." Dreizehnlein seufzte und dachte, daß das Essen und Schlafen für sich und seine Geschwister nicht eben billig sei, aber er fragte doch:

„Was wünscht Ihr noch, Majestät?"

„Ich wünsche mir den Papagei des Wolfes. Das ist ein ganz besonderes, außergewöhnliches Tier, das immer die genaue Zeit angibt. Hier im Palast laufen die Uhren alle nicht genau: eine geht vor, die andere geht nach und die dritte steht still ... Ja, ja, ich wünsche mir den Papagei."

„Aber Eure Majestät, wie soll ich das nur anstellen? Die Glöcklein konnte ich in Watte binden mit dem Faden, aber die Zunge des Papageis, die kann ich nicht mit einem Faden anbinden. Wenn ich das versuche, dann beginnt er zu krähen und der Wolf entdeckt mich und dann ist es um mich geschehen! Eure Majestät, wollt Ihr, daß ich sterbe?"

Der König verzog seinen Mund zu einem häßlichen Lächeln und sagte: „Wenn du meinem Befehl nicht gehorchst, mußt du auf alle Fälle sterben. Ich lasse dich aufhängen!"

„So bleibt mir keine andere Wahl."

„Nein, aber ich bin sehr großmütig, und wenn du etwas brauchst für deinen Erfolg, dann sage es und der Wunsch soll dir erfüllt werden."

Beim langen Warten in der Wolfshütte hatte Dreizehnlein gemerkt, daß der Papagei für's Leben gern Süßes naschte. Darum ließ er sich vom Zuckerbäcker des Königspalastes einen großen Korb mit Kuchen, Torten und Zuckergebäck geben. Er hängte sich den schweren Korb an den Arm und zog hinaus in den finsteren Wald. Als er die Hütte erreicht hatte, breitete er die Leckereien vor dem Papageienständer aus. Der Papagei verschlang alles begierig und stopfte sich so voll, daß er sich nicht mehr auf dem Ständer bewegen konnte. Nicht einmal den Schnabel brachte er mehr auf. So packte ihn Dreizehnlein am Schopf, steckte ihn in einen Sack und trug ihn zum König.

Armer Dreizehnlein! Du denkst nun, daß der König dir und deinen Geschwistern zu essen und zu schlafen gibt? Ganz im Gegenteil, der König war immer noch unzufrieden. Er wollte noch mehr.

„Du bist schlau und mutig, Dreizehnlein“, sprach der König, „ich werde dich reich machen. Aber zuerst will ich noch etwas: ich wünsche mir den leibhaftigen Wolf!“

„Eure Majestät, ich bitte um Mitleid, das kann ich nicht erfüllen“, flehte Dreizehnlein.

„Entweder bringst du mir den Wolf oder ich lasse dich hängen!“

„Nein, ich will nicht gehängt werden!“

„So bringe mir den Wolf!“

Diesmal war Dreizehnlein verzweifelt. Nun würde er sicher sterben. Und wer würde dann an die zwölf Geschwister und an die arme Mutter denken? Niedergeschlagen ging er ins Bett. Lange konnte er nicht einschlafen. Als er endlich eingeschlafen war, träumte er etwas Wunderbares. Er wachte auf und rief:

„Ich hab’s, ich hab’s, ich weiß, wie ich den Wolf fangen kann.“

Hastig zog er seine Kleider an und rannte zum Schreiner des Königs. Der gab ihm einen Karren, einige Holzbretter und eine Handvoll Nägel. So beladen ging er zur Wolfshütte. In der Nähe hielt er an, räusperte sich und begann zu rufen:

„Dreizehnlein ist tot, Dreizehnlein ist tot!“

Der Wolf fuhr aus dem Schlaf auf. Seitdem er keinen Papagei mehr hatte, der ihn weckte, schlief er immer bis in den späten Vormittag hinein. Mit der Nachtmütze auf dem Kopf rannte er zum Fenster. „Ist es wirklich wahr, daß Dreizehnlein tot ist? Das war ein Schlingel. O, was für eine schöne Nachricht ist das. Und sage mir, mein Junge, wann wird er zu Grabe getragen?“

„Sobald ich den Sarg gezimmert habe“ antwortete Dreizehnlein. „Holz und Nägel habe ich schon, aber es gibt viel Arbeit und ich habe niemanden, der mir hilft.“

„Du hast Hilfe nötig, aber natürlich komme ich, das ist eine Arbeit, die ich von Herzen gerne mache!“ rief der Wolf.

Dreizehnlein begann die Bretter zu sägen und schlug Nägel ein. Der Wolf reichte ihm die Säge und den Hammer und kehrte die Sägespäne zusammen.

„Mach rasch“, spornte der Wolf Dreizehnlein an, „je schneller du fertig bist, um so rascher wird er begraben.“

Nach ein paar Stunden war der Sarg fertig. Dreizehnlein schaute zweifelnd auf sein Werk. Dann sagte er zum Wolf:

„Mich dünkt, die Maße stimmen nicht. Wenn der Sarg nun zu lang oder zu kurz ist?“

„Das wäre allerdings schlimm“ brummte der Wolf.

„Bitte, leg dich doch einmal in den Sarg. Dreizehnlein ist eine Spur kleiner als du. Wenn du hineinpaßt, so paßt auch er hinein.“

Ohne Verdacht zu schöpfen, legte sich der Wolf in den Sarg. Dreizehnlein schloß wie ein Blitz den Sargdeckel zu und schlug rundherum vier Nägel ein. Der Wolf, der immer noch nichts ahnte, begann zu protestieren.

„Du, da draußen, jetzt ist es genug mit der Probe. Öffne den Deckel oder ich ersticke. Hörst du mich?“

„Ersticke so viel du willst! Ich öffne sicher nicht. Willst du wissen, wer ich bin? Ich bin Dreizehnlein in Fleisch und Blut und du bist mein Gefangener!“

Dreizehnlein hob den Sarg auf den Karren und fuhr zum König. Der König schaute durch einen Holzspalt, um sich zu vergewissern, daß der Gefangene wirklich der Wolf war. Dann gab er den Befehl, das wilde Tier in ein Gefängnis hinter sieben Türen mit vierzehn Riegeln zu werfen. Die Schlüssel wurden im tiefsten Brunnen versenkt.

Da ein Königswort ein Königswort ist, befahl der König einen riesigen Sack mit Goldtalern zu füllen und übergab ihn Dreizehnlein. „Hier, mein Sohn, nun bist du reich“, sagte er. „Wenn du im königlichen Palast bleiben willst, so hast du die Erlaubnis. Mutige Leute braucht man immer.“

Aber Dreizehnlein wollte nichts davon wissen. Keinen Augenblick blieb er länger im Palast bei diesem unersättlichen König. Mit seinen Geschwistern kehrte er, wie sie gekommen waren, im Gänsemarsch wieder heim. Die alte Mutter erwartete mit Sehnsucht ihre Kinder. Wie groß war ihre Freude, als alle zusammen nicht nur gesund und munter, sondern sogar reich zu ihr zurückkehrten.

Von nun an fehlten in der Vorratskammer nie mehr Brot und Polenta.

Volksmärchen
Aus dem Italienischen übertragen von Anna Lisa Gelli Bigler

Ab 5 Jahren

Themen/Stichworte:
- *Macht des Stärkeren/List, Mut und Klugheit des Schwächeren*
- *Wort halten/Wort brechen*
- *Familienzusammenhalt*

3. Die zwei Kronen (Italien)

Gerolamo der 101. war ein unglücklicher König, denn er konnte seine Krone nicht tragen. Er konnte es einfach nicht. Manchmal aber mußte er sich in der Öffentlichkeit mit seiner Krone zeigen und nur dann setzte er sie auf. Doch schon nach fünf Minuten bekam er so starke Kopfschmerzen, daß er sie sofort wieder weglegen und eine Kopfschmerztablette nehmen mußte. Eines Tages, auf einem Galaempfang für den Kongreß der Okarinenspieler, gab er sich große Mühe, die Krone einen ganzen Nachmittag lang auf dem Kopf zu behalten. Danach war er dann eine ganze Woche so erschöpft, daß er kaum denken konnte, und die Ärzte meinten, es wäre ein wahres Wunder, wenn er nicht sein ganzes Leben lang schwachsinnig bleiben würde.

Diese Gefahr bestand nicht zum ersten Mal. Als er noch ein kleiner Junge war, hatte er einem Bocciaspiel zwischen seinem Vater, dem König, und dem Sportminister zugeschaut, und da war er von einer Kugel am Kopf getroffen worden. „Entweder er stirbt oder er wird schwachsinnig“, sagte damals der Hofarzt.

Dem Himmel sei Dank; weder starb er noch wurde er verrückt. Aber sein Kopf war von da an sehr empfindlich. Und als er nach dem Tod seines Vaters den Thron bestiegen hatte, konnte er es nicht aushalten, die schwere Krone auf dem Kopf zu tragen.

Das war ein großes Unglück für einen König, besonders in jener Zeit, in der die Könige die Krone nicht einmal ablegten, wenn sie zu Bett gingen, denn ein König ohne Krone war wie ein Löwe ohne Mähne. Und das war der Grund, weshalb niemand Gerolamo den 101. als König ernstnehmen konnte, obwohl er gütig und tapfer war.

Eines Tages hatte sein Kammerherr, der ein sehr kluger Mann war, eine großartige Idee: er band die Krone an einen unsichtbaren Faden und hängte sie so unter dem Baldachin auf, daß sie haargenau über dem Kopf des Königs hing. Der König saß kerzengerade darunter, und es sah wirklich so aus, als ob die Krone auf seinen Schläfen säße. Aber wehe, wenn er sich bewegte! Das ergab sich einmal, als irgendein Botschafter eine fürchterlich langweilige Rede hielt: Da war der König nach zwei Stunden so fest eingeschlafen, daß sein Kopf allmählich auf die Brust herunterfiel. Aus Angst davor, daß die Anwesenden den Trick bemerken könnten, stieß ihn der Kammerherr leicht an; der König fuhr aus dem Schlaf hoch, richtete sich mit einem Ruck auf und stieß mit solcher Wucht gegen die Krone, daß diese wie ein Pendel von rechts nach links zu schwingen begann und dabei die Nasen der umstehenden Würdenträger berührte. Das gab einen entsetzlichen Skandal!

***

Stellt euch also die große Sorge von Gerolamo dem 101. vor, als er eines Tages heiraten wollte! Es gab in der Gegend noch einen anderen König, der eine heiratsfähige Tochter hatte. Dieser König war sehr arm, aber die Tochter war wunderschön. Für die Minister der beiden Königreiche war es also nicht schwierig, zwischen Gerolamo dem 101. und der wunderschönen Tochter des sehr armen Königs eine Heirat zu arrangieren. Aber als der Hochzeitstag näherkam, war Gerolamo sehr betrübt. Er sagte: „Wie schaffe ich es nur, daß ich bei der Feier meine Krone nicht aufsetzen muß?“

„Ihr könntet sagen, daß Ihr sie zu Hause vergessen habt“, antwortete der kluge Kammerherr.

„Aber dann will mich die Prinzessin sicherlich nicht heiraten ... Aus der Hochzeit wird dann nichts werden ...“

Da hatte der Kammerherr, der, wie ihr wißt, ein sehr kluger Mann war, eine glänzende Idee. Eines Morgens kam er mit einer Krone zum König, die so aussah, als sei sie aus purem Gold. In Wirklichkeit aber war sie aus federleichter Pappe.

„Majestät, ich bitte Euer Gnaden, probieren Sie dieses Prachtstück!“ Der König setzte sie auf, und ein zufriedenes Lächeln erhellte sein Gesicht. Sie war so leicht wie eine Feder! Diese Krone, ja, diese Krone konnte er ohne Schwierigkeiten einen ganzen Tag lang auf dem Kopf behalten und damit allen Kopfschmerzen trotzen, die die Menschheit je gequält hatten.

„Aber wenn man den Schwindel bemerkt?“, fragte er zögernd.

„Unmöglich, Hoheit. Die Imitation ist perfekt ... Um aber jegliches Risiko zu vermeiden, werde ich auf jeden Fall dafür sorgen, daß die Kirche im Halbdunkel ist.“

Illustration: Sergio Tofano (Sto) (Firenze 1981)

Die Hochzeit wurde mit großem Prunk gefeiert. Der König, den seine Untertanen zum ersten Mal mit der Krone auf dem Kopf sahen, wurde von allen bewundert; am meisten bewundert aber wurde die Prinzessin an seiner Seite, die, ganz in Weiß, so schön war wie eine soeben erblühte Magnolienblume. Der König, ihr Vater, hatte für das Fest einen alten Gehrock reinigen lassen, der nun wieder aussah wie neu. Alle Glocken läuteten, und das Volk jubelte ihnen zu. Gerolamo war so glücklich wie noch nie und trug die falsche Krone mit einer so großen Selbstverständlichkeit, daß niemand auf den Gedanken kam, sie könnte eine Fälschung sein.

An der Kirchentür wartete eine Kutsche auf das Brautpaar, um sie in den Königspalast zu fahren; aber sobald sie allein in der Kutsche saßen, bekam der König Angst. Seine Frau hatte eine wunderschöne Krone aus Gold mit einem Ring aus großen Perlen auf dem Kopf. Wie würde er dastehen, wenn sie bemerkte, daß seine Krone nur rotgold angemalte Pappe war? Und er verkroch sich in eine Ecke der Kutsche, um den Blicken seiner Frau auszuweichen. Aber auch die Frau verkroch sich, genau wie er, in die andere Ecke.

„Sie ist wirklich sehr zurückhaltend“, dachte der König, als er sah, wie sie zur Seite rückte.

„Er ist aber sehr reserviert“, dachte die Königin, als sie sah, wie er von ihr abrückte.

Während sie so dasaßen, er hier, sie dort, ohne ein Wort zu sagen, machte die Kutsche auf der holprigen Straßen plötzlich einen Satz. Der König und die Königin stießen so heftig mit ihren Köpfen zusammen, daß die beiden Kronen herunterfielen und auf den Boden der Kutsche rollten. Blitzschnell streckten sich zwei Hände aus, um sie aufzuheben, aber in der Erregung vertauschten sie sie. Er nahm ihre Krone, und sie nahm seine Krone. Es dauerte nur einen kurzen Augenblick, bis Gerolamo den Irrtum bemerkte und er erstarrte vor Schreck bis in die Haarspitzen. Gerade wollte er sich seiner Frau zu Füßen werfen, um ihr alles zu gestehen, als er sah, wie sich statt dessen seine Frau zu seinen Füßen warf und zu schluchzen begann.

„Entschuldigt mich, Eure Hoheit, entschuldigt mich! Ich will Euch die ganze Wahrheit sagen, aber habt Erbarmen mit mir! ... Die Schuld hat mein Vater ... Obwohl mein Vater König ist, ist er arm, und da er nicht genug Geld hatte, um mir ein Hochzeitskleid nähen zu lassen, mußte er meine Krone aus Gold verkaufen, um die Schneiderin zu bezahlen, und so hat er mir eine Fälschung gemacht, aus rotgold angemalter Pappe ...“

Während sie unter Tränen diese Worte sprach, hob sie ihren Blick zitternd zum Gesicht ihres Gatten empor. Sie war sicher, daß er sehr zornig sein würde. Zu ihrem großen Erstaunen sah sie statt dessen, daß er lachte und lachte und lachte. Er hatte sich in die Polster der Kutsche zurückgelehnt und platzte fast vor Lachen. Er lachte so sehr, daß er kein Wort herausbrachte. Aber mit dem Zeigefinger deutete er auf die Krone, die sie aufgehoben hatte, und erst dann bemerkte sie, daß diese Krone auch leicht, sehr leicht war, zu leicht für eine Krone aus echtem Gold. Sie sah genauer hin – und da erkannte sie die Wahrheit. Nun begann auch sie zu lachen und zu lachen und zu lachen. Sie lehnte sich in die Polster zurück und platzte fast vor Lachen. Sie lachte so sehr, daß sie kein Wort herausbrachte und nicht einmal sagen konnte, wie glücklich sie war!

***

Es vergingen viele Jahre. Der König und die Königin regierten glücklich und zufrieden, denn die Krone, das Zeichen ihrer Herrschaft, lastete nicht auf ihren Häuptern. Sie wurden von allen geliebt und geachtet, und niemand dachte mehr an den Schwindel. Und so sehen wir: die Kutte allein macht nicht den Mönch und die Krone allein nicht den König.

Sergio Tofano
Aus dem Italienischen übertragen von Hildegard Rudolph

Ab 6 Jahren

Themen/Stichworte:
- *Auch ein König hat menschliche Schwächen*
- *Hochzeit*
- *„Kleider machen Leute“ – oder auch nicht*

4. Der Zauberer Giro (Italien)

Es war einmal ein armer Zauberer, der hieß Giro. Ihr werdet sicher fragen: Kann ein Zauberer denn überhaupt arm sein? Nun, Giro war zwar ein echter Zauberer, doch seit einiger Zeit war niemand mehr zu ihm gekommen; und deshalb war er arm.

„Kann es möglich sein, daß mich niemand mehr braucht?", fragte er sich verzweifelt. „Früher kamen so viele Menschen zu mir, daß ich gar nicht allen helfen konnte. Der eine kam wegen dieser Zauberei, der andere wegen jener. Ich will mich nicht rühmen, doch von der Zauberei verstehe ich wirklich ziemlich viel ... Ich muß ein wenig durch die Welt ziehen und sehen, was passiert ist. Wenn es einen anderen Zauberer gibt, der mehr kann als ich, so möchte ich ihn kennenlernen."

Gesagt – getan! Der Zauberer packte seine wertvollsten Sachen zusammen – den Zauberstab, das Zauberbuch, zwei, drei Zauberpulver – und machte sich auf den Weg.

Er ging und ging, und als es Abend wurde, kam er zu einem kleinen Haus. Er klopfte an die Tür.

„Wer ist da?"

„Ein Freund, Signora, ein Freund."

„Wie schön, dann kommen Sie herein. Ich bekomme nicht sehr oft Besuch von Freunden. Setzen Sie sich. Brauchen Sie irgendetwas?"

„Ich? Nein, Signora, ich brauche nichts, aber vielleicht sind Sie es, die mich brauchen kann. Wissen Sie, ich bin Zauberer, ich bin der Zauberer Giro."

„Zauberer? Wie wunderschön!"

„Ja, Zauberer. Sehen Sie diesen kleinen Stab? Sie werden es nicht glauben, aber es ist ein Zauberstab: wenn ich zwei Wörtchen sage, zwei kleine Wörtchen, die nur ich kenne, wird ein Stern herabfallen und Licht in Ihr Haus bringen ..."

In dem Augenblick stieß die Frau einen kleinen Schrei aus: „Oh, apropos Licht, ich muß es anmachen. Ich war ganz in Gedanken versunken und habe nicht einmal bemerkt, daß es dunkel geworden ist. Es tut mir leid. Also, was haben Sie vom Licht gesagt?"

Aber der Zauberer war so erstaunt, daß er kein Wort herausbrachte. Mit weit aufgerissenem Mund sah er die Lampe an, als ob er sie verschlingen wollte.

„Aber ... Signora, wie haben Sie das gemacht?"

„Wie ich das gemacht habe? Ich habe einfach den Schalter gedreht, und die Lampe ist angegangen. Eine tolle Sache, die Elektrizität, nicht wahr?"

Der Zauberer Giro prägte sich dieses neue Wort ein. „E-l-e-k-t-r-i-z-i-t-ä-t: das wird wohl die Zauberin sein, die mir Konkurrenz macht." Dann faßte er Mut und fuhr fort: „Also, Signora, wie ich Ihnen schon gesagt habe, ich bin Zauberer und kenne unendlich viele Zauberkünste. Wenn ich zum Beispiel von diesem Pulver hier etwas in ein Glas streue, können Sie die Stimme eines Menschen hören, der weit entfernt ist."

„Oh", schrie die Frau erneut auf. „Sie erinnern mich daran, daß ich den Installateur anrufen muß. Sie entschuldigen mich einen Augenblick, ja? Hier ist die Nummer. Hallo? Ist dort der Installateur? Zum Glück treffe ich Sie an. Können Sie morgen früh zu mir kommen, um die Waschmaschine zu reparieren? Danke. Vielen Dank! Auf wiedersehen. Also!"

Der Zauberer Giro mußte zwei-, dreimal schlucken, bevor er die Sprache wiederfand.

„Signora, aber mit wem haben Sie gesprochen?"

„Mit dem Installateur, haben Sie denn nicht zugehört? Wirklich bequem, so ein Telefon ..."

Der Zauberer prägte sich auch dieses Wort ein: „T-e-l-e-f-o-n. Es gibt also noch einen Zauberer, von dem ich nie etwas gehört habe. Die Konkurrenz ist wirklich groß."

Dann sagte er: „Hören Sie, Signora, wenn Sie irgendeinen Menschen, der weit entfernt ist, so sehen wollen, als wäre er hier in diesem Zimmer, dann sagen Sie es mir nur: Ich habe noch ein anderes Zauberpulver bei mir, mit dem ..."

„Himmel!", schrie die Frau auf und unterbrach ihn. „Heute bin ich wirklich zerstreut. Ich habe vergessen, den Fernseher einzuschalten, um das Skirennen anzuschauen. Wissen Sie, mein Sohn ist Meister im Abfahrtslauf. Ich schalte ihn sofort ein, vielleicht geht es noch ... Aber ja, sehen Sie doch, was für ein Glück, genau der ist es, der da ist mein Sohn, dem dort alle die Hand schütteln. Aber ja, er hat wieder gewonnen. Sehen Sie nur, ein toller Bursche! Und dabei hätte ich beinahe die Sendung verpaßt. Zum Glück haben Sie mich daran erinnert. Aber sagen Sie, sind Sie wirklich Zauberer?"

„Ja, Signora, wie ich Ihnen gesagt habe, ich bin der Zauberer Giro." „Oh", rief die Frau, ohne ihm zuzuhören, „eine tolle Sache, so ein Fernseher."

Der arme Zauberer ließ sich zweimal das Wort wiederholen, F-e-r-n-s-e-h-e-r, F-e-r-n-s-e-h-e-r, um sicher zu sein, daß er es sich auch richtig einprägte. Und dann dachte er nach: „So, es gibt noch einen Zauberer, der mir Konkurrenz macht. Allmählich verstehe ich, warum ich immer weniger zu tun hatte, bei all den Zauberern, die es gibt ..." Dann wandte er sich geduldig wieder der Frau zu: „Also, hören Sie, Signora, wie ich Ihnen schon gesagt habe, ich bin gewiß ein großer, ein sehr berühmter Zauberer. Ich bin zu Ihnen gekommen, um zu sehen, ob ich Ihnen irgendwie nützlich sein kann. Hier, schauen Sie, das ist das Buch mit den Zauberformeln, das ist der Zauberstab ...

Erster Schluß

Ihr könnt euch denken, daß es dem Zauberer Giro an jenem Tag nicht gelang, auch nur ein einziges Geschäft zu machen. Seit der Zeit, in der er wie ein Handelsreisender für Zauberkünste regelmäßig umhergezogen war, hatte sich die Welt zu sehr verändert. Nach der Lampe, nach dem Telefon und nach dem Fernseher entdeckte der arme Zauberer noch viele, viele Dinge, die einst Tausenden von Zauberern Arbeit gegeben hätten und die jetzt einfach durch einen Knopfdruck herbeizurufen waren.

Der Zauberer beschloß, sich erst einmal über die Welt zu informieren, und deshalb kaufte er sich einen großen Stapel Zeitungen. So fand er heraus, daß seine Konkurrenten in viele Teile der Erde noch nicht vorgedrungen waren. Es gab noch Länder ohne elektrisches Licht, ohne Telefon, ohne Komfort, in denen arme Menschen lebten, die nicht Geld hatten, um sich die modernen Zaubereien zu kaufen.

„Wunderbar", dachte der Zauberer und rieb sich die Hände, aus denen plötzlich unzählige Funken sprühten. „Ich werde in diese Länder gehen, dorthin, wo es für mich noch so viel zu tun gibt, dorthin, wo man noch Respekt vor den tüchtigen alten Zauberern von früher hat."

Zweiter Schluß

Während der Zauberer der alten Frau zuhörte und das Haus mit all den Geräten betrachtete, begriff er, daß es in der modernen Welt für die alten Zauberformeln keinen Platz mehr gab.

„Die Menschen sind schlau geworden", dachte er bei sich. „Sie haben alle möglichen Teufeleien erfunden, an die wir Zauberer nicht einmal gedacht haben. Lieber Giro, du mußt dich umstellen. Du mußt auf dem laufenden bleiben, wie man heutzutage sagt. In anderen Worten: Entweder wechselst du den Beruf, oder es geht dir im Alter schlecht."

Der Zauberer Giro war nicht dumm, und nachdem er zwei, drei Tage nachgeforscht und nachgedacht hatte, stand sein Plan fest. Er mietete einen großen Geschäftsraum und fing an, Elektrohaushaltsgeräte zu verkaufen, auch auf Raten. In kurzer Zeit war aus ihm ein reicher Kaufmann geworden. Er kaufte sich ein Auto, eine Villa am Lago Maggiore und ein Segelboot, mit dem er sonntags auf dem See segelte. Wenn der Wind einmal nicht wehte, dann blies er das Segel einfach mit einer kleinen Zauberformel auf und brauste in wenigen Minuten von Stresa nach Cannobio. Das Geld für Benzin konnte er sparen, denn er warf nie den Motor an.

Illustration: Paola (Roma 1983)

Dritter Schluß

Was für eine Lektion hatte der Zauberer Giro an jenem Tag erhalten! Ein Dummkopf hätte vielleicht den Mut verloren. Aber er war kein Dummkopf. Statt dessen begriff er, daß die Wunder, die im Haus jener Frau geschehen waren, keine Zauberei waren, sondern ein Werk der Wissenschaft. Und da er viel Phantasie hatte, dachte er bei sich: „Wieviele Dinge gibt es doch, die die Menschen ohne einen Zauberstab erfunden haben, nur mit ihrem Gehirn und ihrer Hände Arbeit. Aber wer weiß, wieviele sie noch nicht erfinden konnten. Ich will von der Zauberei Abschied nehmen, ein gewöhnlicher Mensch werden und studieren, um neue Dinge zu entdecken."

Um von der Zauberei Abschied zu nehmen, mußte er nicht einmal einen Brief an die Vereinigung der Zauberer schreiben. Er warf einfach das Bündel mit seinen Zaubersachen, die nunmehr überflüssig waren, in den erstbesten Straßengraben. Danach ging er froh und zufrieden seinem neuen Leben entgegen.

Gianni Rodari
Aus dem Italienischen übertragen von Hildegard Rudolph

Originaltext: Mago Girò (Der Zauberer Giro, Italien)

C'era una volta un povero mago che si chiamava Girò. Sembra un controsenso: la parola mago e la parola povero nelle storie non stanno bene insieme. Ma quel mago lí, sebbene fosse un vero mago, era proprio povero perché da un pezzo non aveva piú clienti.

– Possibile – egli si disperava – che nessuno abbia piú bisogno di me? Una volta avevo tanti clienti che non riuscivo a tener dietro a tutti. Chi veniva per una magia, chi per un'altra. E io, non faccio per vantarmi, di magie ne so fare parecchie ... Voglio un po' andare in giro per il mondo a vedere che cosa è successo. Se è comparso un mago piú bravo e piú potente di me, lo voglio conoscere.

Detto fatto, il mago impacchettò le sue cose piú preziose – la bacchetta magica, il libro degli incantesimi, due o tre polverine miracolose – e si mise in cammino.

Va e va, sul far della sera capita davanti a una casetta. Bussa. Toc toc.

– Chi è?

– Amici, signora, amici.

– O bravo, allora entri. Vengono cosí pochi amici a trovarmi. S'accomodi. Ha bisogno di qualche cosa?

– Io? No, signora, io non ho bisogno di niente, forse è lei che ha bisogno di me. Sa, io sono un mago, mi chiamo Mago Girò.

– Un mago? O che bellezza!

– Un mago, sí. La vede questa bacchettina? Non sembrerebbe, ma è una bacchetta magica: se io dico due paroline, due parolette che conosco soltanto io, una stella scenderà a fare luce nella sua casa ...

A questo punto la signora lanciò un piccolo strillo:

– Uh, a proposito di luce, mi faccia accendere. Stavo qua sola con i miei pensieri e non mi ero nemmeno accorta che diventava buio. Mi scusi tanto. Ecco fatto! Che cosa mi stava dicendo a proposito di luce?

Ma il mago era troppo stupefatto per poter riprendere la conversazione. Guardava la lampada con la bocca spalancata come se volesse inghiottirla.

– Ma ... signora, come ha fatto?

– Come ho fatto? Ho girato l'interruttore e la lampada si è accesa, no? Gran bella cosa, l'elettricità.

Mago Girò registrò nella sua mente questa parola nuova: "L'elettricità: ecco sarà questa la maga che mi fa concorrenza".

Poi si fece coraggio e riprese:

– Dunque, signora, le stavo dicendo che sono mago e so fare un'infinità di magie. Per esempio, mettendo un po' di questa polverina in un bicchiere, le posso far sentire la voce di una persona lontana.

– Uh, – strillò di nuovo la signora. – Lei mi fa venire in mente che devo telefonare all'idraulico. Mi scusi un momentino, neh? Ecco qua il numero. Pronto? È l'idraulico? Meno male che ce la trovo. Può passare da me domani mattina a ripararmi la lavatrice? Grazie. Mi raccomando. Grazie, buona sera. Ecco fatto.

Mago Girò dovette inghiottire due o tre volte prima di ritrovare la parola.

– Signora, ma con chi parlava?

– Con l'idraulico, non ha sentito? Gran bella comodità il telefono ...

Il mago registrò nella sua mente anche questa parola: "Ecco un altro mago di cui non avevo mai sentito parlare. Ma guarda quanta concorrenza ...".

Poi disse:

– Senta, signora, se ha bisogno di vedere qualche persona lontana come se fosse qui, in questa stanza, non faccia complimenti: ho con me un'altra polverina magica per mezzo della quale ...

– Cielo! – strillò la signora, interrompendolo. – Oggi sono proprio distratta. Mi ero dimenticata di accendere il televisore per vedere la gara di sci. Lo sa che mio figlio è un campione di discesa? Ora accendo subito, forse siamo ancora in tempo ... Ma sí, guardi che fortuna, è proprio quello lí, quello è mio figlio, quello che riceve tutte quelle strette di mano. Si vede che ha vinto ancora. Vede che bel ragazzo? E pensare che quasi quasi perdevo la trasmissione. Meno male che lei ma l'ha fatta venire in mente. Ma sa che è proprio un mago lei?

– Sí, signora, gliel'ho detto, sono Mago Girò.

– Ah, – esclamò la signora senza starlo a sentire, – gran bella cosa la televisione.

Il povero mago si fece ripetere due volte la parola per essere sicuro di registrarla nella sua mente senza errori. E intanto rifletteva: "Ecco un'altra maga della concorrenza. Comincio a capire perché il lavoro è diventato cosí scarso: con tutti questi maghi in circolazione ...".

Poi ricominciò, con pazienza, a offrire i suoi servigi:

– Dunque, senta, signora, come le stavo dicendo io sono per l'appunto un grande, un famosissimo mago. Sono entrato per vedere se le posso essere utile in qualcosa. Ecco, dia un'occhiata, questo è il libro degli incantesimi e degli scongiuri, questa è la bacchetta magica ...

Primo finale

Inutile dire che quel giorno Mago Girò non riuscí a combinare un solo affare. Il mondo era troppo cambiato dai tempi in cui egli lo percorreva regolarmente, come un viaggiatore di commercio specializzato in magie. Dopo la lampada, dopo il telefono, dopo il televisore, il povero mago scoprí cento altre meraviglie che una volta avrebbero dato lavoro a mille maghi e ora invece se le teneva in casa la gente comune e le comandava schiacciando un bottone.

Il mago decise di informarsi meglio sulle cose di questo mondo e perciò comprò un gran pacco di giornali. Scoprí cosí che in molte parti del pianeta la concorrenza non era ancora arrivata. C'erano ancora terre senza luce elettrica, senza telefono, senza comodità, abitate da povera gente che non aveva i soldi per comprarsi le magie moderne.

"Benissimo, – pensò il mago stropicciandosi le mani, dalle quali sprizzarono subito sciami di scintille. – Andrò in quei paesi, laggiú c'è tanto ancora da fare per me, laggiú ci deve essere ancora del rispetto per i bravi vecchi maghi d'una volta."

Secondo finale

Il mago, ascoltando la vecchia signora e osservando la sua casa e le macchine che conteneva, capí che nel mondo moderno non c'era piú posto per gli incantesimi antichi.

– Gli uomini si sono fatti furbi, – egli diceva fra sé, – e hanno inventato ogni sorta di diavolerie a cui noi maghi non avevamo nemmeno pensato. Caro Girò, bisogna adeguarsi. Bisogna aggionarsi, come si dice adesso. In altre parole: o cambi mestiere o ti si prepara una brutta vecchiaia.

Poiché non era stupido, Mago Girò, dopo due o tre giorni di esplorazioni e di riflessioni, aveva pronto il suo piano. Affittò un grande locale, si mise a vendere apparecchi elettrodomestici, anche a rate, e in poco tempo diventò un ricco negoziante, si comprò l'automobile, una villetta sul Lago Maggiore, una barca a vela e la domenica andava a spasso sul lago. Se non tirava vento non si preoccupava: gonfiava la vela con una piccola magia e filava da Stresa a Cannobio in pochi minuti. Il motore non lo mise mai, per risparmiare i soldi della benzina.

Terzo finale

Che lezione quel giorno, per Mago Girò! Se fosse stato uno sciocco, si sarebbe proprio scoraggiato. Ma sciocco non era. Capí invece che le meraviglie scoperte nella casa di quella signora non erano opera di magia, ma conquiste della scienza. E siccome aveva anche molta immaginazione, egli si disse:

– Guarda quante cose hanno inventato gli uomini senza la bacchetta magica, solo con il loro cervello e il lavoro delle loro mani. Ma chissà quante ancora se ne possono inventare. Vogio dare le dimissioni da mago, diventare un uomo comune e studiare per scoprire qualcosa di nuovo.

Per dare le dimissioni da mago non fu nemmeno necessario che scrivesse una lettera alla società dei maghi. Gli bastò gettare il fagottello con dentro le sue carabattole fatate, ormai inutili, nel primo fosso lungo la strada. Poi camminò piú leggero e piú contento verso la sua nuova vita.

Gianni Rodari

Ab 5 Jahren

Themen/Stichworte:
- *„Zauberei" und moderne Technik*
- *Zauberei: Nutzen und Poesie*
- *Technische Entwicklungen*
- *Geschichte mit offenem Abschluß*

Praktische Anregungen

Zum Text

Giro ist ein verzweifelter Zauberer im technischen Zeitalter. Als er merkt, daß niemand mehr zu ihm kommt, macht er sich auf den Weg, um herauszufinden, wie es in der Welt mit der Zauberei steht. *Rodari* wählt eine besondere Vermittlungsform, um Giros Problem darzustellen: Die Geschichte hat drei verschiedene Schlußfassungen; die Zuhörer bzw. Leser sollen diese drei Lösungsmöglichkeiten besprechen und sich für eine entscheiden. Damit will Rodari die Kinder direkt ansprechen und aktiv an der Gestaltung der Geschichte beteiligen.

Folgende drei Lösungen zu Giros Schicksal werden von Rodari formuliert:

- Giro informiert sich durch Zeitungen über die Welt, entdeckt, daß es Länder ohne moderne „Zaubereien" gibt und entschließt sich, dorthin auszuwandern;
- Giro stellt sich auf das technische Zeitalter um und macht aus dem Verkauf von Elektrohaushaltsgeräten das große Geschäft;
- Giro zeigt sich beeindruckt von den Errungenschaften der Menschheit und möchte selbst nunmehr als gewöhnlicher Mensch studieren.

Die Erzählung ist einer Geschichtensammlung von Rodari entnommen: *Tante storie per giocare* (Viele Spielgeschichten, Roma 1983). Alle Geschichten haben den gleichen Aufbau:

Einen Hauptteil und drei alternative „Schlüsse". Im Anhang verrät der Autor, welchen der drei Schlüsse er selbst bevorzugt. Im Fall unserer Geschichte plädiert er für die dritte Lösung, weil „der Zauberer keine Angst hat, ein neues Leben anzufangen".

Wenn es italienische Kinder in der Gruppe gibt, kann der Erzieher/Lehrer einzelne Begriffe in der Geschichte aufgreifen, und zwar die Begriffe, die der Zauberer selbst neu lernt:

deutsch	italienisch
Elektrizität	l'elettricità
Telefon	il telefono
Fernseher	la televisione

1 *Geschlossene Erzählform (ab 5 J.)*

Für jüngere Kinder ist die gebotene Form der literarischen Darstellung mit den drei alternativen Schlüssen möglicherweise zu kompliziert – sie stellt auf jeden Fall Ansprüche an die analytischen Fähigkeiten der Zuhörer. Das Thema „Zauberei" hingegen ist für jüngere Kinder durchaus ansprechend, so daß wir für diese Altersgruppe vorschlagen, keine Alternativen anzubieten: Der Erzieher sollte sich für *eine* Lösungsmöglichkeit entscheiden und die Geschichte „in einem Guß" erzählen.

2 *Fabulieren, Weiterspinnen (ab 7 J.)*

Für Schulkinder kann die Geschichte in der konzipierten Form angeboten werden. Eine Abweichungsmöglichkeit wäre: Die Schüler sollen selbst eine vierte Lösung ausdenken und erzählen (bzw. schreiben, wenn sie dazu in der Lage sind).

5. Die Feigenverkäuferin (Italien)

„Kaktusfeigen ... Kaktusfeigen ... wer will Kaktusfeigen?" Martina verjagte die Fliegen von ihrem Obstkorb mit einem Fliegenwedel. Ihre Hand wurde immer schwerer und ihre Stimme immer schläfriger. Martina war in ganz Montepiatto die einzige Verkäuferin, die Kaktusfeigen verkaufen durfte. Aber wer sollte schon zu jener Stunde an jenem verlassenen Ort, auf der Brücke, die zum Dorf führte, vorbeikommen und Kaktusfeigen kaufen?

Plötzlich wurde sie von einer kräftigen, rauhen Stimme aus ihrer Schläfrigkeit gerissen: „Was sind das für Sachen, die du da verkaufst?" Martina zuckte zusammen, und als sie die Augen öffnete, war das erste, was sie sah, ein riesiges Paar Stiefel, die mit Nägeln bespickt waren. Oben aus den Stiefeln ragten ein Paar O-Beine und ein wuchtiger Rumpf heraus. Und ganz oben schauten ein Paar Augen, die so groß waren wie Fahrradlampen aus einem buschigen, langen Bart heraus.

„Was sind das da für Sachen?", fragte der Kerl ungeduldig.

„Oh, Feigen ... Kaktusfeigen!"

„Rede kein dummes Zeug! Seit wann sehen Feigen wie Lampions aus?"

„Dummkopf", wollte Martina ihm gerade ins Gesicht schreien, aber dann fiel ihr ein, daß man Kunden immer höflich behandeln mußte, auch die unfreundlichen, und so antwortete sie nur:

„Dort, wo die Feigen wachsen, ist es eben so."

„Dann laß mich eine probieren."

Mit ihren Händen, die von den winzigen Stacheln der Kaktusfeigen schon ganz schwielig waren, schälte Martina eine Feige und reichte sie ihm.

„Gut!", rief der Kerl und schluckte die Frucht wie eine Pille hinunter. „Gut. Sie schmeckt mir sehr gut. Schäl' mir noch eine." Und sofort schälte Martina ihm noch eine. Dann eine dritte. Dann eine vierte. Dann eine fünfte. Der ausgehungerte Kerl aß immer mehr, aber er schien nie satt zu werden, und ständig sagte er nur:

„Noch eine ... noch eine ..." und schmatzte dabei voller Zufriedenheit.

Erst als der Korb leer war und Martina die letzte Feige schälen wollte, unterbrach er sie und brummte: „Nein, die lasse ich dir übrig ... aus Höflichkeit."

Dann drehte er sich um und wollte sich davonmachen. „Heda, hören Sie!", platzte Martina heraus. „Und wer bezahlt?" Der Kerl schaute arrogant zurück. „Bezahlen? Für was denn?"

„Wieso, für was? ... Für die Feigen, die Sie gegessen haben!"

„Zwei Feigen? ... Sie haben mir den ganzen Korb leer gegessen."

„Du übertreibst! Ich habe dir die letzte übriggelassen ..."

„Die da schenke ich Ihnen" sagte Martina. „Aber bezahlen Sie die anderen." „Ich bin doch nicht verrückt! Astianatte bezahlt nie!" Der Kerl hieß nämlich Astianatte.

Nun drehte er sich wieder um und machte sich erneut auf den Weg. Martina zögerte, aber nur eine Minute lang. Dann rannte sie los, und als sie Astianatte eingeholt hatte, packte sie ihn an einem Bein, damit er nicht weitergehen konnte. Doch sie hatte sich getäuscht. Ohne stehenzubleiben, schüttelte Astianatte das Bein, wie es die Maulesel tun, wenn sie Pferdefliegen verjagen wollen, und schleuderte das Mädchen in den leeren Feigenkorb, wo es lange vor Schmerz und vor Ärger weinte.

Während Martina so weinte, flüsterte ihr plötzlich jemand mit einer kläglichen und traurigen Stimme ins Ohr: „Hab' Erbarmen, kleines Mädchen ... ich sterbe vor Hunger."

„Ach, laß mich in Ruhe!", schrie Martina und stand mit einem Ruck auf, noch ganz wütend über den rohen Kerl. Aber kaum hatte sie die Worte ausgesprochen, tat es ihr schon leid, denn vor ihr stand eine alte Frau, die so krumm war wie ein Spazierstock und so zitterig war wie ein Wackelpudding. Sie war weiß wie Wachs und hatte kaum noch die Kraft, ihre knochige Hand zu heben, und kaum noch den Atem zu flüstern: „Hab' Erbarmen ... ich sterbe vor Hunger!" „Ich habe nichts, liebe Frau, ... man hat mir alles gestohlen."

Martina versuchte, so liebevoll wie nur möglich zu sprechen, um ihr schlechtes Benehmen von vorhin wiedergutzumachen.

„Ich habe nur noch diese Feige ... die letzte ... Hier, nehmen Sie ..." „Danke, mein Kind. Du bist ein guter Mensch. Wenn du irgendwann einmal Hilfe brauchst ... man kann es nie wissen ..., dann ruf' meinen Namen. Ich heiße Prudenziana. Vielleicht kann ich auch einmal für dich etwas tun ..."

Dann nahm sie die letzte Feige und ging langsam und lautlos fort, während Martina ihr erstaunt nachsah.

***

Am Tag darauf saß Martina mit ihrem Korb, der wieder voller schöner Kaktusfeigen war, an der gleichen Stelle, auf der Brücke, die zum Dorf führte. Und da sah sie schon wieder Astianatte, der mit dem gleichen überheblichen Ausdruck auf dem Gesicht näherkam.

„Schäl' mir eine Feige, freche Göre!"

„Ich denke nicht daran!"

„Gut. Dann schäle ich sie mir eben selbst!"

Und dann streckte er die rechte Hand aus und packte sich die schönste Feige. Aber kaum hatte er sie genommen, da stieß er einen Schrei aus, öffnete die Hand und ließ die Feige zum Boden fallen.

Was war geschehen? Martina hatte sich daran erinnert, was ihr am Tag zuvor jene Alte, die so krumm wie ein Spazierstock war, gesagt hatte. „Prudenziana!“ hatte sie vor sich hin gemurmelt; und plötzlich waren aus den vielen winzigen Stacheln der Kaktusfeigen wie durch ein Wunder lange und spitze Dornen geworden.

„Verdammtes Biest!“, schrie Astianatte wütend. „Mit mir kannst du nicht so umgehen!“ Und gleich packte er mit der linken Hand noch eine Feige. „Prudenziana!“, flehte Martina noch einmal.

Der Schurke schrie wieder auf und mußte seine Beute loslassen. Die Feige fiel zu Boden. Sie hatte so viele Stacheln, daß sie wie ein Seeigel aussah.

Astianatte brüllte und fluchte und fuchtelte mit den Händen, von denen nun das Blut tropfte.

„Du wirst sehen, ich werde Hackfleisch aus dir machen, du Tochter einer Hündin!“, und schon wollte er sich auf das Mädchen stürzen. Aber Martina warf ihm schnell eine Feige zu, rief „Prudenziana!“ und die Feige war plötzlich wieder mit langen Stacheln übersät und bohrte sich haargenau in die Nase des Feindes.

Der sprang und schrie vor Schmerzen wie ein verletztes Rhinozeros. Er versuchte sich die Feige von der Nase zu reißen. Aber er zerstach sich nur noch mehr die Hände, die jetzt schon ganz durchlöchert waren, und die Stacheln bohrten sich nur noch tiefer ins Fleisch hinein. Schließlich wußte er in seiner Verzweiflung keinen anderen Ausweg, als die Flucht zu ergreifen und nach einem Hufschmied zu suchen, der ihm die Stacheln mit einer Zange herausreißen mußte.

Als Martina am Abend ins Dorf zurückkehrte, entdeckte sie an der Tür des Rathauses einen Anschlag, auf dem zu lesen war: „Aus gesundheitlichen Gründen wird der Import und Verkauf von Kaktusfeigen strengstens verboten. Nach Meinung der zuständigen Gesundheitsbehörden sind sie die Überträger der gefährlichen Cholerakrankheit.“ Es gab keinen Zweifel. Das war Astianattes Rache. Es war ihm gelungen, durch irgendwelche üblen Machenschaften, den Bürgermeister zu dieser Verordnung zu überreden und so das Geschäft der armen Martina, die als einzige in ganz Montepiatto Kaktusfeigen verkaufen durfte, zu zerstören.

***

„Kirschen ... schöne Kirschen ... wer möchte Kirschen ...?“ An der gleichen Stelle pries Martina nun ihre neue Ware an und verjagte dabei mit dem Wedel die Fliegen. Aber leider ging das Geschäft nicht so gut wie mit den Kaktusfeigen. In Montepiatto gab es Kirschen in Hülle und Fülle. Außerdem war es bereits Herbst und schon mehr als einer war gekommen, um sich zu beschweren, daß die Kirschen voller Würmer waren. Und wenn Astianatte zurückkommen würde, um sie ihr zu stehlen, wie sollte sie sich verteidigen? ... Sie hätte ruhig laut nach Prudenziana rufen können, aber Kirschen konnten ja keine Stacheln bekommen wie Kaktusfeigen!

Und Astianatte kam tatsächlich wieder. Er kam wieder, mit einer dick verbundenen Nase, aber mit einem so triumphierenden Ausdruck im Gesicht wie einer, der sich seiner Sache sicher ist.

„Du verkaufst keine Kaktusfeigen mehr, he?“, lachte er höhnisch und pflanzte sich mit seinen langen Beinen vor Martinas Korb. „Nicht wahr, du hast begriffen, daß deine Kaktusfeigen nicht nach meinem Geschmack waren. Heute morgen hast du mir also Kirschen mitgebracht. Danke! Das ist nett von dir. Kirschen mag ich sehr gern ... Ich nehme dein freundliches Angebot gerne an. Gib mir ein Kilo!“

„Ich kann sie euch nicht empfehlen“, antwortete Martina. „Sie sind voller Würmer.“

Astianatte lachte höhnisch. „Oh, das ist mein Leibgericht, Kirschen mit Würmern!“ Und schon nahm er sich eine Handvoll.

Im selben Augenblick rief Martina laut „Prudenziana!“, und von den umliegenden Bergen hallte das Echo zurück: „Prudenziana.“ Und plötzlich wimmelte es auf den Kirschen nur so von Würmern ... und was für Würmer! Sie sahen aus wie Eidechsen, so lang waren sie, wie Schlangen, die sich auf Astianattes Hand stürzten. Erschrocken machte er einen Satz zurück, aber die Schlangen fielen zu Hunderten über ihn her, bissen ihn in die Fersen, krochen an seinen Beinen hoch, schlüpften unter seinen Anzug. Der arme Kerl warf sich mit weit aufgerissenen Augen auf den Boden und wälzte sich verzweifelt im Staub. Er wälzte sich und wälzte sich, bis er am Ufer des Flusses angekommen war und – platsch! – Hals über Kopf mit einem lauten Plumps ins Wasser fiel. Martina sah, wie er zum anderen Ufer schwamm. Überall waren Schlangen, die im Wasser wie Aale um ihn herum schwänzelten. Dann sah sie, wie er von dort aus wie ein Wahnsinniger weiterrannte, bis sie ihn für immer und ewig aus den Augen verlor.

***

Im darauffolgenden Jahr, als die neue Feigensaison wieder begonnen hatte, war die Verordnung des Bürgermeisters verjährt, und Martina war in ganz Montepiatto wieder die einzige Verkäuferin, die Kaktusfeigen verkaufen durfte.

Sergio Tofano
Aus dem Italienischen übertragen von Hildegard Rudolph

Illustration: Sergio Tofano (Sto) (Firenze 1981)

Illustration: Sergio Tofano (Sto) (Firenze 1981)

Ab 7 Jahren

Themen/Stichworte:
- *Armut, Angst/Macht*
- *Die Arbeit einer Straßenverkäuferin*
- *Südfrüchte*

V. Märchen und Erzählungen aus Spanien

Illustration: Asun Balzola (Madrid 1980)

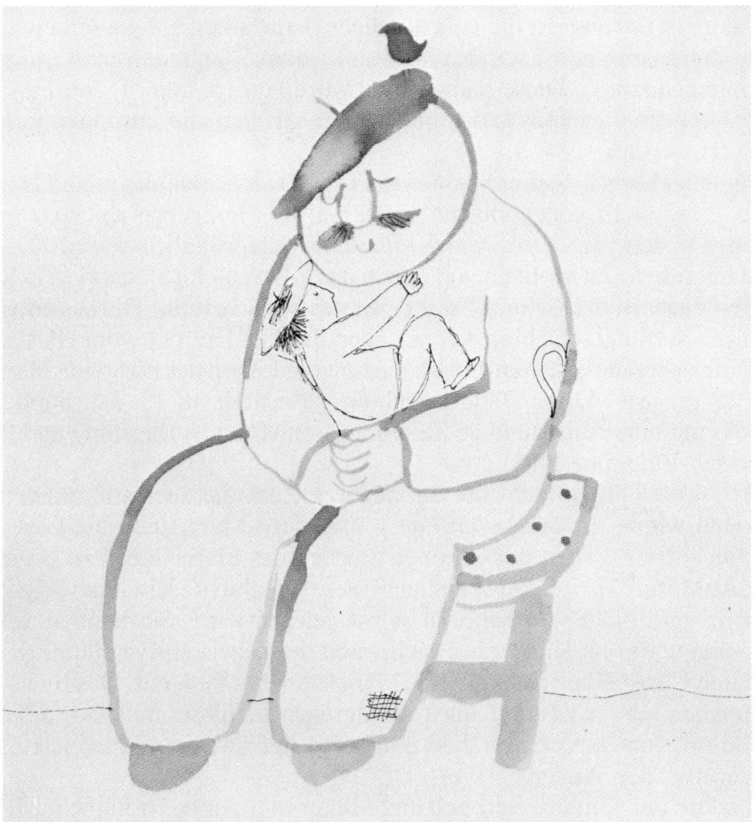

0. Spanische Märchen und Erzählungen: Eine Einführung

Das Standardwerk für spanische Volksmärchen ist die von *Espinosa* herausgegebene dreibändige Ausgabe (1923–1925 bzw. 1946 veröffentlicht). Bereits im 19. Jahrhundert hatten sich Literaten für das Volksmärchen interessiert, aber es galt als selbstverständlich, die mündlich überlieferte Erzählung der literarischen Hochsprache anzupassen. So gab Fernan *Caballeros* 1856 eine Sammlung von andalusischen

Volksmärchen heraus, die deutlich vom Stil und Geschmack der Herausgeberin geprägt sind – bis hin zu den im Erzähltext eingeflochtenen Kommentaren. Ganz anders die kulturanthropologisch fundierte Sammlung der *Espinosas:* Vater und Sohn haben soweit wie möglich den mündlichen Vortrag der Erzähler (meist Bauern) wörtlich wiedergegeben – mit allen regionalen und persönlichen Eigenheiten. Diese umfassende Sammlung enthält unter anderen viele Märchenmotive, die bei uns sehr bekannt sind. So taucht z.B. „Aschenputtel" immer wieder mit einem anderen Namen auf, wobei fast alle Namen sich auf die schmutzige Kleidung des Mädchens beziehen (*Gaertner* 1984, S. 118). Die *Espinosa*-Sammlung enthält im Unterschied zur Grimmschen Märchensammlung viel Derbes und Schwankhaftes. Insbesondere in Spanien ist die volkstümliche Schwankerzählung mit einer Hauptströmung der spanischen Literatur verwandt: dem Schelmenroman (auch pikarischer Roman genannt). Diese Romanform wurde im 16. und 17. Jahrhundert weit über die Grenzen Spaniens bekannt und hat seitdem die europäische Literatur beeinflußt (Gaertner 1984, S.118).

Auffallend zahlreich sind in Spanien die religiösen Erzählungen und Heiligengeschichten. Eine mehr volkstümliche Tradition der Heiligengeschichten waren die sogenannten „aleluyas" – so *Bravo-Villasante.* Ursprünglich waren dies einfach Bildchen mit religiösen Motiven, auf denen das Wort „aleluya" stand. Am Karsamstag wurden diese Bildchen vom Priester an das Volk verteilt. Daraus entwickelten sich bald ganze Bildgeschichten – vom Leben der Hl. Theresa, vom Hl. Isidor usw. Andere, auch profane Themen kamen hinzu: vom Leben des tüchtigen Mannes, des faulen Mannes usw. Diese Bildgeschichten erreichten im 19. Jahrhundert einen Höhepunkt mit einer für damalige Zeiten massenhaften Verbreitung und Popularität (*C. Bravo-Villasante* 1983).

Eine religiöse Kindergeschichte der neueren Zeit, die auch außerhalb Spaniens sehr bekannt wurde, ist *Marcelino Pan y Vino* (dt.: Marcelino. Die Legende vom kleinen glücklichen Leben und schönen Sterben des Marcelino, Pan y Vino). Der Autor, José Maria *Sanchez Silva,* will, daß diese Geschichte Kindern vorgelesen und erzählt wird und nicht von Kindern selbst gelesen wird. Sie handelt von einem kleinen Jungen, der im Kloster aufwächst und der ganz selbstverständlich mit dem gekreuzigten Christus spricht und seine Mahlzeiten mit ihm teilt. Das Buch wurde in viele Sprachen übersetzt und auch erfolgreich verfilmt. *Sanchez Silva* erhielt zusammen mit James *Krüss* im Jahr 1968 eine der höchsten Auszeichnungen für Kinderliteratur, den Andersen-Preis.

Eine andere bei Kindern sehr bekannte Figur in Spanien ist Pinocho. Diese von *Bartoluzzi,* nach dem italienischen Vorbild „Pinocchio" geschaffene Figur, hat durchaus auch viele eigenständige spanische Merkmale. Oft erinnern Pinocho und sein ständiger Begleiter Chapete an Don Quichote und Sancho Pansa. Es erschienen über 40 Geschichten: Pinocho in China, Pinocho auf dem Mond, Pinocho als Kaiser und so fort.

Der Verlag La Galera (Barcelona) gibt seit einigen Jahren fortlaufend die bekanntesten spanischen und europäischen Märchen und Fabeln als Bilderbuchserie mit kurzen Texten heraus (Serie *Cuentos Populares*).

Die moderne spanische Kinderliteratur bietet eine solche Vielfalt von Themen und Erzählformen, daß sich kaum bestimmte Entwicklungstendenzen verallgemeinern lassen. Auffallend ist dabei der breite Raum, der von der Poesie eingenommen wird – sei es in Form von Kinderreimen, Kinderlyrik oder poetischen Erzählungen. Hinzu kommt ein besonders feinsinniger Humor – der häufig von skurrilen Elementen durchsetzt ist.

Wir haben für dieses Buch eine traditionelle Geschichte – ein Volksmärchen aus Galizien – und zwei moderne Erzählungen von bekannten Kinderbuchautoren ausgewählt: eine humoristische Geschichte von einem Löwenbändiger, der für seine große Familie mit Tigern und Löwen eine Wohnung sucht, und eine poetische Phantasiegeschichte vom Schicksal eines Migrantenjungen.

Spricht man von Spanien, so muß man bedenken, daß innerhalb Spaniens vier verschiedene Sprachen gesprochen werden: Kastilisch, Galizisch, Katalanisch, Baskisch. In den letzten Jahren hat insbesondere die Kinderbuchproduktion in katalanischer Sprache einen Aufschwung erlebt. Einige Bücher erscheinen inzwischen in verschiedenen Sprachen. Da wir nur einen originalsprachigen Text abdrucken konnten, haben wir uns für die dominante Sprache – Kastilisch – entschieden.

1. Der wunderbare Dudelsack (Spanien)

Es war einmal ein Mann, der hatte drei Söhne. Die zwei älteren Söhne waren schlau und spotteten stets über den Jüngsten, Pedro, er sei dumm und töricht.

Als Pedro herangewachsen war, besorgte ihm der Vater eine Anstellung als Hirte.

Eines Tages, als Pedro mit seinen Schafen auf der Weide war, kam ein altes Weiblein auf ihn zu und sprach:

„Ist dir nicht langweilig, mein Junge, so ganz allein mit den Schafen auf der Weide?“

„Gewiß“, erwiderte Pedro, „aber sobald mein Herr mir den Lohn ausgezahlt hat, kaufe ich mir einen Dudelsack. Und wenn ich dann auf dem Dudelsack spielen kann, wird die Zeit im Nu vergehen.“ Die Alte meinte: „Ich sehe, du bist ein guter Junge. Ich werde dir einen Dudelsack schenken, aber dies ist ein ganz besonderer Dudelsack. Immer wenn du darauf spielst, werden ringsherum alle tanzen. Nimm ihn und bewahre ihn gut auf.“ Und schon war die Alte wieder verschwunden, und Pedro blieb voller Staunen allein zurück.

Als er aus seiner Verwunderung herauskam, nahm er den Dudelsack und begann darauf zu spielen. Und sogleich begannen alle Schafe nach der Musik zu tanzen. Als er aufhörte zu spielen, legten sich die Schafe nieder und ruhten sich aus.

Er erzählte keiner Menschenseele etwas von seinem Dudelsack. Jeden Morgen und jeden Nachmittag ließ er die Schafe einmal tanzen. Nach dem Tanzen hatten die Schafe großen Appetit und fraßen sehr viel. Dann ruhten sie sich aus. Und so wurden sie immer dicker und kräftiger und schöner. Als die anderen Schäfer das bemerkten, wurden sie eifersüchtig. „Wieso werden Pedros Schafe von Tag zu Tag schöner und kräftiger?“, sprachen sie untereinander und beschlossen, der Sache auf den Grund zu gehen. Sie versteckten sich hinter einem Busch, um Pedro auf der Weide zu beobachten. Da sahen sie voller Staunen, wie die Schafe tanzten.

Sie gingen und erzählten ihrem Herrn, was sie gesehen hatten. Der Gutsherr wollte ihnen nicht glauben und ließ Pedro zu sich rufen. „Pedro, man sagt, du läßt die Schafe tanzen. Ist das wahr?“ fragte er ihn. Pedro antwortete: „Jawohl, mein Herr, sie tanzen, wenn ich auf meinem Dudelsack spiele. Nach dem Tanzen fressen sie mit großem Appetit und ruhen sich dann aus. Und so werden die Schafe immer schöner und kräftiger.“

Der Gutsherr meinte: „Ich würde das gerne einmal mit meinen eigenen Augen sehen. Wäre es dir möglich, die Schafe auch in meiner Gegenwart tanzen zu lassen?“

„Aber natürlich, mein Herr“, erwiderte Pedro und begann sogleich auf seinem Dudelsack zu spielen. Alle Schafe und Lämmer fingen an zu tanzen und der Gutsherr lachte und lachte und schließlich konnte er nicht mehr an sich halten und er mußte tanzen. Er tanzte und tanzte, bis der Dudelsack wieder still war. Dann legten sich der Herr, die Schafe und die Lämmer gemeinsam hin, müde und abgespannt. Als der Gutsherr nach Hause kam, erzählte er seiner Frau, was vorgefallen war. Sie wollte ihm die Geschichte nicht glauben. „Ich spreche die Wahrheit“, versicherte der Mann, „geh hin und überzeuge dich selbst.“

Am anderen Morgen machte sich die Frau des Gutsherrn auf den Weg zur Weide. Dort angekommen, bat sie Pedro, er möge doch auf dem Dudelsack spielen; und das tat er auch. Da begannen alle Schafe und Lämmer zu tanzen. Die gute Frau wollte um keinen Preis tanzen, aber in ihren Beinen kribbelte es und zappelte es, bis auch sie anfing zu hüpfen und zu tanzen. Als Pedro sah, daß sie müde wurde, hörte er auf zu spielen und sogleich legte sich die Herrin mit den Schafen hin, erschöpft und müde.

„He, du Bursche, du hast mich zum Narren gehalten“ murrte die Frau verärgert.

„Meine Dame, Sie selbst haben mir befohlen zu spielen“ antwortete Pedro erstaunt.

Als die Frau nach Hause kam, fragte sie ihr Mann:

„Nun, konntest du dich jetzt selbst überzeugen?“

„O ja! Die Schafe haben getanzt und ich habe mit ihnen getanzt. Ich kann es aber nicht dulden, daß ein Hirtenjunge mich zum Narren hält. Du wirst ihn sofort entlassen!“

Schweren Herzens suchte der Gutsherr noch in derselben Nacht den Hirtenjungen auf, zahlte ihm seinen Lohn aus und verabschiedete ihn.

Pedro ging voll Kummer und Sorgen nach Hause. Er teilte seinen Eltern und seinen Geschwistern mit, daß er entlassen worden war, sagte ihnen aber nicht den Grund, denn er wollte das Geheimnis des Dudelsacks für sich behalten. Und wiederum spotteten seine Brüder, er sei doch ein Taugenichts und ein Dummkopf.

Eines Tages machte sich der älteste Sohn auf den Weg, um einen Korb voller Äpfel zu verkaufen. Da kam ihm ein altes Weiblein entgegen und fragte ihn:

„Was trägst du in deinem Korb, mein Junge?“

„Ratten“ antwortete er.

„So mögen es Ratten sein“ sprach die Alte und ging des Weges.

Nach einiger Zeit kam der älteste Sohn an ein Haus und bot dort seine Äpfel an. Als er aber den Deckel öffnete, sprangen viele Ratten aus dem Korb, Ratten und noch mehr Ratten, die in alle Ecken des Hauses flüchteten. Da mußte der arme Junge schnell flüchten, denn die Leute wollten ihm eine Tracht Prügel verpassen.

Am anderen Morgen machte sich der zweite Sohn auf den Weg, um Äpfel zu verkaufen. Da kam ihm ein altes Weiblein entgegen und fragte ihn: „Was trägst du in deinem Korb, mein Sohn?“

„Vögel“ antwortete er.

„So mögen es Vögel sein“ sprach die Alte und ging des Weges.

Als der zweite Sohn an die nächstgelegene Haustür kam und den Deckel des Korbes hob, flogen viele Vögel in alle Himmelsrichtungen. Die Hausbewohner dachten, es sei ein Scherz und lachten und lachten. Der zweite Sohn aber kehrte beschämt nach Hause, ohne einen Apfel und ohne einen Pfennig.

Am anderen Morgen bat der jüngste Sohn den Vater:

„Vater, laß mich Äpfel verkaufen gehen!“ Seine Brüder lachten ihn aus und beschimpften ihn und erklärten dem Vater, es habe doch keinen Wert, einen Taugenichts loszuschicken. Doch der Vater ließ den jüngsten Sohn gewähren und schickte ihn mit einem Korb voller Äpfel los.

Pedro machte sich auf den Weg und wenige Schritte von seinem Haus entfernt kam ihm ein altes Weiblein entgegen.

„Was trägst du in deinem Korb, mein Sohn?“ fragte sie.

„Äpfel, wunderschöne Äpfel, nehmt doch einen und kostet davon!“

„Ich danke dir, mein Kind. Nun geh und verkaufe deine Äpfel und halte dich auf dem Weg nicht mehr auf.“

Als der jüngste Sohn zum nächstgelegenen Haus kam und den Korb aufmachte, um seine Äpfel zu verkaufen, traute er seinen Augen nicht. Im Korb lagen die schönsten Äpfel, die er je gesehen hatte, und die Leute kauften ihm gleich die Hälfte aller Äpfel ab. Dann ging er zum nächsten Haus und bot dort seine Äpfel an. Als er den Korb öffnete, war der über- und übervoll mit Äpfeln. So ging er von Haus zu Haus und immer wieder füllte sich der Korb. So verkaufte er Hunderte und Hunderte von Äpfeln und sein Geldbeutel und alle Taschen füllten sich mit Geld bis er nicht mehr wußte, wohin mit dem Geld. Er ging nach Hause und als die zwei älteren Brüder den Korb voller Äpfel sahen, spotteten sie, er sei doch zu nichts nutze, nicht einmal Äpfel könne er verkaufen.

Da nahm Pedro den Dudelsack und begann darauf zu spielen. Die beiden Brüder wußten nicht, wie ihnen geschah und sie begannen zu tanzen. Sie tanzten und tanzten, bis sie erschöpft zu Boden fielen. Plötzlich tauchte in ihrer Mitte das alte Weiblein auf und sprach vor der ganzen Familie zu Pedro, dem Jüngsten:

„Gib mir den Dudelsack zurück, denn du wirst ihn von heute an nie wieder brauchen.“

Und von jenem Tag an lebten sie alle glücklich und zufrieden ... und aßen Fasanen.

Volksmärchen
Aus dem Spanischen übersetzt von Michaela Ulich

Originaltext: La gaita maravillosa (Der wunderbare Dudelsack, Spanien)

Había una vez un padre que tenía tres hijos. Muy listos los dos mayores siempre se burlaban de Pedro, el pequeño, al que tenían por tonto. Cuando el muchacho tuvo edad conveniente su padre le colocó de pastor.

Estaba un día apacentando el ganado, cuando se llegó a él una anciana.

"¿No te aburre pasar todo el día sólo en el prado con tus ovejas?" le preguntó.

"Si", respondió el muchacho, "pero en cuanto el amo me pague, pienso comprarme una gaita, y tocándola pasaré mejor el tiempo."

La anciana estuvo un momento callada; luego prosiguió: "Veo que eres un buen chico. Voy a regalarte una gaita, pero una gaita especial. Al tocarla, todos los que la oigan se pondrán a bailar. Toma. Aquí la tienes. Espero que sabrás usarla." La anciana se marchó.

Cuando el muchacho salió de su asombro, tomó la gaita y sopló. Inmediatamente todas las ovejas empezaron a bailar. Cuando dejó de tocarla, las ovejas, cansadas, se tumbaron en el prado para descansar. A nadie contó lo ocurrido, pero cada día, a media mañana y a media tarde, hacía bailar a las ovejas y luego las dejaba descansar. El movimiento les abría el apetito y comían mucho. Como luego reposaban, se pusieron muy gordas y hermosas. Envidiosos los otros pastores fueron a escondidas a ver cómo pacían las ovejas de Pedro, que estaban cada dia más lustrosas. Grande fué su maravilla al ver que al son de la gaita todas las ovejas estaban bailando. Fueron a contárselo al dueño de Pedro y no quería creérselo. Tanto insistieron que decidió ir a verlo.

"Me han dicho que haces bailar las ovejas ... ¿Es verdad?", le preguntó.

"Si, señor", respondió Pedro. "Bailan cuando les toco la gaita, luego descansan y comen con más apetito. Por eso se ponen tan gordas y hermosas."

"Me gustaría verlo. ¿Las podrías hacer bailar delante de mí?"

"Ahora mismo", respondió Pedro.

Empezó a tocar la gaita y al instante ovejas y corderillos se levantaron y se pusieron a bailar. El amo al verlos no pudo contener la risa. Y le entraron unas ganas locas de bailar. No tuvo más remedio que hacerlo y no paró hasta que la gaita dejó de sonar. Entonces al amo, las ovejas y los corderos se tendieron juntos, rendidos por el cansancio.

Aquella tarde, al llegar el amo a su casa contó a su, mujer lo que había sucedido. No quería creer a su marido. "Pues es verdad", dijo éste. "Ve mañana a verlo y te convencerás." Al día siguiente, se dirigió el ama al prado, donde Pedro apacentaba las ovejas. A petición de ella, el pastorcillo hizo sonar la gaita y ovejas y corderillos se alzaron y se pusieron a danzar. La pobre mujer sentía un cosquilleo en las piernas y aunque se resistía a moverlas, acabó dando saltos y cabriolas. Cuando Pedro la vió fatigada, dejó de tocar y tanto el ama como el ganado se echaron en el prado rendidos. "Te has burlado de mí, muchacho", dijo la mujer muy enfadada.

"Usted me lo mandó, señora", respondió asombrado el pastor.

Cuando el ama llegó a casa, le preguntó su marido: "¿Te has convencido?"

El ama contestó furiosa: "¡Si! Han bailado las ovejas y he bailado yo con ellas. Pero no puedo consentír que el pastor se haya burlado de mi de este modo. Despídelo."

El amo, disgustado y sintiéndolo mucho, aquella misma noche, pagó al pastor lo que le debía de su trabajo y le despidió.

Pedro regresó a su casa triste y preocupado. Dijo a sus padres y a sus hermanos que había sido despedido, pero no les contó la causa. No quería revelarles el secreto de la flauta. Una vez más sus hermanos se rieron de él y le decían que no servía para nada.

Un día, el hermano mayor fué a vender un cesto de manzanas. Cerca de su casa encontró una viejecita que le preguntó: "¿Qué llevas en el cesto, muchacho?"

"Ratas", le respondió.

"Ratas serán", repuso la vieja.

Y cuando el muchacho entró en una casa a ofrecerles las manzanas, abrió la cesta y ... empezaron a salír ratas y más ratas, que se metieron por todas las habitaciones. El pobre muchacho, corrido y amenazado, tuvo que escapar de estampia. Quería darle una gran paliza.

Al día siguiente, el segundo hermano fué a vender otro cesto de manzanas. Cerca de su casa le salió al encuentro la misma viejecita!

"¿Qué llevas en el cesto, muchacho?"

"Pájaros", le respondió.

"Pájaros serán", repuso la anciana.

Y al ofrecer manzanas en una casa, en abriendo la cesta, empezaron a volar pájaros en todas direcciones. Creyendo que se trataba de una broma, los habitantes de la casa no hacían más que reír. Avergonzado el muchacho regresó a su casa sin manzanas y sin dinero.

Al día siguiente, el pequeño dijo: "Padre, me gustaría ir a vender manzanas. ¡Déjame ir!"

Los otros hermanos empezaron a gritar: "No le dejes, padre ... ¿No ves que no sirve para nada?"

Pero el padre le dejó salír con la cesta llena de manzanas. A pocos pasos de su casa, Pedro encontró a la viejecita.

"¿Qué llevas en ese cesto, muchacho?"

"Manzanas, y muy hermosas. Tome una y pruébela ..."

"Muchas gracias, hijo. Ve a venderlas y no te detengas por el camino."

Llegó a una casa y preguntó si querían comprar manzanas. Abrió el cesto para enseñarlas y ... ¡oh sorpresa! Eran las manzanas más hermosas que jamás se habían visto. Le compraron media cesta. Llegó a otra casa. Ofreció manzanas y, al abrir el cesto, vió que volvía a estar completamente lleno. Le compraron medio cesto más. Pedro siguió ofreciendo manzanas y cada vez que entraba en una casa y abría la cesta, la encontraba llena. Así fué vendiendo manzanas y manzanas. Llenó de dinero la bolsa y sus bolsillos y tuvo que regresar a casa por no saber ya donde meter tantas monedas. Asi que sus hermanos le vieron llegar le abrieron la cesta. Al verla llena, empezaron de nuevo con sus burlas, diciéndole que no servía para nada.

Pedro sacó la gaita y empezó a tocar. Los muchachos, sin saber como, comenzaron a danzar, hasta que, agotados, se cayeron por los suelos. En esto, se presentó la anciana y en presencia del padre y los hermanos dijo a Pedro: "Devuélveme la gaita, muchacho, ya no la necesitarás nunca más."

Y desde aquél día, vivieron felices ... y comieron perdices.

Popular gallego

Ab 4 Jahren

Themen/Stichworte:
- *Großherzigkeit/Neid*
- *Zauber der Musik/Tanzen*
- *Gedeihen durch harmonisches Leben*

Praktische Anregung

Spanisches Volkslied zum Singen und Tanzen

Tengo, tengo, tengo

Inhalt des Liedes:

Tengo, tengo,tengo,
tú no tienes nada,
tengo tres ovejas
en una cabaña.

Ich hab', ich hab', ich hab' was
Und du hast nichts.
Ich habe drei Schafe
In einer Schäferhütte.

Una me da leche,
otra me da lana,
y otra me mantiene
toda la semana.

Ein Schaf gibt mir Milch
Ein anderes gibt mir Wolle
Und das andere hilft mir
Die ganze Woche lang.

2. Jujo, der Junge, der nicht weinen konnte (Spanien)

Eines Tages wollten Jujos Eltern in ein fernes Land am anderen Ufer des Meeres fahren.

Als der Tag kam, an dem Jujo und seine Eltern an Bord des Schiffes gingen, das sie über das Meer tragen sollte, war Jujo sehr, sehr traurig. Er ließ Verwandte und Freunde zurück, und er wußte nicht, wie lange er sie nicht sehen würde, ja, ob er sie überhaupt jemals wiedersehen würde.

Als das Schiff ins offene Meer hinausfuhr, sah Jujo, wie das Land, in dem alle seine Freunde und Verwandte wohnten, am Horizont immer kleiner und schmaler wurde und zwei dicke Tränen rollten langsam über seine Wangen.

Da sah der Seewind den Jungen, der so jämmerlich weinte und hatte Mitleid mit ihm. Er wehte um's Schiff herum, blies Jujo die Tränen vom Gesicht und verwandelte sie in zwei kleine Glaskugeln.

Nach einigen Tagen erreichten Jujo und seine Eltern das neue Land. Am Anfang konnte er sich gar nicht an die neue Heimat gewöhnen, und er wollte weinen. Aber er konnte es nicht. Seit der Seewind ihm die Tränen weggenommen hatte, konnte Jujo nicht mehr weinen. Nicht, wenn er traurig war, nicht wenn er Heimweh hatte, und auch nicht, wenn er große Schmerzen hatte. Es kamen einfach keine Tränen mehr aus seinen Augen.

Die Zeit verging, und allmählich begann Jujo sich an seine neue Heimat zu gewöhnen, ja es gefiel ihm sogar sehr gut dort. Er hatte jetzt viele neue Freunde und jeden Tag lernte er etwas Neues. Und wie alle anderen Kinder war er manchmal lustig und manchmal traurig – aber er weinte nie, er konnte nicht weinen.

Seine Eltern wunderten sich darüber und begannen, sich Sorgen zu machen. Sie gingen mit ihm von Arzt zu Arzt, um sich Rat zu holen, aber alle gaben ihnen die gleiche Antwort: „Der Junge ist kerngesund, er hat keine Krankheit. Das einzige, was ihm fehlt, ist, daß er nicht weinen kann.“ Niemand, nicht einmal Jujo selbst, konnte sich das erklären. Es war und blieb ein Rätsel.

Nachdem drei Jahre vergangen waren, beschlossen Jujos Eltern, in ihre Heimat zurückzukehren.

Eines Tages war es soweit. Die Familie ging an Bord eines Schiffes, und das Schiff fuhr ins offene Meer hinaus. Und wieder mußte Jujo sehen, wie das Land, in dem seine Freunde wohnten, am Horizont immer kleiner wurde, und er wurde sehr traurig, aber er weinte nicht. Da sah der Seewind den traurigen Jungen und erbarmte sich. Er ging zu ihm hin und gab ihm seine Tränen zurück, die Tränen, die er Jujo vor langer Zeit weggenommen hatte.

Nach all den Jahren waren aus den zwei kleinen Glaskugeln zwei riesige Glaskugeln geworden. In diesen Kugeln waren all die Tränen aufgehoben, die Jujo in den letzten drei Jahren nicht hatte weinen können. Die Kugeln waren so riesengroß, daß Jujo sie nicht halten konnte. Er ließ sie fallen, und sie zersprangen am Boden.

In diesem Augenblick waren Jujos Füße von Tausenden und Abertausenden von Tränen bedeckt, die wie Diamanten in der Sonne glänzten. Und zwischen den Tränen waren Tausende von Schmetterlingen in wunderschönen Farben. Jeder Schmetterling nahm sich eine Träne und flog damit fort. Einige Schmetterlinge flogen in das Land zurück, das Jujo gerade verlassen hatte, um seine alten Freunde zu grüßen. Die anderen Schmetterlinge flogen in Jujos alte Heimat, in das Land, in dem er geboren war. Sie kündeten den Verwandten und Freunden an, daß Jujo nun bald zurückkehren würde.

Von jenem Tag an konnte Jujo wieder weinen. Wenn er traurig ist, weint er, wenn er sich freut, lacht er – wie alle anderen Kinder auf der Welt.

Joles Sennell
Aus dem Spanischen übertragen von Hildegard Rudolph und Michaela Ulich

Ab 6 Jahren

Themen/Stichworte:
- *Auswandern, Freunde verlieren*
- *Weinen gehört zum Menschsein*
- *Zeitgenössisches, realistisches Problem als poetische Phantasiegeschichte*

3. Der Löwenbändiger und der Zauberer Zitronenquetscher (Spanien)

Ich weiß nicht; ich bin mir nicht ganz sicher, ob es einhundertzwei oder einhundertdrei Raubtiere waren, die der Tierbändiger Victonorio in seinem Leben schon gezähmt hatte. Dabei hatte er ein ganz weiches Herz. So hatte er noch niemals daran gedacht, Flöhe, Hunde, Kaninchen oder ähnliche Tiere zu dressieren, denn er schämte sich, wie er es ausdrückte, kleine Tiere „auszunützen". „Mit Tieren, die kleiner sind als ich, beginne ich keinen Streit", sagte er immer, „aber mit allen anderen, vor allem mit Löwen." Es war seine Schwäche, Löwen zu bändigen, aber er zähmte auch Tiger, Panther und Krokodile.

Er hatte vor keinem Raubtier Angst, wirklich vor keinem, und die Raubtiere hatten keine Angst vor ihm. Denn er bändigte sie im Guten: Er gab ihnen gutes Essen, manchmal sogar Süßigkeiten. Er pflegte sie, wenn sie verletzt oder krank waren, und die Raubtiere taten alles, was Victonorio wollte. Wohin sollten sie auch gehen? Nirgends hatten sie es besser als bei ihrem Herrn. So sagten die Raubtiere immer wieder zu ihm: „Hab' keine Angst, Victonorio. Auch wenn du siehst, daß wir im Zirkus sehr wütend werden und sogar am Käfiggitter hinaufklettern, achte nicht darauf: Wir tun das nur, um die Leute zu erschrecken. Aber du brauchst keine Angst zu haben, denn dir werden wir nichts tun."

Und so war es. Im Zirkus rissen alle Raubtiere ihr Maul weit auf und brüllten: „Ahuuuh!", aber weiter geschah nichts. Bis Victonorio selbst in der Arena erschien – in Uniform, in einer roten Jacke mit einem Pelzkragen und vielen goldenen Borten, mit hohen Reitstiefeln und einem spitzen, nach oben gebogenen Schnurrbart.

Später, im engsten Freundeskreis, trug er Leinenschuhe, eine Leinenhose und einen Hauskittel, und sein Schnurrbart war nicht gezwirbelt, sondern hing einfach nach unten. Und er setzte sich mit den Tieren zusammen, wie mit einer Familie.

Das Schlimmste aber war, daß der Arme dabei nur ein paar Pfennige verdiente. Und es war so teuer, die Familie zu unterhalten! (Die Familie waren die Raubtiere.) Der arme Victonorio gab ihnen so viele gute Sachen, daß ihm niemals auch nur zehn Groschen übrigblieben.

Eines Tages warf ihn sein Hauswirt aus dem Haus, weil er seit zwei oder drei Monaten keine Miete mehr gezahlt hatte. Außerdem wollte der Hausherr mit dem Zimmer mehr Geld verdienen.

Der arme Victonorio mußte nun eine neue Wohnung suchen. Und nach langem Suchen fand er endlich eine, die für ihn richtig war. Victonorio wußte aber nicht, daß das Haus dem Zauberer Zitronenquetscher gehörte, einem sehr schlechten und sehr bösen Zauberer. Als dieser den gutmütigen Victonorio sah, kannte er kein Erbarmen.

„Wenn Sie eine Frau haben, vermiete ich Ihnen die Wohnung nicht."

„Nein, mein Herr", antwortete Victonorio, „ich habe keine Frau."

„Wenn Sie Hunde haben, vermiete ich Ihnen die Wohnung nicht."

„Nein, mein Herr, ich habe keine Hunde."

„Wenn Sie eine Katze haben – ich mag gar nicht daran denken –, vermiete ich Ihnen die Wohnung nicht."

„Nein, mein Herr, ich habe keine Katze."

„Wenn Sie Vögel haben, vermiete ich Ihnen die Wohnung nicht."

„Nein, mein Herr, ich habe keine Vögel."

„Wenn Sie mir nicht auf der Stelle für vier Monate die Miete zahlen, vermiete ich Ihnen die Wohnung nicht."

Das war unmöglich! Woher sollte er so viel Geld nehmen! Er flehte, er weinte, er fiel vor dem Hauswirt auf die Knie. Aber den grausamen Zitronenquetscher kümmerte das nicht im geringsten. Victonorio ging verzweifelt fort.

Ihm blieb nichts anderes übrig, als ein paar Löwen zu verpfänden. „Ihr müßt hierbleiben", sagte er zu ihnen, als er sie im Pfandhaus abgab. „Ihr müßt solange hierbleiben, bis ich genug Geld habe und euch wieder abholen kann."

Die armen Tiere gehorchten und verhielten sich ganz still. Der berühmte Tierbändiger aber schämte sich so sehr, daß er ganz verlegen war. „So viele Raubtiere habe ich schon gebändigt, und mit dieser Bestie von Zauberer soll ich nicht fertig werden? Das darf nicht sein. Wie soll ich nun vor meine Tiere treten? Das darf ich nicht zulassen."

Und nachdem er eine Weile nachgedacht hatte, hatte er eine großartige Idee. „Ich hab's, ich hab's", rief Victonorio verrückt vor Freude. Ja, das war's. Nicht Victonorio, sondern der Zauberer Zitronenquetscher sollte bezahlen.

Victonorio ging also zum Zauberer, gab ihm die Monatsmieten, die er im voraus verlangt hatte, und noch mehr, so viel er wollte. „Aber natürlich, aber natürlich, aber natürlich", antwortete der Tierbändiger dem Zauberer auf jede Bedingung, die der grausame Alte dem armen Victonorio stellte. Schließlich unterschrieben sie den Vertrag, und Victonorio ging fort und – na, was machte er wohl? – kam mit den Raubtieren zurück.

Der Panther stieg aufs Dach. Der Tiger sprang die Treppenstufen hinauf. Das Treppengeländer diente drei kleinen Schimpansen als Rutschbahn. Und vor dem Eingang zur Pförtnerloge hatte es sich der Löwe in aller Ruhe gemütlich gemacht. Dem Pförtner standen die Haare zu Berge. Er lief eiligst davon und kletterte wie ein Verrückter die Fassade eines Turms hinauf.

Ich brauche euch wohl nicht zu sagen, daß der Zauberer Zitronenquetscher ganz starr vor Schreck war, als er sein Haus betrat. In der Vorhalle saß Victonorio zurückgelehnt und mit übereinander geschlagenen Beinen in einem Sessel und trällerte ein Liedchen.

„Ja, was ist denn hier los?", fragte der Zauberer.

„Nun, was soll schon los sein? Das ist meine Familie."

„Warum haben Sie mir denn nichts davon gesagt, daß Sie so eine Familie haben?"

„Haben Sie mich denn danach gefragt? Sie haben mich nach einer Frau gefragt, nach einem Hund, nach einer Katze, nach Vögeln, nach allem möglichen, aber nicht nach meinen Tieren."

„Wer hätte denn auch an sowas denken können? So eine Schande! Verlassen Sie sofort mein Haus!", schrie der Zauberer wütend.

„Ihr Haus? Jetzt ist es meines. Ich habe einen Vertrag unterschrieben. Und außerdem, wenn Sie mich anschreien, klatsche ich in die Hände und ..."

Ham! Als der Löwe das Klatschen hörte, ging er auf den Zauberer los, biß ein riesiges Stück aus seinem Gehrock und legte sich dann wieder ruhig hin.

Der Zauberer war außer sich vor Angst; die Worte blieben ihm im Hals stecken, und er wäre beinahe erstickt. Schnell lief er auf die Straße. Und was meint ihr, was geschah? Niemand wollte ihm zuhören und niemand wollte ihm helfen, Victonorio aus seinem Haus zu vertreiben.

Der Richter meinte, daß der Tierbändiger laut Vertrag das Recht habe, alle Arten von Tieren in das Haus mitzunehmen, ausgenommen Katzen, Vögel und Hunde.

Und da der böse Zauberer keine Freunde hatte, die ihr Leben für ihn aufs Spiel setzen wollten, und da die anderen Hausbewohner aus dem Haus liefen, blieb dem Zauberer Zitronenquetscher nichts anderes übrig, als Victonorio zwei Millionen, drei Millionen, ja, sechs Millionen zu bieten, damit er verschwinden würde.

Und mit diesen sechs Millionen konnten Victonorio und seine Löwen noch lange glücklich leben.

Manuel Abril
Aus dem Spanischen übertragen von Hildegard Rudolph

Ab 5 Jahren

Themen/Stichworte:
- *Eine große Familie: wer gehört dazu?*
- *Wohnungssuche*
- *Armut, Abhängigkeit*
- *Sich in der Not zu helfen wissen*
- *Zirkus*

Der Zirkus übt eine besondere Faszination auf Kinder (und Erwachsene) aus. Auch wenn die Zähmung der Tiere und deren Lebensbedingungen im Zirkus mit Recht immer kritischer betrachtet wird, bleibt für den Zirkusliebhaber noch viel Zauberhaftes: die Clowns, die Seiltänzer, die Akrobaten, die Musik, das dramatische Spiel mit Licht und Dunkel, der Prunk der kräftigen Farben und glitzernden Stoffe[1].

In unserer Geschichte geht es um die Ausbeutung eines armen Löwenbändigers durch einen skrupellosen Zauberer. Es geht um Armut und Abhängigkeit – und auch um phantasiereiche Lösungsmöglichkeiten. Auch wenn das Zirkusleben an sich nicht explizit thematisiert wird, werden die Zirkuserfahrungen der Kinder durch diese

1 Zirkus *Roncalli* (1976 von Bernhard Paul und André Heller in Österreich gegründet) ist ein gutes Beispiel dafür, wie die klassische Zirkusidee sich mit Erfolg an einem sich wandelnden öffentlichen Bewußtsein neu orientieren kann bzw. überhaupt erst diesen Wandel in Gang setzen kann. Artistische Höchstleistungen und sensationelle Kunststücke treten zurück zugunsten poetisch-märchenhafter oder satirischer Elemente, wobei aber der Zauber der Zirkuswelt erhalten bleibt.

Geschichte wachgerufen und sie könnte Anlaß sein, sich näher mit diesem Thema zu beschäftigen. Um das „Internationale" am Zirkus – und gerade bei dieser Geschichte insbesondere das „Spanische" – herauszustreichen, schlagen wir in unserem zweiten Praxisbeispiel vor, sowohl fremdsprachige Elemente einzubauen als auch das Herkunftsland (bzw. Geburtsort, Wohnort) der einzelnen Artisten und Tiere aufzugreifen.

Praktische Anregungen

1 *Zirkus spielen*

Beobachtungen von Kindern zeigen, daß sie von sich aus Zirkus spielen, meist angeregt durch eine eben erlebte Aufführung. Wenn der Erzieher oder Lehrer die beobachteten Rollenspiele aufgreift und mit zusätzlichen Impulsen weiterentwickelt, kann das Spiel eine Gestalt annehmen, die auch bei entsprechender Gelegenheit anderen vorgeführt werden kann. Dabei können Eltern um Hilfe bei der Kostümierung und sonstigen Ausstattung gebeten werden.

Figur	Kostümierung/Requisiten	Tätigkeit
Zirkusdirektor	Ausgetragener dunkler *Anzug*, zurechtgeschnitten. Der *Zylinder* kann aus schwarz bemaltem Karton gemacht werden, etwa so:  Für den *Stab* wird ein Holzstab mit „Glitzerstaub" beklebt bzw. mit Silber-/Goldfolie.	Der Zirkusdirektor spricht die Begrüßung an die geladenen Gäste aus und stellt jeden einzelnen Akt vor.
Seiltänzerin	Ein einfaches Trägerhemd, z. B. aus einem glänzenden farbigen Futterstoff, wird mit Sequins bestickt. Für den kurzen Rock kann man 2–3 Schichten von Krepp-Papier (zusammengezogen) nehmen und sie auf ein breites Gummiband heften.  Die Haare werden hochgesteckt oder mit einem (glitzernden) Stirnband gebunden.	Ein Seil wird auf den Boden gelegt und die Seiltänzerin „balanciert" sorgfältig darauf.

Figur	Kostümierung/Requisiten	Tätigkeit
Gewichtheber („starker Mann")	Ein geschminkter Schnurrbart, ein Umhang aus „Leopardenstoff". „Gewichte" können aus zwei Papiermachéformen (rund) gemacht werden, die auf die zwei Enden eines runden Holzstabs befestigt werden. Alles wird silbern oder schwarz gestrichen.	Mit ernstem Gesichtsausdruck, größter „Anstrengung" und dramaturgischem Aufbau (z. B. Begleitung auf Trommel) werden die schweren Gewichte langsam gehoben.
Löwen	Masken sind für kleinere Kinder meist unangenehm – hier eignet sich eine symbolische Mähne besser: gelbes und hellbraunes Krepp-Papier wird entsprechend geschnitten:  von beiden Seiten einschneiden, 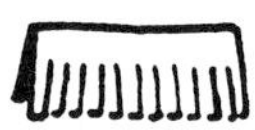 Falten mehrmals wiederholen,  auf Halsband aus Stoff heften, um den Kopf/Hals binden.	Drei Löwen stehen jeweils auf einem kleinen Hocker. Auf entsprechendem Signal vom Dompteur springen (schleichen) sie vom Hocker hinunter und durch den „brennenden" Reifen.
„Feuer"-Reifen	Ein Reifen aus Holz oder Kunststoff (leichter) wird mit roten, orangenen und gelben „Flammen" versehen:  = 1 Flamme  über den Reifen falten  Mit einer Heftklammer fixieren bzw. kleben.	Der Reifen wird ca. 10 cm über den Boden vom Dompteur senkrecht gehalten und die Löwen springen nacheinander durch das „Feuer" durch.

Figur	Kostümierung/Requisiten	Tätigkeit
Löwenbändiger bzw. Dompteur („Victonorio“)	Schwarze Hosen, kurze, rote Jacke (möglichst mit goldenen Knöpfen oder mit goldener Brocade versehen), schwarze Stiefel, eine Peitsche/oder Führungsstab.	
Akrobaten	Turnkleidung	Jeder Akrobat führt ein einfaches Kunststück vor (z. B. Purzelbaum, Radschlagen) und alle zusammen auch ein Gruppenstück (z. B. zwei fassen sich mit gekreuzten Händen an und tragen einen dritten, der auf diesen sitzt bzw. steht durch den Raum).
Clowns	Wichtige Details: – Schminke (rot, weiß, schwarz), – kleiner Hut,  – lose Jacke und Pumphosen in bunten Farben, – große (Krepp-Papier) Blume im Knopfloch, – „verlängerte“ Schuhe, z. B. ein normaler (alter) Schuh wird mit einer Pappsohle beklebt  ausgestopft und das ganze mit einem ausgestopften Strumpf überzogen und z. B. mit roten Bändern fixiert.	Unbegrenzt!

Musikalische Begleitung:

Mussorgskys „Zirkus“ eignet sich besonders gut als Auftakt und Ausklang der Vorstellung. Einzelne Stücke können auch Kinder mit Instrumenten dramaturgisch begleiten, z. B. Höhepunkte mit Trommeln und Tamburinen signalisieren.

2 *Viele Länder, ein Zirkus*

Der Zirkus, wie wir ihn kennen, verbreitete sich erst gegen Ende des 18. Jahrhunderts. Im Mittelalter zogen zwar Jongleure, Akrobaten, Tänzer u. dgl. einzeln und in Gruppen durch Europa, Asien und Afrika, diese Artisten waren aber nicht in einer Zirkusgemeinschaft organisiert. Zirkusfamilien etablierten sich in den verschiedenen Ländern während des 19. Jahrhunderts und – durch die ständigen Reisen durch viele Länder – ergaben sich oft Ehen zwischen den verschiedenen Nationalitäten.

In der Tradition des Zirkus werden sogar bestimmte Künste mit bestimmten Nationalitäten assoziiert. So waren lange Zeit sattellose Reitkünste die Domäne der Engländer, im Trainieren von wilden Tieren waren die Deutschen und Amerikaner Experten, in der Akrobatik die Osteuropäer und im Balancieren und Jonglieren die Asiaten.

Um der vorderseitig beschriebenen Zirkusvorstellung diesen internationalen Pfiff zu geben, könnte der Zirkusdirektor bei der Ankündigung der Artisten (und Tiere) immer auf verschiedene Herkunftsländer aufmerksam machen. Dies müßte natürlich im vorbereitenden Gespräch mit den Kindern erarbeitet werden. Eine andere Alternative in national gemischten Gruppen wäre: Jeder Mitspieler (Clown, Akrobat, Jongleur usw.) kündigt sich selbst in der eigenen Sprache an. Bei unserer Geschichte ist es naheliegend, daß ein spanisches (oder auch deutsches) Kind einige typische Phrasen auf Spanisch ankündigt. Zum Beispiel:

deutsch	*spanisch*
Meine Damen und Herren!	Señoras y señores!
Heute präsentieren wir ...	Hoy presentamos a ...
Der berühmte ...	El famoso ...
Manuel aus Madrid	Manuel de Madrid
Pablo aus Barcelona	Pablo de Barcelona
Juan aus Sevilla	Juan de Sevilla
Die berühmte ...	La famosa ...
Carmen aus Cadiz	Carmen de Cadiz
Lola aus Valencia	Lola de Valencia
Margarita aus Alicante	Margarita de Alicante
Bravo!	Bravo!
Herzlich willkommen ...	Bienvenidos ...
... zum Zirkus	... al circo
Guten Abend	Buenas tardes

3 *Gesprächsvorschläge*

- Warum hat der Zauberer Zitronenquetscher keine Freunde?
- Zirkuskinder: Leben sie anders als wir?
- Was bringt uns im Zirkus zum Lachen?
  Was macht uns traurig?

4 *Bilderbücher über den Zirkus*

Verena Pavoni:
Nicolo und sein großer Wunsch.
Zürich: Pro Juventute 1984.

In zarten Aquarellbildern erzählt dieses Bilderbuch von Nicolo, dem kleinsten Clown im Zirkus, und wie er einen Esel als Freund gewann.

Brian Wildsmith:
Der Zirkus.
Zürich: Atlantis 1970.

Auf 15 Doppelseiten werden einzelne Artisten und Tiere aus dem Zirkusgeschehen vorgestellt. Ein textloses Bilderbuch mit farbprächtigen Illustrationen im bekannten Wildsmith-Stil.

E. Fortis de Hieronymis:
Una sera al circo (Ein Abend im Zirkus)
Varese: La Coccinella 1981.

Ein buntes Bilderbuch aus festem Pappkarton mit verschiedenen Ausschnitten, die die Bilder „verwandeln". Der (wenige) Text ist italienisch; die Bilder sprechen für sich.

Otfried Preussler/Herbert Lentz (Illus.):
Die dumme Augustine
Stuttgart: Thienemann 1972.

Als eines Tages ihr Mann, der Zirkusclown August, zum Zahnarzt muß, läßt die „dumme Augustine" ihr Kochen – Bügeln – Putzen – Kinderhüten beiseite und vertritt ihn in der Manege. August ist von den Talenten seiner Frau sehr beeindruckt und sie beschließen, von diesem Tag an alle Arbeiten zu teilen.

Satomi Ichikawa:
Timm und Tina und der Kinderzirkus
Aus dem Französischen von Franz Martin.
Wien, München: Annette Betz 1981.

Ein Zirkus kommt in das Dorf und die Schulkinder werden eingeladen, zusammen mit den Zirkuskindern zu trainieren. Zum Schluß veranstalten Timm und Tina und ihre Freunde einen eigenen Zirkus. Die Bilder zeigen Kinder aus vielen verschiedenen Ländern und dokumentieren damit das „Internationale" am Zirkus. Sowohl Bilder als auch Inhalt fordern zum Mitmachen und Selberprobieren heraus.

VI. Märchen und Erzählungen aus Portugal

Illustration: Graça Costa Cabral (Lisboa)

0. Portugiesische Märchen und Erzählungen: Eine Einführung

Eine Märchentradition im Sinne der Grimmschen Märchen gibt es in Portugal nicht. Das Märchen im engeren Sinne (als Wunder- und Zaubermärchen) wird meist mit dem Begriff Feengeschichte (conto de fada) übersetzt, während die volkstümliche mündliche Erzähltradition einfach „conto popular“ (volkstümliche Erzählung) heißt. Diese umfaßt Märchen im engeren Sinne sowie Fabeln, Tiergeschichten, Legenden, Schwänke u. a. mündlich überlieferte Erzählformen.

Im portugiesischen Märchen wird das Wundersame und Zauberhafte meist von realistischen oder auch schwankähnlichen Elementen durchsetzt. Kennzeichnend sind ferner die fließenden Übergänge zwischen Zauberei und traditionell religiösen Motiven. Die gute Fee – so *Mendonça Soares* – erscheint zum Beispiel meist in Gestalt einer armseligen Bettlerin – ohne Glanz und Glitter – und ist mehr eine Heilige (oft sogar Mutter Maria) als Zauberin. In vielen Geschichten sind Mönche, Ortsheilige oder auch der heilige Petrus ganz selbstverständlich Teil einer realistisch gezeichneten alltäglichen Handlung mit Streit, List und Versöhnung. Die von uns ausgewählte Geschichte von der List des Klosterbruders gehört zu den bekanntesten portugiesischen Schwankerzählungen.

Motive, die speziell in der portugiesischen Erzähltradition immer wieder auftauchen, sind: das Meer, Fische, Fischfang, die Seefahrt. Die maurische Vergangenheit zeigt sich insbesondere in den Erzählungen aus Südportugal (Algarve, Alentejo): in der Figur der verzauberten Maurin von betörender Schönheit, die den Helden in den Abgrund (von Brunnen oder Zisternen) lockt oder in Gestalt des Maurenherrschers, eine Verkörperung der schwarzen Magie.

Die erste umfassende Sammlung volkstümlicher Erzählungen aus Portugal gab *Francisco Adolfo Coelho* im Jahr 1879 heraus. Parallel dazu wurden Märchen anderer Völker ins Portugiesische übersetzt – so erschien die erste portugiesische Ausgabe der Grimmschen Märchen 1882. Diese beiden Strömungen – Ausrichtung an der mittel- und nordeuropäischen Literatur und Besinnung auf die eigene Erzähltradition – sind auch heute noch kennzeichnend für das portugiesische Kinder- und Jugendbuch. Dabei gibt es inzwischen längst keine klare Trennungslinie zwischen importierter, übersetzter Erzählung und nationaler (bzw. lokaler) Erzähltradition. Insbesondere Märchen wie „Aschenputtel“, „Schneewittchen“, „Prinzessin auf der Erbse“, „Rotkäppchen“ oder La-Fontaine-Fabeln wie „Der Rabe und der Fuchs“ gehören inzwischen zum mündlich tradierten Erzählgut. Einige Geschichten allerdings tauchen in so viel verschiedenen Varianten auf, daß man annehmen kann, daß sie schon seit längerer Zeit innerhalb Portugals mündlich weitergegeben wurden. Dazu gehört u. a. die hier abgedruckte Geschichte vom kleinen Küken. Wir haben diese Geschichte ausgewählt, weil sie – im Unterschied zu vielen Volkserzählungen – auch für jüngere Kinder ansprechend sein dürfte, während der typische Witz der Schwankerzählung „Die Steinsuppe“ erst für Kinder ab 6/7 Jahren verständlich ist.

1. Das Küken und das Maiskorn (Portugal)

Es war einmal ein kleines Küken, das ging eine große Straße entlang. Da fand es ein Maiskorn und freute sich sehr. In diesem Augenblick kam der König mit seinem Geleit angeritten und das Küken mußte schnell zur Seite hüpfen. Als der König und sein Gefolge vorbeigezogen waren, ging es wieder auf die Straße, um sich das Maiskorn zu holen. Es suchte und suchte – aber vergeblich. Da dachte sich das Küken: „Der König ist schuld. Seinetwegen habe ich mein Maiskorn verloren. Ich werde zum Königspalast gehen und mein Maiskorn vom König zurückfordern.“

Es machte sich auf den Weg zum Palast und wanderte und wanderte. Als es müde war, setzte es sich auf einen Stein.

– Wohin so eilig, kleines Küken? – fragte der Stein.
– Ich gehe zum Königspalast, um mein Maiskorn zurückzufordern.
– Oh! Wenn ich nur mit dir gehen könnte ...
– Du willst mitkommen? Dann komm mit mir in meinem Bauch – sagte das Küken, verschluckte den Stein und zog weiter.

Als es vom vielen Wandern müde war, sah es eine Axt, die am Wegrand lag, da der Förster gerade zum Mittagessen gegangen war. Das kleine Küken setzte sich darauf, um sich ein Weilchen auszuruhen.

Die Axt fragte:
– Wohin so eilig, kleines Küken?
Das Küken antwortete:
– Ich muß zum Königspalast, um mein Maiskorn zu holen.
Die Axt seufzte:
– Oh ... wäre das schön, wenn ich mit dir gehen könnte.
– Du willst mitkommen? Dann komm mit mir in meinem Bauch – antwortete das Küken und verschluckte die Axt.

Das Küken zog weiter, und als es an einen Fluß kam, setzte es sich an das Ufer.

– Wohin so eilig, kleines Küken? – frage der Fluß.
– Ich muß zum Königspalast, mein Maiskorn holen.
– Wie gern würde ich mitkommen – seufzte der Fluß.
– Dann komm mit, in meinem Bauch – sprach das Küken, verschlang den Fluß und machte sich wieder auf den Weg.

Am Königspalast angekommen, rief das Küken vor dem großen Eingangstor

Ki-ke-ri-ki, ki-ke-ri-kiiie
ohne Maiskorn geh ich nie!

Der König hörte den Lärm und schickte seinen Diener aus, um zu erkunden, was draußen los sei. Der Diener kam zurück und berichtete:

– Draußen steht ein kleines Küken. Es fordert ein Maiskorn, das es wegen Euer Majestät verloren habe.
– So ein frecher Kerl! – empörte sich der König – steckt es in den Hühnerstall!

Der Diener ging hinaus und führte den Befehl des Königs aus. Kaum war das Küken im Stall, flüsterte es:
– Liebe Axt, komm heraus und hilf mir.
Die Axt sprang aus dem Schnabel und schlug die Tür des Hühnerstalls entzwei.

Das kleine Küken kehrte zum Eingangstor des Palastes zurück und rief:

Ki-ke-ri-ki, ki-ke-ri-kiiie
ohne Maiskorn geh ich nie!

Der König hörte es und rief verärgert:
- Steckt mir dieses Küken in einen Topf und deckt den Topf gut zu, damit es nicht wieder fort kann.

Der Diener führte den Befehl aus. Sobald das Küken im großen Topf war, rief es:
- Lieber Stein, komm heraus und hilf mir.

Der Stein flog aus dem Schnabel heraus und zertrümmerte den Topf.

Das Küken lief sogleich wieder zum Königspalast und rief:

Ki-ke-ri-ki, ki-ke-ri-kiiie
ohne Maiskorn geh ich nie!

Der König war außer sich vor Zorn und brüllte:
- Heizt den Ofen an und steckt mir dieses Küken hinein!

Der Diener führte den Befehl des Königs so schnell er konnte aus und steckte das Küken in den glühenden Ofen. Aber das kleine Küken rief:
- Mein lieber Fluß, hilf mir geschwind!

Der Fluß strömte heraus, löschte das Feuer im Ofen und das kleine Küken lief zum Königspalast und rief:

Ki-ke-ri-ki, ki-ke-ri-kiiie
ohne Maiskorn geh ich nie!

Schon drohte der Fluß den Palast zu überschwemmen. Da ließ der König das kleine Küken zu sich rufen. Das trug sein Anliegen vor: Eines Tages hatte es auf der Straße ein Maiskorn gefunden; der König war mit seinem Geleit vorbeigezogen und daraufhin war das Maiskorn verschwunden; so möge der König ihm sein Maiskorn zurückgeben.

Der König gabe dem Küken recht und ließ sogleich einen großen Sack voller Maiskörner bringen. Das kleine Küken zog glücklich und zufrieden vondannen.

Volksmärchen
Aus dem Portugiesischen übersetzt von Michaela Ulich

Originaltext: O pintainho e o baguinho de milho (Das Küken und das Maiskorn, Portugal)

Era uma vez um pintainho que andava a passear na estrada. Encontrou um baguinho de milho. Ficou todo contente e ía apanhá-lo, mas nisto passou a carruagem do rei, que vinha de uma caçada, numa grande correria. O pintainho assustou-se e fugiu.

Quando a carruagem já lá ía adiante, o pintainho voltou ao meio da estrada, pelo baguinho de milho. Pôs-se a procurá-lo, a procurá-lo, mas não o encontrou. E vai, pensou assim:

- Foi por causa do rei que eu perdi o meu baguinho de milho. Pois vou ao palácio, pedir-lhe que mo dê.

E pôs-se a caminho. Andou, andou, e a certa altura, muito cansado, sentou-se numa pedra a descansar. E a pedra perguntou-lhe:

– Ó pintainho, onde vais com tanta pressa?
– Vou ao palácio do rei, pedir o meu baguinho de milho.
– Oh! Se me levasses contigo era tão bom!
– Queres vir comigo? Mete-te dentro do meu papinho!

A pedra meteu-se dentro do papo do pintainho e ele continuou o seu caminho.

Chegou lá adiante, estava outra vez cansado, encontrou o machado de um lenhador que tinha ido almoçar, e sentou-se no cabo do machado a descansar. E o machado perguntou:

– Ó pintainho, onde vais com tanta pressa?
– Vou ao palácio do rei, pedir o meu baguinho de milho.
– Oh! Se me levasses contigo era tão bom!
– Queres vir comigo? Mete-te dentro do meu papinho!

O machado meteu-se dentro do papo do pintainho e ele continuou o seu caminho.

Lá mais adiante, estava outra vez muito cansado, sentou-se à beira de um ribeiro, que lhe perguntou:

– Ó pintainho, onde vais com tanta pressa?
– Vou ao palácio do rei, pedir o meu baguinho de milho.
– Oh! Se me levasses contigo era tão bom!
– Queres vir comigo? Mete-te dentro do meu papinho!

O ribeiro meteu-se dentro do papo do pintainho, que continuou o seu c aminho, até que chegou defronte do palácoio do rei. Então pôs-se a cantar:

– Qui-qui-ri-qui, meu baguinho de milho!
– Qui-qui-ri-qui, meu baguinho de milho!

O rei mandou um criado saber o que se passava. O criado foi, voltou e disse:
– Está ali um pintainho, que diz que quer o baguinho de milho que o rei lhe fez perder.
– Ora o atrevido! Mete-o na capoeira!

O criado meteu o pintainho na capoeira, mas ele assim que se viu fechado disse:
– Machado, salta do meu papinho e parte-me esta porta.

O machado partiu a porta e o pintainho voltou para defronte do palácio:

– Qui-qui-ri-qui, meu baguinho de milho!
– Qui-qui-ri-qui, meu baguinho de milho!

O rei, muito zangado, chamou o criado e ordenou:
– Mete-me esse pintainho dentro de um pote, e tapa-o bem tapado, para ele não fugir.
O criado assim fez, e o pintainho quando se viu dentro do pote disse:
– Pedra, salta do meu papinho e parte-me este pote.

A pedra partiu o pote, e o pintainho voltou para defronte do palácio do rei:

– Qui-qui-ri-qui, meu baguinho de milho!
– Qui-qui-ri-qui, meu baguinho de milho!

O rei ainda ficou mais furioso, e gritou para o criado:
– Mete-me esse pinto dentro do forno quando ele estiver bem quente.
O criado assim fez, e o pintainho, quando se viu dentro do forno, disse:
– Ribeirinho, salta do meu papinho e apaga-me este forno.
O ribeiro apagou o forno e o pintainho voltou para defronte do palácio:

– Qui-qui-ri-qui, meu baguinho de milho!
– Qui-qui-ri-qui, meu baguinho de milho!

Então, o rei mandou vir o pintainho à sua presença, e ele contou como tinha perdido o baguinho de milho que achara na estrada, por ter passado a carruagem real. Por isso ali estava a pedir o baguinho de milho.

O rei deu-lhe razão, mandou-lhe entregar um grande saco de milho, e o pintainho foi-se embora muito contente.

Conto popular

Ab 4 Jahren

Themen/Stichworte:
- *Klein und stark sein*
- *Der Kleinste überwindet alle Hindernisse, zielstrebig*

2. Die Steinsuppe (Portugal)

Es war einmal ein Mönch, der ging betteln. Er klopfte an die Tür eines Bauern, aber sie wollten ihm nichts geben. Der Klosterbruder war zum Umfallen hungrig und sagte: „Na, dann will ich sehen, daß ich mir eine Steinsuppe mache.“

Und er hob einen Stein vom Boden auf, putzte die Erde ab und begann ihn zu betrachten, ob er sich für eine Suppe eignete. Der Bauer und seine Leute konnten sich vor Lachen über den Klosterbruder und über seinen Einfall nicht halten. Da sagte der Klosterbruder:

„Wie, habt ihr noch nie Steinsuppe gegessen? Ich sage euch, das ist eine feine Sache.“

Sie antworteten ihm:

„Nun, dann zeigt uns das mal.“

Das ließ sich der Klosterbruder nicht zweimal sagen. Er machte den Stein sauber und sagte:

„Könnt ihr mir wohl einen Topf leihen?“

Man gab ihm einen Topf aus Ton. Er füllte ihn mit Wasser und legte den Stein hinein.

„Wenn ihr mich jetzt den Topfs aufs Feuer stellen ließet ...“

Man ließ ihn den Topf auf das Feuer stellen. Sobald das Wasser zu sieden begann, sagte er:

„Mit ein wenig Schmalz würde die Suppe vorzüglich werden." Man holte ihm etwas Schmalz. Die Suppe kochte und kochte, und die Leute aus dem Hause ließen den Mund offenstehen vor Staunen. Da probierte der Klosterbruder die Suppe und sagte:

„Sie ist ein wenig fade; es fehlt noch eine Prise Salz."

Man gab ihm auch das Salz. Er schmeckte die Suppe ab und sagte:

„Wenn jetzt noch ein paar junge Kohlblätter dazukämen, würden auch die Engel diese Suppe auslöffeln!"

Die Frau des Hauses ging in den Garten und brachte ihm zwei junge zarte Kohlköpfe. Der Klosterbruder säuberte sie, zerpflückte sie zwischen den Fingern und ließ die Blätter in den Topf fallen. Als die Kohlblättchen gar waren, sagte er:

„Also, ein Stückchen Wurst[1] würde der Suppe erst den richtigen Pfiff geben ..."

Man brachte ihm ein Stück Wurst, er warf es in den Topf, und während es kochte, zog er Brot aus seinem Rucksack und machte es sich bequem für ein gemütliches Essen. Die Suppe roch, daß es eine Wonne war. Er nahm den Topf vom Feuer und begann die Suppe zu löffeln. Er aß und aß und leckte sich die Lippen ab. Nachdem er den Topf geleert hatte, blieb der Stein auf dem Boden zurück. Die Leute aus dem Haus fragten ihn erstaunt:

„Sagt uns, Bruder, was ist mit dem Stein?"

Da antwortete der Klosterbruder:

„Diesen Stein, den wasch ich und nehm ihn für das nächste Mal mit."

Und so kam der Mönch auch dort zu einem Essen, wo man ihm nichts geben wollte.

Volksmärchen
Aus dem Portugiesischen übersetzt von Michaela Ulich

Ab 6 Jahren

Themen/Stichworte:
- *Ein armer Mönch überlistet Geizkragen*
- *Was braucht man für eine einfache Suppe?*

1 „Wurst", hier = „chouriço", eine würzige, längliche Wurst, die in Portugal (und Spanien) weit verbreitet ist und hierzulande nur in südeuropäischen Lebensmittelgeschäften zu haben ist.

Praktische Anregungen

1 *Rezept: eine portugiesische Suppe ("Caldo Verde")*

Die Suppe, die sich der Mönch „zusammenbraut", ist einer der bekanntesten portugiesischen Suppen, genannt „Caldo Verde" (Kohlsuppe), sehr ähnlich. Für „Caldo Verde" gibt es, je nach Region, unzählige Rezepte. Dies ist ein Rezept aus der Provinz „Minho":

Zutaten für 4 Personen:
200 g junge grüne Kohlblätter,
1 Zwiebel,
2 Knoblauchzehen,
600 g Kartoffeln,
4 Scheiben „Chouriço" (lange, würzige Knoblauchwurst),
1,5 dl Olivenöl,
Salz,
Maisbrot (als Beilage).

Zubereitung:

Kartoffeln, Zwiebel, Knoblauchzehen schälen, mit Salz und der Hälfte des Olivenöls in 1,5 l Wasser kochen. Inzwischen werden die Kohlblätter in feinste Streifen geschnitten.

Wenn die Kartoffeln gut durch sind, werden sie mitsamt Zwiebel und Knoblauch zu Püree gemacht: entweder mit der Gabel zerdrücken oder durch eine „Flotte Lotte" passieren, oder mit dem elektrischen Mixgerät rühren (am besten schmeckt es mit Flotte Lotte, weil das Püree dann grobkörnig bleibt). Den Topf wieder auf das Feuer stellen, feingeschnittenen Kohl und das übrige Olivenöl hinzufügen. Kochen, bis der Kohl nicht mehr roh schmeckt, abschmecken.

In die Suppenschalen je eine dünne Scheibe „chouriço" legen, die Suppe darübergießen. Dazu wird Maisbrot serviert.

Gesprächsanlässe:
- Was braucht man für eine einfache Suppe?
- Vergleiche die Zutaten der „Steinsuppe" mit den Zutaten der „Caldo Verde".

C. Geschichten, die wandern

I. Rotkäppchen

Illustration: Bernadette

0. Rotkäppchen: Eine Einführung

Fragt man Kinder und Erwachsene nach den ihnen bekannten Märchen, so steht nahezu immer an erster Stelle das Märchen vom Rotkäppchen. Es ist eines der bekanntesten und wohl auch beliebtesten Märchen. Es gibt auch kaum ein Märchen, das so vielen Deutungen und Parodien unterworfen wurde (siehe *Bettelheim* 1977, *Ritz* 1981 und *Zipes* 1982). Selbst in der Tagespresse wurde es gerade in jüngster Zeit immer wieder parodiert und weitergesponnen.

Trotz dieser Vielfalt der Veröffentlichungen ist es der *Grimm*sche Text, der bis heute als *das* Rotkäppchen-Märchen gilt – und nicht die frühere Version von *Perrault* (1697) oder die nachfolgende von *Bechstein* (1853). Auch die Übersetzungen in die verschiedensten Sprachen beziehen sich in der Regel auf den Text, wie er nach der Bearbeitung von Wilhelm *Grimm* 1819 in der ersten Gesamtausgabe der *Grimm*-Märchen veröffentlicht wurde. Das kann, insbesondere anläßlich ihrer 200-Jahr-Feier, als ein Beispiel für die Bedeutung der Brüder (Jacob, geb. 1785, und Wilhelm, geb. 1786) bis in die heutige Zeit genommen werden.

Rotkäppchen zählt nicht nur im deutschsprachigen Raum zu den bekanntesten Märchen, sondern auch in vielen anderen Ländern, u. a. in der Türkei, Jugoslawien, Griechenland, Spanien, Portugal oder Italien. So berichten z. B. Erzieher aus der Türkei und aus Jugoslawien, daß sie Rotkäppchen neben anderen Märchen schon in früher Kindheit erzählt bekamen, und lange Zeit glaubten, es sei ein Märchen aus ihrer Heimat. In diesen Ländern bleiben die Hauptmotive und der Ablauf der Handlung nach der *Grimm*-Fassung meist erhalten, wobei aber kleine Abwandlungen durchaus üblich sind.

Nehmen wir z. B. den Inhalt von Rotkäppchens Körbchen: In der Urfassung des *Grimm*-Märchens (herausgegeben 1812) spricht die Mutter zu Rotkäppchen: „Komm, Rothkäppchen, da hast du ein Stück Kuchen und ein Bouteille mit Wein, die bring' der Großmutter hinaus" (*Panzer,* S. 125). Seit der ersten Gesamtausgabe der *Grimm*-Märchen ist aus der „Bouteille mit Wein" die uns geläufige „Flasche Wein" geworden. In der Türkei ist es jedoch undenkbar, daß einer alten Dame Wein gebracht würde. In einem türkischen Bilderbuch heißt es, daß das Rotkäppchen Eier, Butter und gefülltes Gebäck (çörek) seiner Großmutter bringt. In einer spanischen Version trägt es – „ein Mädchen, so schön wie die Sonne" (siehe *Boada* 1984) Kuchen und einen Krug mit Honig zur kranken Großmutter. In einer griechischen Variante hat die Mutter „duftenden Fladen" (pita) gebacken und legt davon einige Stücke mit Butter in das Körbchen. Diese Gaben erinnern an die Fassung von *Perrault.* Auch bei ihm bringt „Le Chaperon Rouge" Butter (einen kleinen Topf), allerdings mit Fladen oder Kuchen zur Großmutter. In einer englischen Ausgabe trägt das Rotkäppchen („Little Red Riding Hood") Fleisch (baked meat) und Wein zur Großmutter. In italienischen Übersetzungen des *Grimm*-Märchens liegt in Rotkäppchens Körbchen neben der Flasche Wein ein Stück Kuchen (foccacia oder torta). In einer Bearbeitung von *Vincini* (1972) heißt es jedoch, daß das Rotkäppchen Kuchen, Käse und frisches Obst mitbringt.

Fragt man ausländische Erzieher oder Eltern, was ihrer Erinnerung nach das Rotkäppchen zur Großmutter brachte, bekommt man neben Kuchen und Wein weitere „gute Dinge" genannt, wie Plätzchen oder Suppe. Eine türkische Erzieherin meinte, als Getränk kann Rotkäppchen Rosensirup oder Joghurt mitbringen. Zum einen sind Abwandlungen dieser Art wohl dem eigenen Verständnis von einer bekömmlichen Krankenkost zuzuschreiben, zum anderen können sie einen Hinweis auf Sitten und Bräuche des Herkunftslandes geben.

Unverändert bleibt in der Regel der Dialog zwischen Rotkäppchen und dem als Großmutter verkleideten Wolf. Beobachtungen an Kindern und Erinnerungen Erwachsener stimmen darin überein, daß diese Fragen und Antworten als zutiefst beeindruckend erlebt wurden. Zu dem Erzählstil – gerade dieses Absatzes – gibt *Betz* (1977) wichtige Hinweise. Wird das Märchen in einer Gruppe von Kindern aus verschiedenen Ländern vorgestellt, nacherzählt oder nachgespielt, empfinden einige Kinder vielleicht Freude daran, diese dramatische Szene auch in der Sprache ihres Herkunftslandes wiederzugeben.

In den Quellenangaben zu „Rotkäppchen" sind fremdsprachige Rotkäppchen-Ausgaben aus den sechs Herkunftsländern aufgelistet. Abweichungen vom *Grimm*-Text sind kurz erläutert.

In unserer Auswahl stellen wir dem *Grimm*-Märchen eine moderne spanische Version gegenüber: „Rotkäppchen und der letzte Wolf" von *García Sánchez* (1975). In dieser Erzählung ist nicht mehr die Natur, der Wald, der Wolf, sondern der Mensch bedrohlich. Der Wolf ist alt und friedfertig, er ist der letzte seiner Art, den es zu schützen gilt. Als Gegenspieler tritt der Jäger auf. Mit der Prahlsucht seiner Jagd- und Heldentaten langweilt er Rotkäppchen und zerstört die von Rotkäppchen geliebte Natur- und Tierwelt. Diese mehr parodistische Umweltgeschichte ist für ältere Grundschulkinder geeignet.

1. Zwei Rotkäppchen-Märchen

Rotkäppchen (der Grimmsche Text)

Es war einmal eine kleine süße Dirne, die hatte jedermann lieb, der sie nur ansah, am allerliebsten aber ihre Großmutter, die wußte gar nicht, was sie alles dem Kind geben sollte. Einmal schenkte sie ihm ein Käppchen von rotem Sammet, und weil ihm das so wohl stand und es nichts anderes mehr tragen wollte, hieß es nur das Rotkäppchen. Eines Tages sprach seine Mutter zu ihm: „Komm, Rotkäppchen, da hast du ein Stück Kuchen und eine Flasche Wein, bring' das der Großmutter hinaus; sie ist krank und schwach und wird sich daran laben. Mach' dich auf, bevor es heiß wird, und wenn du hinauskommst, so geh' hübsch sittsam und lauf' nicht vom Weg ab, sonst fällst du und zerbrichst das Glas, und die Großmutter hat nichts. Und wenn du in ihre Stube kommst, so vergiß nicht, guten Morgen zu sagen, und guck nicht erst in alle Ecken herum."

„Ich will schon alles gut machen", sagte Rotkäppchen zur Mutter und gab ihr die Hand darauf. Die Großmutter aber wohnte draußen im Wald, eine halbe Stunde vom Dorf. Wie nun Rotkäppchen in den Wald kam, begegnete ihm der Wolf. Rotkäppchen aber wußte nicht, was das für ein böses Tier war, und fürchtete sich nicht vor ihm. „Guten Tag, Rotkäppchen", sprach er. „Schönen Dank, Wolf." „Wo hinaus so früh, Rotkäppchen?" „Zur Großmutter." „Was trägst du unter der Schürze?" „Kuchen und Wein: gestern haben wir gebacken, da soll sich die kranke und schwache Großmutter etwas zugut tun und sich damit stärken." „Rotkäppchen, wo wohnt deine Großmutter?" „Noch eine gute Viertelstunde weiter im Wald, unter den drei großen Eichbäumen, da steht ihr Haus, unten sind die Nußhecken, das wirst du ja wissen", sagte Rotkäppchen. Der Wolf dachte bei sich: „Das junge zarte Ding, das ist ein fetter Bissen, der wird noch besser schmecken als die Alte: du mußt es listig anfangen, damit du beide erschnappst." Da ging er ein Weilchen neben Rotkäppchen her, dann sprach er: „Rotkäppchen, sieh einmal die schönen Blumen, die ringsumher stehen, warum guckst du dich nicht um? Ich glaube, du hörst gar nicht, wie die Vögel so lieblich singen? Du gehst ja für dich hin, als wenn du zur Schule gingst, und ist so lustig haußen in dem Wald."

Rotkäppchen schlug die Augen auf, und als es sah, wie die Sonnenstrahlen durch die Bäume hin- und hertanzten und alles voll schöner Blumen stand, dachte es: „Wenn ich der Großmutter einen frischen Strauß mitbringe, der wird ihr auch Freude machen; es ist so früh am Tag, daß ich doch zu rechter Zeit ankomme“, lief vom Wege ab in den Wald hinein und suchte Blumen. Und wenn es eine gebrochen hatte, meinte es, weiter hinaus stände eine schönere und lief darnach und geriet immer tiefer in den Wald hinein. Der Wolf aber ging geradewegs nach dem Haus der Großmutter und klopfte an die Türe. „Wer ist draußen?“ „Rotkäppchen, das bringt Kuchen und Wein, mach' auf.“ „Drück nur auf die Klinke“, rief die Großmutter, „ich bin zu schwach und kann nicht aufstehen.“ Der Wolf drückte auf die Klinke, die Tür sprang auf und er ging, ohne ein Wort zu sprechen, gerade zum Bett der Großmutter und verschluckte sie. Dann tat er ihre Kleider an, setzte ihre Haube auf, legte sich in ihr Bett und zog die Vorhänge vor.

Rotkäppchen aber war nach den Blumen herumgelaufen, und als es so viel zusammen hatte, daß es keine mehr tragen konnte, fiel ihm die Großmutter wieder ein, und es machte sich auf den Weg zu ihr. Es wunderte sich, daß die Tür aufstand, und wie es in die Stube trat, so kam es ihm so seltsam darin vor, daß es dachte: „Ei, du mein Gott, wie ängstlich wird mir's heute zumut, und ich bin sonst so gerne bei der Großmutter!“ Es rief „guten Morgen“, bekam aber keine Antwort. Darauf ging es um das Bett und zog die Vorhänge zurück; da lag die Großmutter und hatte die Haube tief ins Gesicht gesetzt und sah so wunderlich aus. „Ei, Großmutter, was hast du für große Ohren?“ „Daß ich dich besser hören kann.“ „Ei, Großmutter, was hast du für große Augen?“ „Daß ich dich besser sehen kann.“ „Ei, Großmutter, was hast du für große Hände?“ „Daß ich dich besser packen kann.“ „Aber, Großmutter, was hast du für ein entsetzlich großes Maul?“ „Daß ich dich besser fressen kann.“ Kaum hatte der Wolf das gesagt, so tat er einen Satz aus dem Bette und verschlang das arme Rotkäppchen.

Wie der Wolf sein Gelüsten gestillt hatte, legte er sich wieder ins Bett, schlief ein und fing an, überlaut zu schnarchen. Der Jäger ging eben an dem Haus vorbei und dachte: „Wie die alte Frau schnarcht, du mußt doch sehen, ob ihr etwas fehlt.“ Da trat er in die Stube, und wie er vor das Bett kam, so sah er, daß der Wolf darin lag. „Finde ich dich hier, du alter Sünder“, sagte er, „ich habe dich lange gesucht.“ Nun wollte er seine Büchse anlegen, da fiel ihm ein, der Wolf könnte die Großmutter gefressen haben und sie wäre noch zu retten; schoß nicht, sondern nahm eine Schere und fing an, dem schlafenden Wolf den Bauch aufzuschneiden. Wie er ein paar Schnitte getan hatte, da sah er das rote Käppchen leuchten, und noch ein paar Schnitte, da sprang das Mädchen heraus und rief: „Ach, wie war ich erschrocken, wie war's so dunkel in dem Wolf seinem Leib!“ Und dann kam die Großmutter auch noch lebendig heraus und konnte kaum atmen. Rotkäppchen aber holte geschwind große Steine, damit füllten sie dem Wolf den Leib, und wie er aufwachte, wollte er fortspringen, aber die Steine waren so schwer, daß er gleich niedersank und sich totfiel.

Da waren alle drei vergnügt; der Jäger zog dem Wolf den Pelz ab und ging damit heim, die Großmutter aß den Kuchen und trank den Wein, den Rotkäppchen gebracht hatte, und erholte sich wieder. Rotkäppchen aber dachte: „Du willst dein Lebtag nicht wieder allein vom Wege ab in den Wald laufen, wenn dir's die Mutter verboten hat.“

Volksmärchen, Grimm'sche Version

Rotkäppchen und der letzte Wolf

Es war einmal ein Mädchen, das hieß Maria – Maria Fernandez Perez. Sie war nicht dick und nicht dünn, nicht groß und nicht klein, nicht brav und nicht böse ... Sie war ein ganz normales Mädchen wie alle anderen Mädchen auch. Aber niemand nannte sie bei ihrem richtigen Namen. Sie wurde immer nur „Rotkäppchen" genannt. Nicht, daß ihr das allzuviel ausmachte. Andere Mädchen hießen sogar „Dickerchen" oder „Fleckerlnase" oder „Dummkopf". Nein, Rotkäppchen war nicht der schlechteste Name.

Sie hieß Rotkäppchen, weil ihre Mutter ihr Wollmützen aufsetzte, die immer rot waren und fürchterlich kratzten. Rotkäppchens Mutter hatte nämlich beim Schlußverkauf das Glück gehabt, als eine der ersten im Kaufhaus zu sein, und sie hatte einen ganzen Berg roter Wollknäuel gekauft.

Rotkäppchens Mutter hatte eine Angewohnheit, die noch schlimmer war als die mit den roten Mützen: Immer schickte sie Rotkäppchen einkaufen – in die Apotheke, in Marianos Geschäft, und manchmal zur Großmutter, die kein Telefon hatte ...

Um zum Haus ihrer Großmutter zu gelangen, mußte Rotkäppchen durch einen Wald gehen. In diesem Wald lebte ein Wolf. Der Wolf war der letzte, der von einem großen Rudel übriggeblieben war. Er war sicherlich schon mindestens zwölf Jahre alt, aber überhaupt nicht furchterregend ... Da er nicht gefährlich war, hatte der Bürgermeister des Dorfes verboten, ihn zu jagen. Die Dorfbewohner freuten sich, daß es in ihrem Wald einen Wolf gab.

Und in einem kleinen Haus auf der anderen Seite des Waldes wohnte Rotkäppchens Großmutter. Sie war sehr alt und strickte den ganzen Tag, immer mit roter Wolle.

Eines Morgens, als Rotkäppchen mit dem Einkaufen fertig war, sollte sie wieder einmal zur Großmutter gehen. Und wie immer sagte ihre Mutter beim Abschied: „Halte dich nicht im Wald auf und spiel' nicht wieder mit dem Wolf, der hat Flöhe ... Sag' der Großmutter, sie soll mir die dünnen Stricknadeln wiedergeben ... Und wenn sie mehr Wolle braucht, soll sie sich darüber keine Sorgen machen, ich habe noch genug Knäuel übrig ... Und behalte die Mütze auf dem Kopf, du erkältest dich sonst ..." Und wie immer, wenn sie sich auf den Weg zur Großmutter machte, freute sich Rotkäppchen darauf, mit dem Wolf im Wald zu spielen. Dem Wolf machte es nämlich großen Spaß, Rotkäppchen Geschichten aus seiner Kindheit vorzuheulen.

„Als ich klein war" – erzählte der Wolf – „lebten viele, viele Wölfe in diesem Wald. Wir waren alle glücklich und zufrieden. Wenn wir Hunger hatten, jagten wir uns, was wir zum Essen brauchten. Es gab Fasane, Wachteln, Kaninchen, Eichhörnchen, Füchse und Bären ... Oh, du weißt nicht, was ein Bär ist? Aber dann kam der Jäger, und er fing an, mit seiner Flinte alle Tiere zu töten, die er nur erwischen konnte.

Eigentlich hatte er es gar nicht nötig, denn in seinem Jagdbeutel hatte er belegte Brötchen zum Essen: Brötchen mit Kalbfleisch und Salat, mit mariniertem Thunfisch oder mit Eierkuchen, denn die Menschen sind Fleischfresser, Pflanzenfresser und Eierfresser ...

Die Nahrung im Wald wurde immer knapper, und wir Wölfe hatten keinen

Jagdbeutel. So mußten wir ins Dorf gehen, um Nahrung zu suchen. Die Dorfbewohner waren sehr verärgert, daß wir ihre Schafe fraßen. Und dann fingen sie an, die Wölfe zu töten, und als einziger bin ich übriggeblieben."

Als die Geschichte zu Ende war, wollte Rotkäppchen einen Wettlauf mit dem Wolf bis zu Großmutters Haus machen. Sie fingen an zu laufen, aber Rotkäppchen konnte nicht mit dem Wolf mithalten, denn sie hatte nur zwei Beine. So ging sie weiter allein durch den Wald. Aber sie war nicht ganz allein. Der Jäger war nämlich immer irgendwo im Wald, denn er wollte gerne den Wolf jagen. Als der Jäger Rotkäppchen erblickte, kam er auf sie zu und wollte wissen, ob sie den Wolf gesehen hatte. Rotkäppchen schüttelte den Kopf. Dann fing der Jäger an, Geschichten zu erzählen, Geschichten aus der Zeit, als es noch viele Wölfe gab:

„Du mußt wissen" – so erzählte der Jäger – „daß Wölfe für die Menschen und Tiere auf dem Land sehr gefährlich sind. Ich will dich bis zum Haus deiner Großmutter begleiten, denn es ist nicht gut, wenn du allein gehst. Einmal bin ich durch diesen Wald gegangen und plötzlich überfielen mich hundert oder zweihundert Wölfe und wollten mich fressen. Nun, vielleicht waren es weniger, aber ich mußte auf jeden Fall fliehen. Und am nächsten Tag habe ich eine Tränengasbombe mitgenommen, und als sie zwischen den Bäumen herauskamen – zack! zack! ... Wölfe, Fasanen, Wachteln, Uhus und Eichhörnchen. Stell' dir vor, so ein Glück. Ich habe achtzig Stück mit nach Hause genommen."

Da es immer sehr lange dauert, wenn Jäger von ihren Heldentaten erzählen, war es schon dunkel, als die beiden zum Haus der Großmutter kamen. Der Jäger wollte der Großmutter auch guten Tag sagen. Als er mit Rotkäppchen das Haus betrat, bekamen beide einen fürchterlichen Schrecken. Im Bett der Großmutter lag der Wolf. Der Jäger brüllte: „Du hast sie gefressen" und erhob seine Flinte. Rotkäppchen schrie: „Achtung! ..." Bäng! Bäng! Bäng! Rotkäppchen sah erschrocken, wie der Wolf zu Boden fiel.

Plötzlich stand die Großmutter an der Zimmertür, schlug die Hände über den Kopf und brüllte: „Sie Idiot, was haben Sie da getan? Ich hatte den Wolf nur ins Bett gesteckt, weil ihm so kalt war!" Bald darauf kam die Polizei und nahm den Jäger mit, denn er hatte den letzten Wolf im Wald getötet. Der Jäger sagte, es sei Notwehr gewesen, aber sie glaubten ihm nicht. Und seitdem gibt es in jenem Dorf nur noch Wölfe in den Geschichten von Rotkäppchen.

Die Großmutter nahm das arme Rotkäppchen in den Arm und sagte: „Weine nicht, Rotkäppchen, ich erzähle dir eine Geschichte. Es war einmal ein Mädchen, das hieß Schneewittchen ..."

J. L. García Sánchez
Aus dem Spanischen übertragen von Hildegard Rudolph,
bearbeitet vom Staatsinstitut für Frühpädagogik

2. Fünf Illustrationen einer Begegnung: Rotkäppchen und der Wolf im Wald

Illustrator: M. A. Pacheco

Illustrator: Gustave Doré

Illustration: Scherenschnitt

Illustrator: Willy Planck

Illustratorin: Eva Johanna Rubin

3. Rotkäppchen: Tischtheaterpuppen

Beim Tischtheater handelt es sich um ein „offenes" Spiel, das mit standfesten Figuren auf der Tischoberfläche gespielt wird. Märchenerzähler und Spieler sind eine Person, d.h. der Erzähler sitzt hinter einem Tisch und führt die Puppen entsprechend der Handlung auf der Spielfläche. Gespielt wird auf einem Tuch, dessen Größe die Abgrenzung des „Szenenbildes" vorgibt. Die Requisiten beschränken sich auf Andeutungen, z.B. Tannenzapfen als Bäume.

Als Erzähltext für das Märchenspiel „Rotkäppchen" schlagen wir die Fassung der Brüder Grimm vor. Dieser Text wird auch die Kinder faszinieren, die das Märchen von Kassette, Bilderbuch o.a. Quellen her kennen.

Im folgenden geben wir Anregungen zum Herstellen der Puppen und zum Spielen mit den Puppen.

Die Großmutter

Alle Tischtheaterpuppen wurden hergestellt von Barbara Römer.
Fotos: Jochen Fiebig, 1985

Herstellen der Tischtheaterpuppen

Ältere Grundschulkinder können die Puppen unter Anleitung selbst herstellen. Für das Spiel der jüngeren Kinder müssen die Figuren vorher von Erwachsenen angefertigt werden. Möchte man den zeitlichen Aufwand in Grenzen halten, können sich Erzieherin und interessierte Eltern treffen, um die Puppen gemeinsam zu basteln. Aus dieser Arbeit können die Eltern Anregungen mitnehmen, wie sie mit wenig Kosten ein Geschenk herstellen können.

Für das Märchen „Rotkäppchen“ braucht man fünf Puppen: Mutter, Rotkäppchen, Wolf, Großmutter, Jäger.

Das Material für die Puppen

Körper: Papprollen, z. B. von Küchenkrepp- oder Toilettenpapier.

Köpfe: Watte o. a. formbares, weiches Material, überzogen mit Trikotstoff oder Nylonstrümpfen.

Für die Ausschmückung: Reste von Stoffen (z. B. Samt für das rote Käppchen), Leder, Webpelz, Filz, Wolle, Fell, Federn, Bänder, Spitzen, Perlen ... und für das Rotkäppchen ein kleines, leichtes Körbchen.

Weiteres Material: Nähzeug, Haken und Öse, Klebstoff, Hutgummi, Farbstifte, eventuell Plastilin, eventuell ein Schnittmuster für die Oberbekleidung, das sich in Weite und Höhe nach der größten der verwendeten Papprollen richtet.

Das Material für das „Szenenbild“

Wald: Grünes Tuch (ca. 50 × 50 cm) mit angedeutetem Weg (z. B. weiße Ziersteppereí oder Kreidezeichnung).

Bäume: Verschiedene Zapfen (Kiefer, Fichte, Pinie o. a.), unten abgeflacht oder mit Knetmaterial versehen, damit sie stehen können.

Häuschen: In einer Ecke des Tuches liegen kleine Aststücke als angedeutete Hauswand mit Eingangstür.

Bett der Großmutter: Kopfkissen und Tuch als Bettüberwurf, groß genug, damit auch die „Gefressenen“ darunter verborgen werden können.

Arbeitsschritte am Beispiel der Puppe „Rotkäppchen“

- Die Papprolle mit Stoff umwickeln und festkleben. Überstände nach innen ziehen und festkleben.

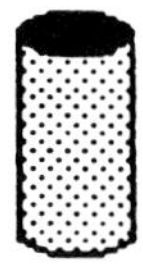

- Je nach Größe der Papprolle einen Papierschnitt (vgl. Zeichnung) anfertigen. Nach diesem Muster (Nahtzugaben nicht vergessen!) das Kleid nähen. Wichtig ist der „lange Hals“, an dem später der Kopf befestigt wird. Die Arme müssen lang genug sein, so daß sie vorn – wenn das Körbchen eingehängt wird – mit Hilfe von Haken und Öse zusammengefügt werden können.

Seitenansicht:
(Stoff liegt doppelt)

Vorderansicht:

- Die Arme und die Hände leicht ausstopfen. Das fertige Kleid über den Körper (= Papprolle) ziehen, den „Hals“ locker nach innen drücken, einen kleinen Überstand stehen lassen.
- Den Kopf formen und mit dem Trikot fest umhüllen. Die dabei entstehenden Falten möglichst weit nach hinten verteilen und eventuell feststicheln.

- Kopf und Körper ineinanderstecken und an den Halsüberständen zusammennähen.
- „Haare“ ankleben oder (z. B. am Scheitel) festnähen. Die Frisur gestalten: z. B. Zöpfe flechten.
- Das Gesicht mit Bleistift andeuten, mit Filzstiften nachziehen, Schürze und Käppchen nähen. Wenn beides an- und ausziehbar ist, kann die Figur mit anderen Ausschmückungen auch für andere Märchenspiele verwendet werden. Die Zeichnung zeigt das Muster eines Häubchens, das wieder abgenommen werden kann.

Häubchen:
Zwei Teile zuschneiden und an den gekennzeichneten Kanten zusammennähen.

- Das Körbchen mit Attrappen aus leichter Pappe füllen, mit Tüchlein bedecken und dem Rotkäppchen in die Arme hängen.

Mit Ausnahme des Wolfes werden nach diesem Beispiel alle anderen Puppen hergestellt. Je nach Figur variieren sie in Größe und Bekleidung. Zum Beispiel kann der Jäger mit einem Kittel (= gekürzter Kleiderschnitt), Gürtel und Hut angezogen werden und die Großmutter erhält ein abnehmbares Schlafhäubchen.

Zum Gestalten des Wolfes

- Der Körper: Eine lange Papprolle – in unserem Beispiel 16 cm – mit braunem Stoff oder Filz überziehen.
- Der Kopf: Hierfür braucht man drei Stoffteile, die nach den folgenden Zeichnungen zugeschnitten werden. Alle cm-Angaben gelten als ungefähres Maß, die Nahtzugaben sind noch dazuzugeben.

Oberes Teil des Kopfes (1 × zuschneiden)

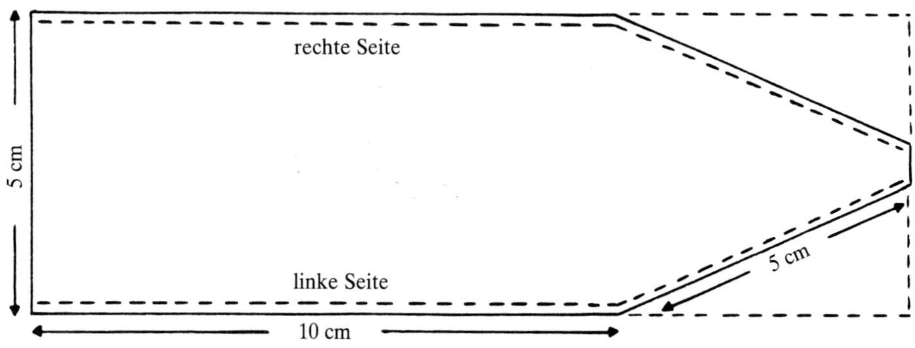

- Dieses Teil wird aus einem Streifen – Länge 15 cm, Breite 5 cm – geschnitten, die letzten 5 cm der Länge enden in Dreiecksform mit einer stumpfen Spitze (= Nase).

Seitenteil des Kopfes (2 × zuschneiden)

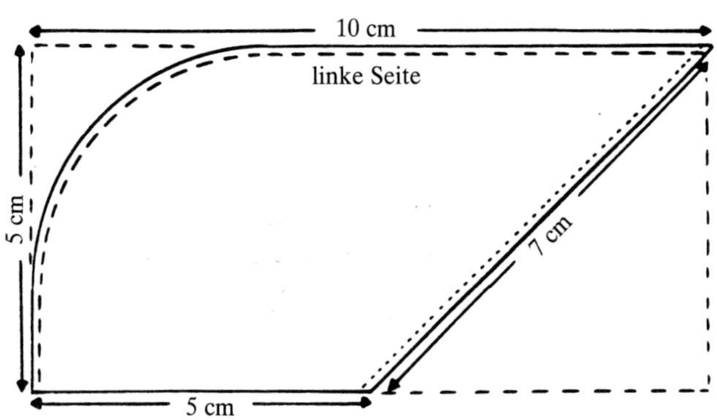

- Aus einem Streifen – Länge 10 cm, Breite 5 cm – wird laut Zeichnung vorn ein Dreieck und hinten oben eine Abrundung aufgezeichnet und dann zugeschnitten.
- Das erste (linke) Seitenteil wird an den mit – – – – – gekennzeichneten Kanten mit der linken Seite des oberen Teils zusammengenäht.
- Das zweite (rechte) Seitenteil wird ebenso zugeschnitten und mit der rechten Seite des oberen Teils verbunden.

- Jetzt werden beide Seitenteile an den mit ········ gekennzeichneten Kanten zusammengenäht.
- Damit ist der Kopf fertig genäht und die Arbeit kann gewendet (umgestülpt) werden, so daß die Nahtzugaben innen liegen.
- Der Kopf wird fest ausgestopft und eng anliegend, d.h. ohne Hals, an den Körper (= die bezogene Rolle) angenäht.
- Die Ohren werden zugeschnitten und eventuell an den Kanten mit Zickzackstich umnäht. Die Augen werden aus Filz ausgeschnitten. Die Ohren werden angenäht, die Augen aufgeklebt.

Aus der Seitenansicht ergibt sich jetzt diese Kopfform (zur Veranschaulichung sind die Nahtstellen gekennzeichnet).

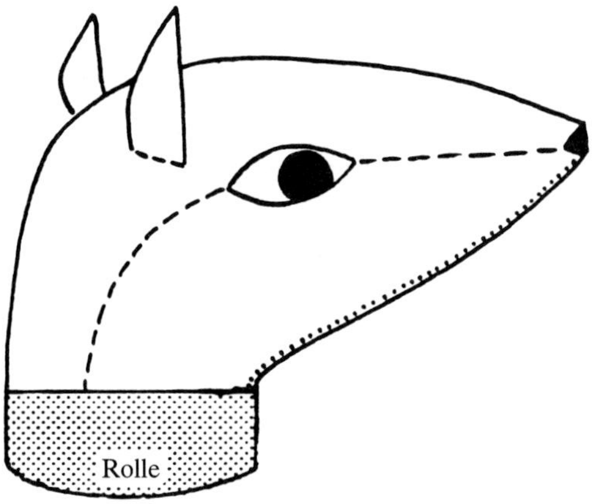

Nun fehlen dem Wolf nur noch die mächtigen Arme. In unserem Beispiel sind sie mit einem frackartigen Umhang verbunden. Der Zuschnitt aus einem Stück Stoff von 15 × 13 cm (ohne Nahtzugabe) sieht so aus:

Umhang und Arme des Wolfes (der Stoff liegt doppelt)

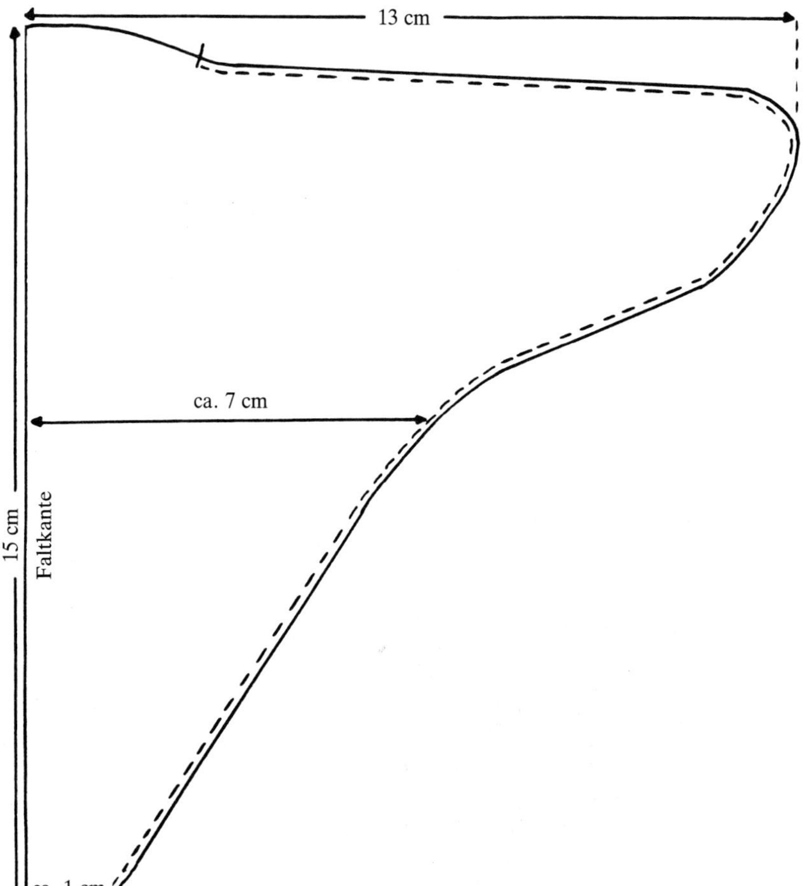

– Nach diesem Muster werden zwei Teile zugeschnitten, „aufgeklappt“, aufeinandergelegt und an den mit – – – – – gekennzeichneten Kanten zusammengenäht.

Der fertige Umhang hat nun diese Form:

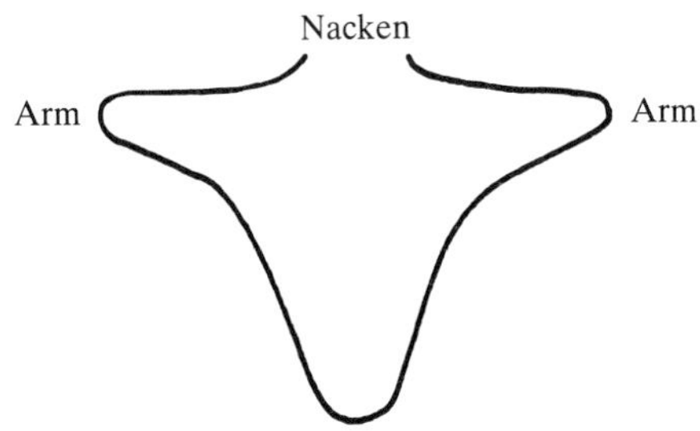

- Durch die Öffnung am Nacken wird bis in die Arme Füllmaterial geschoben, so daß sie plastischer wirken.
- Die Nahtzugabe an der Nackenöffnung wird nach links gestülpt. Der fertige Umhang kann nun um die Körperrolle gelegt und oben im Nacken (nahe am Hinterkopf) angenäht werden.
- Entlang des Rückens wird der Umhang festgeklebt. Damit ist der Wolf fertig.

Zum Spiel mit den Puppen

Zunächst sollen die Kinder mit dem Märchentext gut vertraut sein. Dazu müssen sie ihn mehrmals gehört haben, nach Möglichkeit Wort für Wort gleichlautend.

Die Erzieherin stellt die Tischtheaterpuppen vor und baut mit den Kindern das „Szenenbild" auf (vgl. Materialliste). Daraufhin kann sie das Märchen mit den frei handelnden Puppen noch einmal erzählen.

Nach diesem Einstieg stellt die Erzieherin die Puppen und die Requisiten im freien Spiel zur Verfügung und unterstützt Kinder, die auch einmal das Erzählen und Puppenspielen versuchen möchten. Grundsätzlich gilt für das Tischtheater: Es ist ein freies Spiel mit Puppen und Requisiten, bei dem auf die individuelle Situation und die Bedürfnisse des vorspielenden Kindes eingegangen werden sollte. Kinder können dabei im doppelten Sinn des Wortes Spielräume nutzen und ausbauen, z. B.:

- Spielen mit oder ohne Publikum,
- weiteres Ausschmücken des Szenenbildes,
- ständige Wiederholung einer einzelnen Szene oder eines Dialogs,
- frei erfundene Szenen einbauen.

Vielleicht möchten ausländische Kinder das Märchen in ihrer Sprache spielen oder eine Märchenkassette in ihrer Landessprache mitbringen.

Eine Rotkäppchen-Wendepuppe

In dieser handgearbeiteten Puppe[1] sind drei Figuren aus dem Märchen „Rotkäppchen" verborgen: Rotkäppchen, Großmutter und Wolf.

Rotkäppchen: Es trägt einen weiten bodenlangen Rock. Er ist außen rot, innen mit buntem Stoff gefüttert.

1 Bezugsquelle: Juliana Schlatter, Via della Pastorella 19, Setignano/Firenze, Italien
Fotos: Jochen Fiebig, 1985

Stellt man das Rotkäppchen auf den Kopf und schlägt den Rock zurück, so erscheint die Großmutter.

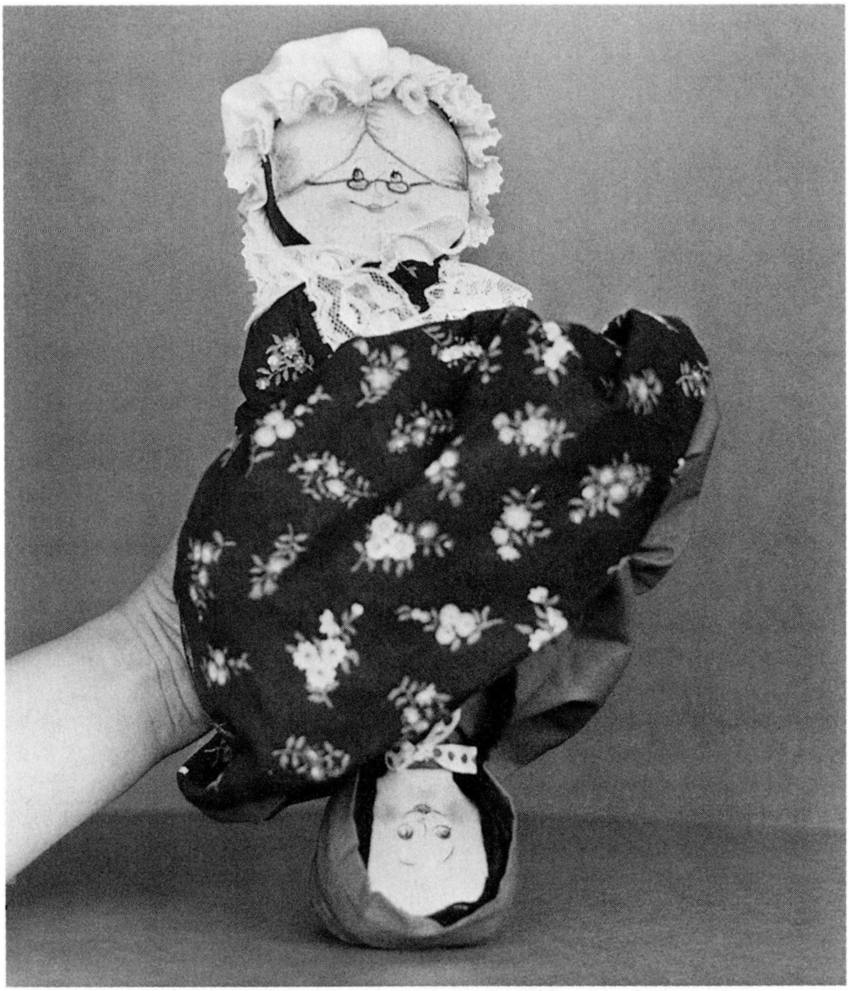

Großmutter: Sowohl ihr Kopf als auch ihr Oberkörper waren unter dem weiten Rock verborgen: Das heißt, Kopf und Oberkörper der Puppe sind zweimal gearbeitet, der Rock gehört zu beiden Figuren.

Die Großmutter trägt ein Häubchen, das ihren Hinterkopf vollkommen bedeckt. Nimmt man es ab, erscheint – statt eines Haarknotens – das Gesicht vom Wolf.

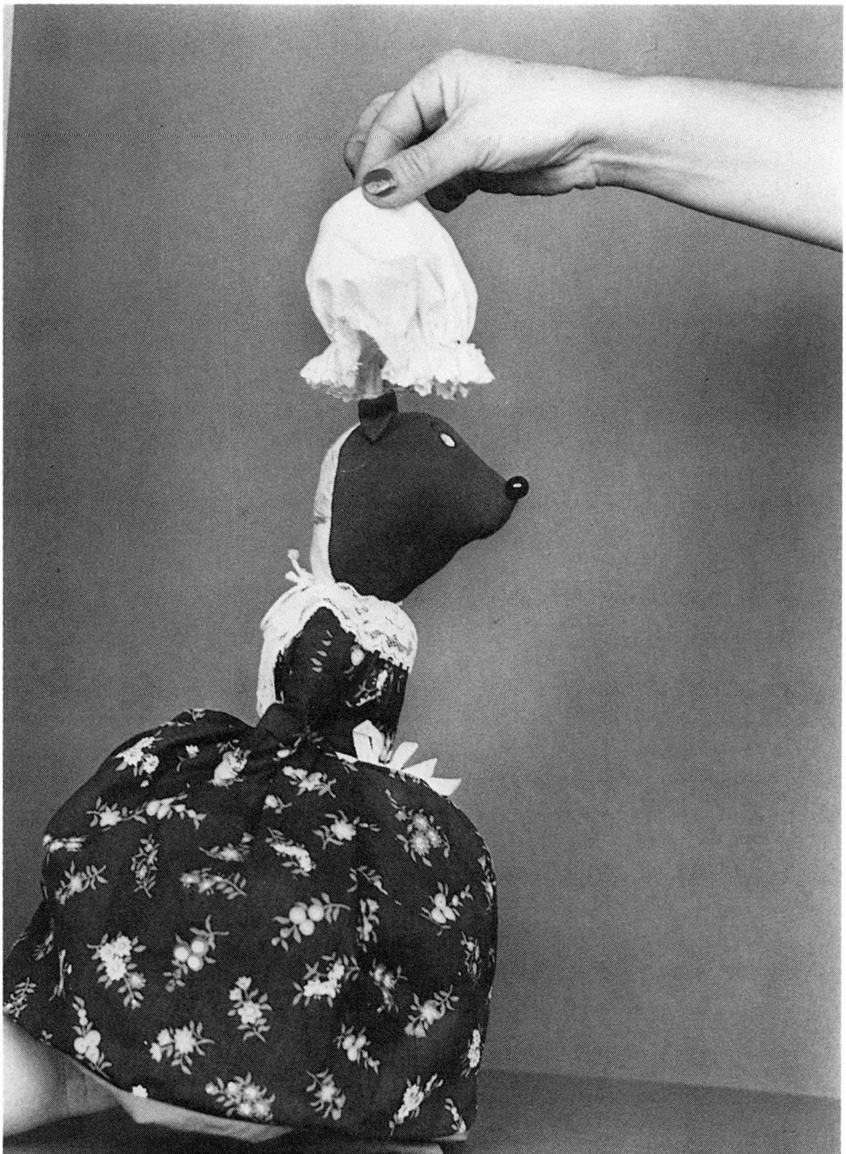

Wolf: Er trägt bereits das Kleid der Großmutter und bekommt das Häubchen aufgesetzt.

Beim Spielen kann die Puppe um die Taille gefaßt werden, die Hand des Spielers ist dabei unter dem Rock verborgen. Mit ein, zwei Handgriffen kann die Puppe vom Rotkäppchen in den Wolf, dann in die Großmutter, wieder in das Rotkäppchen usf. verwandelt werden.

II. Pinocchio

Illustration: Salvador Bartolozzi

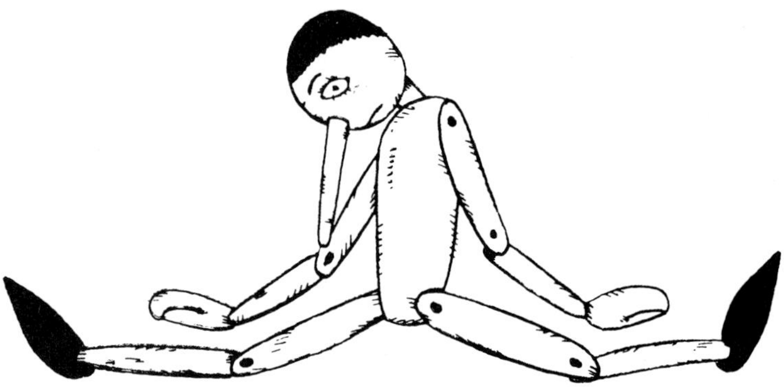

0. Pinocchio: Eine Einführung

Pinocchio, eine aus Pinienholz geschnitzte Puppenfigur, die lebendig wird, ist die Erfindung des Florentiner Journalisten und Schriftstellers Carlo *Lorenzini* (1826–1890), bekannter unter seinem Pseudonym Carlo *Collodi. Le Avventure di Pinocchio – Storia di un Burattino* (Pinocchios Abenteuer – Geschichte eines Hampelmanns) erschien zunächst ab 1881 als Fortsetzungsserie in der Kinderzeitschrift „Giornale dei Bambini“ und bereits 1883 als Buch mit 36 aneinandergereihten Episoden. Die Geschichten von Pinocchio („Pinocchio“ bedeutet „Pinienkern“) wurden nach kurzer Zeit in vielen Ländern aus dem Italienischen übersetzt und gehören mittlerweile schon lange zu den Klassikern der internationalen Kinder- und Jugendliteratur.

Collodis Erzählung vermengt märchenhafte Elemente (die gute Fee, Verwandlungen, wundersame Länder) mit realistischen und satirischen Schilderungen. Wie die meisten Geschichten, die zu dieser Zeit für Kinder geschrieben wurden, werden oft belehrend-moralisierende Schlüsse aus Pinocchios Abenteuern gezogen; aber die „Moral der Geschichte“ wird in der Fülle realistischer Details und witziger Dialoge nie übermächtig oder bedrohlich. Deutlich ist der Einfluß des Puppentheaters: die Dialogform ist gegenüber der Erzählform dominant, die Episoden sind als „Szene“ aufgebaut – und es ist oft vom Theaterleben die Rede. Pinocchio führt die jahrhundertlange Tradition der „Commedia dell'arte“ mit ihren Leitfiguren Harlequin, Polchinell, Stenterello usw. fort (vgl. *Müller* 1979, S. 51).

Pinocchio geht in die Welt hinaus, um sein Glück zu suchen. Kaum ist er fertiggeschnitzt von seinem „Vater“, Geppetto, läuft er von ihm weg. Und so beginnt eine Reihe von Abenteuern in einer Welt, die voller Überraschungen ist, aber auch voller Betrug und Brutalität. Trotz „Niederschläge“ und unangenehmer Ereignisse, die auf ihn zukommen, läßt sich Pinocchio immer wieder von seiner Neugierde zum nächsten Schauplatz treiben. Mit der Welt, wie sie ist, muß man sich, so gut es geht, „arrangieren“, um überleben zu können. Diese Botschaft wird den Kindern vermittelt – entsprechend gilt Pinocchio keineswegs als „emanzipatorische“ Kinderliteratur.

Warum hat Pinocchio so viele Kinder über die Jahre fasziniert? Dazu einige Vermutungen: Eine Holzpuppe wird lebendig und ist zugleich Kind und doch nicht Kind – dadurch bietet sie viele Identifikationsmöglichkeiten; Pinocchio ist neugierig und möchte immer wieder etwas Neues erleben; Pinocchio kostet lieber als „kleiner Mann“ die Abenteuer des Lebens, als sich auf die Schulbank zu setzen (auch wenn er eigentlich in die Schule gehen will ...). Dies entspricht sicherlich den Tagträumen vieler Kinder.

Zu unserer Auswahl

Für dieses Buch haben wir zwei Pinocchio-Geschichten aus der vorhandenen Fülle ausgewählt: eine Übersetzung der Originalfassung („Pinocchio und seine Abenteuer“) und eine moderne, satirisch-sozialkritische Abwandlung des Pinocchio-Motivs („Pinocchio, der Schlaue“).

Aus der Übersetzung der Originalfassung von Helga Legers haben wir fünf Epidosen ausgewählt: Pinocchios „Geburt“; Wie der mittellose Geppetto seine Samtjacke für Pinocchios Lesefibel verkauft; Wie Pinocchio seine neue Lesefibel für eine Eintrittskarte zum Puppentheater einlöst; Pinocchios Erlebnisse im Puppentheater; Wie Pinocchio sich von dem Fuchs und der Katze überreden läßt, seine fünf Goldmünzen zu begraben. Diese Episoden können entweder einzeln oder zusammenhängend erzählt werden.

„Pinocchio, der Schlaue“ ist einer Sammlung von Gianni *Rodari* entnommen (Tante Storie per giocare – Viele Spielgeschichten), deren Eigenart wir schon in der Einleitung zu den italienischen Geschichten (S. 125) kurz beschrieben haben. Diese Version fängt folgendermaßen an: „Es war einmal ein Pinocchio. Nein, nicht der Pinocchio, den ihr alle schon kennt, ein ganz anderer ...“ Mit dieser Fassung wollen wir zeigen, daß neben der Fülle bearbeiteter und übertragener Versionen des Originals auch *neue,* zeitkritische Originale in der italienischen Kinderliteratur entstehen.

1. Zwei Pinocchio-Geschichten

Pinocchio und seine Abenteuer

Geppetto ging mit dem Holzscheit, das er von seinem Freund, dem Tischlermeister Kirsch, geholt hatte, in seine Wohnung zurück. Geppettos Wohnung war ein Zimmerchen zu ebener Erde, das sein Licht von einem Verschlag unter der Treppe erhielt. Die Einrichtung konnte nicht einfacher sein: ein alter Stuhl, ein schlechtes Bett und ein ganz wackeliger Tisch. An der hinteren Wand sah man einen kleinen Kamin, in dem Feuer brannte; aber das Feuer war nur gemalt, und neben dem Feuer war ein Topf gemalt, der lustig kochte und aus dem eine Dampfwolke stieg, die wie echter Rauch aussah.

Sofort, nachdem Geppetto ins Haus eingetreten war, nahm er sein Werkzeug und begann an einer Holzpuppe zu schnitzen und zu arbeiten.

„Welchen Namen soll ich ihm geben?" sagte er zu sich selbst. „Ich will ihn ‚Pinocchio' nennen. Dieser Name wird ihm Glück bringen. Ich habe eine ganze Pinocchio-Familie gekannt: Pinocchio der Vater, Pinocchia die Mutter und Pinocchi die Kinder, und allen ging es gut. Der reichste unter ihnen bettelte um Almosen."

Als er den Namen für seinen Holzbuben gefunden hatte, begann er mit Feuereifer zu arbeiten: zuerst schnitzte er ihm die Haare, dann die Stirn und dann die Augen. Kaum hatte er die Augen fertig, stellt euch sein Erstaunen vor, als er bemerkte, daß sie sich bewegten und ihn anstarrten.

Geppetto, der sich so von den zwei hölzernen Augen angestarrt sah, nahm es etwas übel und sagte in gereiztem Ton:

„Böse Holzaugen, warum seht ihr mich so an?"

Niemand antwortete.

Nach den Augen schnitzte er ihm die Nase, aber kaum war sie fertiggeschnitzt, begann sie auch schon zu wachsen, und wuchs, wuchs und wuchs, so daß sie in wenigen Minuten zu einer Riesennase wurde, die nicht enden wollte. Der arme Geppetto bemühte sich, etwas davon abzuschneiden, aber je mehr er daran schnitt und kürzte, desto länger wurde diese freche Nase. Nach der Nase machte er ihm den Mund. Der Mund war jedoch noch nicht ganz fertig, da fing er sofort an zu lachen und ihn zu verspotten.

„Hör auf zu lachen!" sagte Geppetto gekränkt; aber es war, als spräche er gegen eine Wand.

„Hör auf zu lachen, sage ich dir noch einmal!" schrie er mit drohender Stimme.

Da hörte der Mund auf zu lachen, aber er streckte die Zunge heraus, so lang es ging.

Um sich in seinem Werk nicht stören zu lassen, tat Geppetto, als ob er es nicht bemerke und arbeitete weiter. Nach dem Mund schnitzte er ihm das Kinn, dann den Hals, die Schultern, den Bauch, die Arme und die Hände. Kaum hatte er die Hände fertig, da fühlte Geppetto, wie ihm seine Perücke vom Kopf gezogen wurde. Er schaute herauf, und was sah er? Er sah seine gelbe Perücke in den Händen des Holzbübchens.

„Pinocchio! ... Gib mir sofort meine Perücke wieder!"

Aber anstatt ihm die Perücke wiederzugeben, setzte Pinocchio sie sich selbst auf den Kopf und erstickte fast darunter. Bei diesem frechen und spöttischen Benehmen wurde Geppetto so traurig und wehmütig, wie er es noch nie in seinem Leben gewesen war. Er wandte sich an Pinocchio und sagte:

„Taugenichts von einem Sohn! Du bist noch nicht einmal fertig und fängst schon an, keinen Respekt vor deinem Vater zu haben. Schlimm, mein Junge, schlimm!"

Und er wischte sich eine Träne ab.

Es blieben noch die Beine und die Füße zu schnitzen. Als Geppetto die Füße gerade fertig hatte, landete auch schon ein Fußtritt auf seiner Nasenspitze.

„Das geschieht mir recht!" sagte er da zu sich selbst. „Ich hätte eher daran denken sollen! Jetzt ist es zu spät!"

Dann nahm er den Holzbuben unter den Arm und stellte ihn auf die Erde, auf den Fußboden des Zimmers, um ihm das Laufen beizubringen. Pinocchio hatte steife Beine und konnte sich nicht bewegen, und Geppetto führte ihn an der Hand, um ihn zu lehren, einen Schritt nach dem anderen zu machen.

Als die Beine ihre Steife verloren hatten, begann Pinocchio von selbst im Zimmer hin und her zu gehen und zu laufen, bis er durch die Haustür schlüpfte, auf die Straße sprang und fortlief.

Was dann geschah, ist eine Geschichte, die man kaum glauben kann. Ich werde sie euch in den folgenden Kapiteln erzählen.

***

Eines Tages sagte Pinocchio seinem Vater: „Um dir zu vergelten, was du für mich getan hast, will ich sofort zur Schule gehen."

„Brav, mein Junge!"

„Aber um zur Schule zu gehen, brauche ich etwas zum Anziehen."

Geppetto, der so arm war, daß er nicht einmal einen Pfennig in der Tasche hatte, fertigte ihm darauf ein Kleidchen aus geblümtem Papier an, ein Paar Schuhe aus Baumrinde und ein Käppchen aus Brotkrumen. Pinocchio lief sogleich davon, um sich in einer Wasserschüssel zu spiegeln und gefiel sich so gut, daß er, einherstolzierend, ausrief:

„Ich sehe wirklich wie ein vornehmer Herr aus!"

„Tatsächlich", erwiderte Geppetto, „jedoch bedenke, nicht das schöne Kleid macht den Herrn, sondern vielmehr das saubere Kleid." „Da fällt mir ein", begann das Holzbübchen, „um zur Schule zu gehen, fehlt mir noch etwas, es fehlt mir sogar das Allerwichtigste."

„Nämlich?"

„Mir fehlt die Fibel."

„Du hast recht, aber was tun wir, um die zu bekommen?"

„Das ist sehr einfach: Man geht in einen Bücherladen und kauft sie."

„Und das Geld? ..."

„Ich habe keines."

„Ich auch nicht", fügte der gute Alte traurig hinzu.

Da wurde Pinocchio, obgleich er ein sehr fröhlicher Junge war, ebenfalls traurig, denn die Armut, wenn sie wirklich Armut ist, verstehen alle, auch die Kinder.

„Geduld!" rief Geppetto auf einmal aus und stand auf. Er schlüpfte in seine alte Samtjacke, die ganz geflickt und gestopft war, und lief aus dem Haus heraus.

Nach kurzer Zeit kehrte er zurück, da hatte er die Fibel für den Jungen in der Hand, aber die Jacke hatte er nicht mehr. Der arme Mann stand da in Hemdsärmeln, und dabei schneite es draußen.

„Und die Jacke, Väterchen?"

„Ich habe sie verkauft."

„Warum hast du sie verkauft?"

„Weil sie mir zu warm war."

Pinocchio verstand diese Antwort im Augenblick. Er konnte die Aufwallung seines guten Herzens nicht mehr zurückhalten, sprang Geppetto an den Hals und küßte ihm das ganze Gesicht.

***

Als es aufhörte zu schneien, machte sich Pinocchio, seine gute neue Fibel unter dem Arm, auf den Weg zur Schule. Unterwegs malte er sich in seinem Köpfchen tausenderlei Dinge und Luftschlösser aus, eines schöner als das andere. Und mit sich selbst redend, überlegte er:

„Heute will ich in der Schule sogleich Lesen lernen, morgen lerne ich dann Schreiben und übermorgen Rechnen. Dann werde ich durch meine Tüchtigkeit viel Geld verdienen, und mit den ersten Groschen, die ich in der Tasche haben werde, will ich sofort meinem Vater eine schöne Jacke aus Tuch machen. Aber was sage ich, aus Tuch? Ich will sie ihm ganz aus Silber und Gold machen, mit Knöpfen aus Brillanten. Dieser arme Mann verdient es wirklich, denn schließlich, um mir die Bücher zu kaufen und mich etwas lernen zu lassen, steht er nun in Hemdsärmeln da ... bei dieser Kälte! Nur die Väter sind zu solchen Opfern fähig!"

Während er ganz bewegt so sprach, schien ihm, als höre er in der Ferne eine Musik von Pfeifen und Trommelschlägen: fiep-fiep-fiep, bum, bum, bum. Er hielt inne und lauschte. Diese Klänge kamen vom Ende einer sehr langen Querstraße her, die auf ein kleines Dorf führte, das auf dem Meeresstrand gebaut war.

„Was mag das für eine Musik sein? Schade, daß ich zur Schule gehen muß, sonst ..." Und er blieb ratlos stehen. Auf jeden Fall mußte er einen Entschluß fassen: entweder zur Schule gehen oder die Pfeifen hören.

„Heute gehe ich die Pfeifen hören und morgen zur Schule. Um zur Schule zu gehen, ist es immer noch Zeit genug", sagte schließlich der Schlingel achselzuckend.

Gesagt, getan. Er schlug die Querstraße ein und lief eilends davon. Je mehr er lief, desto deutlicher hörte er den Klang der Pfeifen und das Bumsen der großen Trommel: fiep-fiep-fiep, bum, bum, bum. Auf einmal befand er sich mitten auf einem Platz, voll von Menschen, die sich um eine große Holzbude und ein buntbemaltes Zelt drängten.

„Was ist das für eine Bude?" wandte Pinocchio sich an einen kleinen Jungen, der von dem Dorf dort war.

„Lies, was auf dem Schild geschrieben steht, dann weißt du es."

„Ich würde es gern lesen, aber ausgerechnet heute kann ich es nicht lesen."

„Bravo, du Ochse! Dann lese ich es dir vor. Wisse also, auf diesem Schild steht in feuerroten Buchstaben geschrieben: ‚*Großes Kasperletheater*' ..."

„Hat das Stück schon lange begonnen?"

„Es beginnt jetzt."

„Und wieviel muß man für den Eintritt bezahlen?"

„4 Groschen."

Pinocchio, vom Fieber der Neugierde gepackt, verlor jede Zurückhaltung und sagte, ohne sich vor dem kleinen Jungen, mit dem er redete, zu schämen:

„Würdest du mir die 4 Groschen bis morgen leihen?"

„Ich würde sie dir gern leihen", antwortete der andere, ihn foppend, „aber ausgerechnet heute kann ich sie dir nicht geben."

„Für 4 Groschen verkaufe ich dir mein Jäckchen", bot ihm das Holzbübchen an.

„Was denkst du, soll ich mit einem Jäckchen aus geblümtem Papier machen? Wenn es darauf regnet, bekomme ich es nicht mehr vom Leib herunter."

„Willst du meine Schuhe kaufen?"

„Sie taugen nur dazu, um den Ofen anzuzünden."

„Wieviel gibst du mir für das Käppchen?"

„Das wäre ein guter Kauf! Ein Käppchen aus Brotkrumen! Es könnte passieren, daß Mäuse kämen und es mir vom Kopfe wegfräßen!"

Pinocchio stand wie auf Kohlen. Er war nahe daran, ein letztes Angebot zu machen, aber er hatte noch keinen Mut; er zögerte, schwankte, er litt. Am Ende sagte er:

„Willst du mir 4 Groschen für diese ganz neue Fibel geben?"

„Ich bin ein Kind und kaufe nichts von Kindern", entgegnete ihm sein kleiner Gesprächspartner, der viel mehr Vernunft hatte als er. „Für 4 Groschen nehme ich die Fibel", rief ein Wiederverkäufer von gebrauchten Kleidern, der sich bei dem Gespräch eingefunden hatte.

Und das Buch wurde stehenden Fußes verkauft. Dabei muß man sich vorstellen, daß Geppetto, dieser arme Mann, zu Hause geblieben war, zitternd vor Kälte in Hemdsärmeln, um seinem Söhnchen die Fibel zu kaufen!

***

Als Pinocchio in das kleine Kasperletheater eintrat, ereignete sich ein Zwischenfall, der so etwas wie eine Revolution auslöste. Man muß wissen, der Vorhang war schon hochgezogen und die Vorstellung hatte soeben begonnen. Auf der Bühne sah man den Harlekin und den Hanswurst, die sich miteinander zankten und drohten, sich gegenseitig zu ohrfeigen und zu verprügeln wie es üblich ist. Die Zuschauer im Parkett waren ganz aufmerksam und vergingen fast vor Lachen bei dem Wortgezänk dieser beiden Holzpuppen, die sich so gebärdeten und sich in solcher Echtheit mit Schimpf überhäuften, als wären sie zwei richtige Lebewesen, zwei Menschen aus unserer Welt.

Ganz unerwartet unterbrach mit einem Mal Harlekin seine Rede, er wandte sich an die Zuschauer, deutete mit der Hand auf irgend jemand im Hintergrund des Parketts und rief in feierlichem Tone aus:

„Gott im Himmel! Träume oder wache ich? Der da unten ist doch Pinocchio! ..."

„Es ist wirklich Pinocchio!" schrie der Hanswurst.

„Er ist es tatsächlich!" kreischte Rosaura, die hinter der Kulisse hervorguckte.

„Es ist Pinocchio!" brüllten im Chor alle Holzpuppen und sprangen aus der Kulisse heraus.

„Es ist unser Bruder Pinocchio! Es lebe Pinocchio! ..."

„Pinocchio, komm herauf zu mir", schrie Harlekin, „komm und wirf dich in die Arme deiner hölzernen Brüder!"

Auf diese herzliche Einladung hin schwang sich Pinocchio von den hintersten Plätzen des Parketts auf die vornehmen Plätze vorn; dann mit einem weiteren Sprung von den teuren Plätzen auf den Kopf des Orchesterdirigenten und von dort mit einem Satz auf die Bühne.

Man kann sich unmöglich die Umarmungen und Liebkosungen vorstellen, die Freundschaftsbezeugungen und Rippenstöße echter und aufrichtiger Verbrüderung, die Pinocchio in diesem Durcheinander von den Schauspielern und Schauspielerinnen dieser Komödiantentruppe aus Holz erhielt. Dieses Schauspiel war rührend, da gibt es keinen Zweifel. Aber die Zuschauer im Parkett wurden ungeduldig, als sie bemerkten, daß das Stück nicht weiterging und fingen an zu rufen: „Wir wollen das Stück sehen, wir wollen das Stück sehen!"

Aber aller Stimmaufwand war vergebens, denn die Holzpuppen, anstatt mit dem Spiel fortzufahren, verdoppelten ihr Gebrüll und ihr Getöse.

Da aber trat der Puppenspieler Feuerfresser (dies war sein Name) heraus, ein riesengroßer und so häßlicher Mann, daß er schon beim Anschauen Furcht erregte. Er trug einen wüsten Bart, so schwarz, als wäre er in Tinte getaucht und so lang, daß er ihm vom Kinn bis zum Boden hing; man braucht nur zu sagen, daß er, wenn er ging, mit den Füßen darauf trampelte. Sein Mund war so breit wie ein Backofen, seine Augen glichen zwei Laternen aus rotem Glas mit brennendem Licht dahinter, und in den Händen ließ er eine dicke Peitsche knallen, die aus ineinander verschlungenen Schlangen und Fuchsschwänzen gemacht war.

Bei dem unerwarteten Erscheinen des Puppenspielers wagte niemand mehr zu atmen. Man hätte eine Fliege surren hören können. Die armen Holzpuppen, Männlein und Weiblein, zitterten wie Espenlaub.

„Warum bist du gekommen, um ein solches Durcheinander in mein Theater zu bringen?" fragte der Puppenspieler Pinocchio mit einer rostigen Stimme, als käme er aus der Unterwelt und hätte einen Schnupfen.

„Glauben Sie mir, würdiger Herr, es war nicht meine Schuld! ..."

„Schluß jetzt! Heute abend werden wir abrechnen!"

***

Als der Abend aber kam, erbarmte sich der Puppenspieler Feuerfresser und am nächsten Tag schenkte er Pinocchio sogar fünf Goldmünzen, die er zu seinem Vater Geppetto bringen sollte.

Wie man sich gut vorstellen kann, dankte Pinocchio dem Puppenspieler tausendmal, umarmte jeden einzelnen, alle Holzpuppen der Truppe, auch die Gendarmen. Außer sich vor Freude, machte er sich auf den Weg nach Hause. Er hatte jedoch noch keinen halben Kilometer zurückgelegt, als er auf der Straße einem Fuchs begegnete, der auf einer Pfote hinkte, und einer Katze, die auf beiden Augen blind war. Sie gingen so daher und stützten sich gegenseitig als gute Gefährten im Unglück. Der Fuchs, der lahm war, stützte sich auf die Katze, und die Katze, die blind war, ließ sich vom Fuchs führen.

„Guten Morgen, Pinocchio" sagte der Fuchs und grüßte ihn höflich.

„Woher weißt du meinen Namen?" fragte ihn das Holzbübchen.

„Ich kenne deinen Vater gut."
„Wo hast du ihn gesehen?"
„Ich habe ihn gestern vor der Tür seines Hauses gesehen."
„Und was tat er da?"
„Er war in Hemdsärmeln und zitterte vor Kälte."
„Armer Vater! Aber wenn Gott will, wird er von heute an nicht mehr vor Kälte zittern! ..."
„Und warum nicht?"
„Weil ich ein reicher Herr geworden bin."
„Ein reicher Herr, du?" sagte der Fuchs und begann gemein und spöttisch zu lachen. Und auch die Katze lachte, aber um dies nicht zu zeigen, bürstete sie sich den Schnurrbart mit den Vorderpfoten. „Da gibt es nichts zu lachen", schimpfte Pinocchio beleidigt. „Es tut mir wirklich leid, wenn euch das Wasser im Munde zusammenläuft, aber dieses hier, sofern ihr es erkennt, sind fünf prächtige Goldstücke."

Und er zog die Münzen heraus, die er von Feuerfresser geschenkt bekommen hatte.

Beim verlockenden Klang dieser Goldstücke streckte der Fuchs für einen Augenblick unfreiwillig das Bein, das gelähmt schien, und die Katze riß beide Augen auf, daß sie wie zwei grüne Laternen funkelten. Aber dann schloß sie sie sofort wieder; so viel ist sicher, Pinocchio hatte nichts davon bemerkt.

„Und nun", fragte ihn der Fuchs, „was willst du mit diesen Goldstücken anfangen?"

„Zuerst", antwortete das Holzbübchen, „will ich für meinen Vater eine schöne neue Jacke kaufen, ganz aus Gold und Silber, mit Knöpfen aus Brillanten, und dann will ich eine Fibel für mich kaufen."

„Für dich?"

„Natürlich, denn ich will zur Schule gehen und fleißig lernen."

„Sieh mich an", sagte da der Fuchs, „durch die alberne Leidenschaft, lernen zu wollen, habe ich ein Bein verloren."

„Sieh mich an", sagte die Katze", durch die alberne Leidenschaft, lernen zu wollen, habe ich das Licht beider Augen verloren."

In diesem Augenblick ließ eine weiße Amsel, die auf einer Hecke an der Straße saß, ihre Stimme vernehmen:

„Pinocchio, höre nicht auf den Rat des schlechten Gefährten, sonst wirst du es bereuen!"

Arme Amsel, hätte sie dies besser nie gesagt! Die Katze machte einen großen Satz und stürzte sich auf sie, und ohne ihr auch nur die Zeit zu lassen, „au weh" zu sagen, schlang sie sie in einem Bissen hinunter, mit den Federn und allem.

Nachdem sie sie gefressen und sich die Schnauze saubergeleckt hatte, schloß sie wieder die Augen und spielte aufs neue die Blinde, wie vorher.

„Arme Amsel!", sagte Pinocchio zu der Katze, „warum hast du sie so schlecht behandelt?"

„Ich habe es getan, um ihr eine Lehre zu erteilen. So wird sie für das nächste Mal lernen, sich nicht in die Gespräche anderer einzumischen."

Sie waren weiter als bis zur Hälfte des Weges gekommen, als der Fuchs stehenblieb und unvermutet zu dem Holzbübchen sagte:

„Willst du deine Goldstücke verdoppeln?"

„Wie das?"

„Willst du aus diesen fünf elenden Goldstücken hundert, tausend, zweitausend machen?"

„Und ob! Aber auf welche Art?"

„Die Art ist äußerst einfach. Anstatt nach Hause zurückzukehren, müßtest du nur mit uns kommen."

„Und wohin wollt ihr mich führen?"

„Ins Land der einfältigen Gimpel."

Pinocchio überlegte ein wenig, dann sagte er entschlossen:

„Nein, ich will nicht dorthin mitkommen. Jetzt bin ich schon fast daheim, und ich will nach Hause gehen, wo mein Vater auf mich wartet. Wer weiß, wie der arme Alte gestern geseufzt hat, als ich nicht zurückkam."

„Also", sagte der Fuchs, „willst du wirklich nach Hause gehen? Dann gehe nur, um so schlimmer für dich!"

„Um so schlimmer für dich!" wiederholte die Katze.

„Überlege es dir gut, Pinocchio, warum du dem Glück einen Fußtritt gibst."

„Dem Glück!" wiederholte die Katze.

„Deine fünf Goldstücke hätten von heute auf morgen zweitausend werden können."

„Zweitausend!" wiederholte die Katze.

„Aber wie ist es nur möglich, daß so viele daraus werden?" fragte Pinocchio und stand da mit offenem Mund vor Staunen.

„Ich will es dir sofort erklären", sagte der Fuchs. „Man muß wissen, daß es im Land der einfältigen Gimpel ein gesegnetes Feld gibt, das von allen Wunderfeld genannt wird. Du gräbst in diesem Feld ein kleines Loch und legst zum Beispiel ein Goldstück hinein. Dann bedeckst du das Loch mit etwas Erde, begießt es mit zwei Eimern Brunnenwasser, streust darüber eine Prise Salz, und am Abend gehst du ruhig zu Bett. Inzwischen, während der Nacht, sprießt und blüht das Goldstück, und am nächsten Morgen, nach dem Aufstehen, wenn du auf das Feld zurückkehrst, was findest du? Du findest einen schönen Baum, beladen mit Goldstücken, so viele, wie eine reife Ähre Getreidekörner tragen kann im Monat Juni." „Also", sagte Pinocchio, imm verblüffter, „wenn ich meine fünf Goldstücke in jenes Feld eingrübe, wie viele Goldstücke würde ich am nächsten Morgen finden?"

„Das ist eine sehr einfache Rechnung", entgegnete der Fuchs, „eine Rechnung, die du dir an den fünf Fingern abzählen kannst. Gesetzt, jedes Goldstück bringt dir ein Büschel von fünfhundert Goldstücken, dann multipliziert man fünfhundert mit fünf und am nächsten Morgen hast du dann zweitausendfünfhundert glänzende und klingende Goldmünzen in der Tasche."

„Oh, was für eine feine Sache!" rief Pinocchio aus und hüpfte vor Freude, „sobald ich dann die Goldmünzen abgepflückt habe, nehme ich für mich davon nur zweitausend, die übrigen fünfhundert schenke ich euch."

„Ein Geschenk für uns?" rief der Fuchs, indem er sich entrüstet und beleidigt stellte, „Gott bewahre!"

„Bewahre!" wiederholte die Katze.

„Wir", begann der Fuchs wieder, „arbeiten nicht für schnöden Vorteil, wir arbeiten nur zur Bereicherung der anderen."

„Der anderen!“ wiederholte die Katze.

„Welch edle Geschöpfe!“ dachte Pinocchio bei sich. Er vergaß auf der Stelle seinen Vater, die neue Jacke, die Fibel und alle guten Vorsätze und erklärte dem Fuchs und der Katze:

„Also gehen wir. Ich komme mit euch.“

Carlo Collodi
Aus dem Italienischen von Helga Legers

***

„Pinocchio sprang auf die Straße und lief fort.“
Illustrator: Leonardo Mattioli (Italien, 1955)

„Geppetto, der so arm war, daß er nicht einmal einen Pfennig in der Tasche hatte, fertigte ihm darauf ein Kleidchen aus geblümtem Papier an, ein Paar Schuhe aus Baumrinde und ein Käppchen aus Brotkrumen.“

Illustration: Carlo Chiostri (Italien, 1901)

„Willst du mir 4 Groschen für diese ganz neue Fibel geben?“

Illustrator: Attilio Mussino (Italien, 1911)

„Warum bist du gekommen, um ein solches Durcheinander in mein Theater zu bringen?" fragte der Puppenspieler Feuerfresser Pinocchio.

Illustrator: Enrico Mazzanti (Italien, 1883)

„Er begegnete einem Fuchs, der auf einer Pfote hinkte, und einer Katze, die auf beiden Augen blind war."

Foto: Jochen Fiebig (1984)

La Volpe (der Fuchs), il Gatto (die Katze)
Bezugsquelle:
Libreria „il Marzocchino"
Via de'Martelli 14r
I – Firenze
Preis: 43 000 L. pro Puppe

Pinocchio, der Schlaue

Es war einmal ein Pinocchio. Nein, nicht der Pinocchio, den ihr alle schon kennt, ein ganz anderer. Dieser Pinocchio war eines Tages einfach da, er wurde nicht erst vom Meister Geppetto geschnitzt. Und genau wie der andere so berühmte Pinocchio, erzählt er viele, viele Lügen. Und jedesmal, wenn er lügt, wird auch seine Nase ein Stück länger. Aber es ist trotzdem nicht derselbe Pinocchio. Dieser weint nicht, wenn seine Nase länger wird, er geht auch nicht zur guten Fee und bittet sie um Hilfe. Er nimmt sich ganz einfach ein Messer oder eine Säge und schneidet ein Stück von der Nase ab. Und da er aus Holz ist, tut ihm das gar nicht weh.

So kam es, daß Pinocchio immer mehr Holz ansammelte. Jeden Tag erzählte er eine Lüge und für jede Tat schnitt er ein Stück Holz von seiner Nase ab. Da kam ihm eines Tages eine Idee. Er sagte sich: „Ich weiß was, aus all diesen trockenen Holzstücken mache ich mir Möbel. Ja, das mache ich. So kann ich mir das Geld für den Schreiner sparen."

Pinocchio war tüchtig und geschickt. Er machte sich ein Bett, einen Tisch, einen Schrank, Stühle, Bücherregale und eine Bank. Zum Schluß wollte er noch ein Tischchen für seinen Fernseher machen, doch da hatte er auf einmal kein Holz mehr.

„Also gut", sagte er, „ich muß wieder eine gute Lüge erzählen."

Er ging aus dem Haus und suchte jemanden, dem er eine Lüge erzählen konnte. Da kam ihm auf dem Gehsteig ein Bauer entgegen, einer von denen, die immer den Bus verpassen.

„Guten Tag. Wissen Sie, daß Sie ein echter Glückspilz sind?"

„Ich? Und weshalb?"

„Ja, wissen Sie es noch gar nicht? Sie haben 100 Millionen in der Lotterie gewonnen. Das habe ich vor fünf Minuten im Radio gehört."

„Das ist nicht möglich!"

„Wie können Sie sagen, das ist nicht möglich ... Wie heißen Sie?"

„Roberto Bislunghi."

„Sehen Sie! Roberto Bislunghi, das ist genau der Name, den der Radiosprecher gesagt hat. Und was sind Sie von Beruf?"

„Ich verkaufe Salami, Hefte und Glühbirnen auf dem Platz San Giorgio di Sopra."

„Dann gibt es keinen Zweifel mehr: Sie sind der Gewinner. Hundert Millionen. Ich gratuliere."

„Danke, vielen Dank ..."

Signor Bislunghi wußte nicht, ob er es glauben sollte oder nicht, aber er war so wahnsinnig aufgeregt, daß er erst einmal in ein Café gehen mußte, um ein Glas Wasser zu trinken. Nachdem er das Glas Wasser getrunken hatte, fiel ihm ein, daß er noch nie Lotterielose gekauft hatte. Also mußte es ein Irrtum sein.

Pinocchio aber war inzwischen zufrieden nach Hause zurückgekehrt. Die Lüge hatte seine Nase gerade so viel wachsen lassen, daß er genug Holz für das letzte Tischbein hatte. Er sägte, nagelte und hobelte: das Tischchen war fertig. Im Geschäft hätte er für so ein Tischchen zwanzigtausend Lire zahlen müssen. Die hatte er sich so gespart.

Als er sein Haus vollständig eingerichtet hatte, beschloß er, ein Geschäft aufzumachen.

„Ich werde Holz verkaufen und reich werden."

Und tatsächlich fiel es ihm so leicht, eine Lüge nach der anderen zu erzählen, daß er in kurzer Zeit Besitzer eines großen Holzlagers mit hundert Arbeitern und zwölf Buchhaltern war. Er kaufte vier Personenwagen und zwei Lastwagen. Die Lastwagen brauchte er nicht etwa, um Ausflüge zu machen. Er transportierte auf ihnen das Holz. Er lieferte auch ins Ausland, nach Frankreich und ins Spiel-Land. Und es hagelte nur so von Lügen: Wahrlich erzählte er eine Lüge nach der anderen, und seine Nase hörte nicht auf zu wachsen. Pinocchio wurde immer reicher. Jetzt arbeiteten in seinem Lager dreitausendfünfhundert Arbeiter und vierhundertzwanzig Buchhalter. Er hatte mit der Zeit so viele Lügen erzählt, daß ihm eines Tages keine neuen mehr einfielen. So mußte er umherziehen, um sich die Lügen von anderen anzuhören und sie nachzuerzählen: die Lügen der Erwachsenen und die Lügen der Kinder ... Aber es waren nur kleine Lügen, und so wuchs seine Nase jedesmal nur um wenige Zentimeter. Da beschloß Pinocchio, sich einen Lügenschreiber zu nehmen. Der Lügenschreiber saß acht Stunden am Tag in seinem Büro und dachte sich Lügen aus. Er schrieb sie auf seine vielen Zettelchen, die er dann seinem Chef gab:

„Sagen Sie, daß Sie die Kuppel des Petersdoms gebaut haben."

„Sagen Sie, daß die Stadt Forlimpopoli Räder hat und durchs Land rollen kann."

„Sagen Sie, daß Sie zum Nordpol gefahren sind, dort ein Loch gegraben haben und am Südpol wieder herausgekommen sind."

Der Lügenschreiber verdiente ziemlich gut, aber am Abend hatte er vom vielen Lügenerfinden Kopfschmerzen.

„Sagen Sie, daß der Mont Blanc Ihr Onkel ist."

„Sagen Sie, daß die Elefanten weder im Liegen noch im Stehen schlafen, sondern aufrecht auf ihrem Rüssel balancieren."

„Sagen Sie, daß der Fluß Po es leid ist, immer nur ins Adriatische Meer zu fließen und von jetzt an in den Indischen Ozean fließen will."

Da Pinocchio inzwischen reich, ja steinreich war, sägte er sich die Nase nicht mehr selbst ab. Das machten zwei Spezialisten mit weißen Handschuhen und mit einer Säge aus Gold. Diese Männer erhielten doppelten Lohn: einmal für die Arbeit, die sie taten, und einmal dafür, daß sie nichts verrieten. Ab und zu, wenn der Tag besonders lügenreich gewesen war, gab Pinocchio ihnen auch Geld für ein Glas Mineralwasser.

Erster Schluß

Pinocchio wurde jeden Tag reicher. Aber glaubt nur nicht, daß er geizig wurde. Dem Lügenschreiber zum Beispiel machte er wunderschöne Geschenke: ein Pfefferminzplätzchen, eine Lakritzstange, eine Briefmarke aus dem Senegal ...

Die Leute im Dorf waren sehr stolz auf ihn. Sie wollten ihn um jeden Preis als Bürgermeister. Aber Pinocchio lehnte ab, weil er diese große Verantwortung nicht auf sich nehmen wollte.

„Aber Sie können so viel für das Dorf tun", sagten sie zu ihm.

„Das werde ich tun, ja, das werde ich tun. Ich werde einen Kindergarten stiften, der meinen Namen tragen soll. Ich werde eine Bank für den Stadtpark stiften, auf der sich die alten Arbeiter ausruhen können, wenn sie müde sind."

„Hoch lebe Pinocchio! Hoch lebe Pinocchio!"

Alle waren so glücklich und zufrieden, daß sie beschlossen, ihm ein Denkmal zu setzen. Und das taten sie, aus Marmor, auf dem Hauptplatz. Da stand ein drei Meter großer Pinocchio, der einem fünfundneunzig Zentimeter großen Waisenkind einen Groschen schenkte. Bei der Einweihung spielte die Kapelle und am Abend gab es ein Feuerwerk. Es war ein Festtag, an den alle noch lange dachten.

Zweiter Schluß

Pinocchio wurde jeden Tag reicher und immer reicher, und er wurde immer geiziger. Der Lügenschreiber, der Mühe hatte, neue Lügen zu erfinden, bat ihn eines Tages um eine Gehaltserhöhung. Pinocchio aber wollte sie ihm nicht geben und erfand immer eine andere Ausrede.

„Ja, mit einer Gehaltserhöhung sind Sie schnell dabei. Erst gestern haben Sie mir eine Lüge für vier Groschen angedreht: Meine Nase ist nur um ganze zwölf Millimeter länger geworden. Zwölf Millimeter Holz reichen nicht einmal aus, um einen Zahnstocher daraus zu machen."

„Ich habe Frau und Kinder", sagte der Lügenschreiber, „und die Kartoffeln sind teurer geworden."

„Aber Kuchen ist billiger geworden. Warum kaufen Sie nicht Kuchen statt Kartoffeln?"

Es kam soweit, daß der Lügenschreiber seinen Arbeitgeber zu hassen begann. Schließlich haßte er ihn so sehr, daß er sich an ihm rächen wollte.

„Ich werde es ihm zeigen", murmelte er vor sich hin, während er unlustig Tag für Tag seine Zettel beschrieb.

Und ohne zu wissen, was er tat, schrieb er auf einen dieser Zettel: Der Verfasser des Pinocchio ist Carlo Collodi.

Der Zettel lag zwischen den Zetteln mit den Lügen. Pinocchio, der noch nie im Leben ein Buch gelesen hatte, dachte, es sei eine Lüge wie die anderen auch. Er merkte sich den Spruch, um ihn bei der erstbesten Gelegenheit zu erzählen.

So kam es, daß er zum ersten Mal im Leben die Wahrheit sagte, ohne es überhaupt zu wissen. Und kaum hatte er sie ausgesprochen, da zerfiel das Holz, das aus seinen Lügen entstanden war, zu Staub und Sägemehl und all sein Reichtum verflog, als ob der Wind ihn weggeblasen hätte. Pinocchio war wieder arm. Er saß in seinem alten Haus ohne Möbel, ja sogar ohne ein Taschentuch, um seine Tränen abzuwischen.

Dritter Schluß

Pinocchio wurde jeden Tag reicher, und sicherlich wäre er der reichste Mann auf der Welt geworden, wenn nicht eines Tages ein riesengroßer Mann zu ihm gekommen wäre, der viel wußte, ja, der alles wußte und der auch wußte, daß Pinocchios ganzer Reichtum wie Rauch verfliegen würde an dem Tag, an dem Pinocchio die Wahrheit sagen würde.

„Signor Pinocchio, was immer passiert: Hüten Sie sich davor, jemals auch nur die kleinste Wahrheit zu sagen, auch nicht aus Versehen, sonst ist Ihr schönes Leben vorbei. Verstanden? Nun gut. Übrigens, gehört Ihnen diese Villa?"

„N-nein", antwortete Pinocchio.

„Dann nehme ich sie mir. Sie scheint genau für mich gemacht zu sein. Gehören Ihnen diese Holzlager?"

„N-nein", antwortete Pinocchio schweren Herzens, um nicht die Wahrheit sagen zu müssen.

„Phantastisch, dann nehme ich sie mir ..."

Auf diese Weise nahm sich der Mann die Autos, die Lastwagen, den Fernseher, die Säge aus Gold. Pinocchio wurde immer wütender, aber er hätte sich lieber die Zunge abgebissen als die Wahrheit zu sagen.

„Übrigens“, fragte schließlich der Mann, „gehört Ihnen Ihre Nase?“ Da platzte Pinocchio: „Natürlich gehört sie mir! Und ich lasse sie mir von Ihnen nicht wegnehmen! Die Nase gehört mir, und wehe dem, der sie berührt!“

„Das ist die reine Wahrheit“, lachte der Mann.

Und im selben Augenblick zerfiel Pinocchios Holz zu Sägemehl, und sein Reichtum wurde zu Staub, es kam ein großer Windstoß, der alle Dinge fortblies, auch den geheimnisvollen Mann. Pinocchio blieb allein und arm zurück. Er hatte nicht einmal mehr ein Hustenbonbon, das er sich in den Mund stecken konnte.

Gianni Rodari
Aus dem Italienischen übertragen von Hildegard Rudolph

2. Pinocchio in Deutschland

Pinocchio, der im Jahre 1983 seinen hundertsten Geburtstag feierte, ist auch heute bei Kindern sehr bekannt, in der letzten Zeit wohl hauptsächlich durch die fünfzigteilige Fernsehserie im Disney-Stil. Inzwischen gehört Pinocchio zu einer der vermarkteten Figuren der Kinderkultur: Neben Heidi, Biene Maja und Mickey-Maus erscheint auch Pinocchio auf Papiertüten und Zahnbechern, als Plastikfigur, in Erzählform auf Kassetten und Schallplatten, zum Lesen und Betrachten in Büchern und Comics (vgl. *Barthelmes* u. a. 1983, S. 102f.).

Die erste deutsche Ausgabe von Pinocchio, eine sehr freie Bearbeitung von Otto Julius *Bierbaum,* erschien 1905 in München (Schaffstein-Verlag) als „Zäpfel Kerns Abenteuer“ – nach *Müller* (1979, S. 52) eine „symbolträchtige Wichtelmann- und Märchenwaldromanze sentimentaler Prägung“. Diese erste Ausgabe hat bereits eine Auflage von einer Million Exemplaren erreicht und ist heute noch zu kaufen. Eine andere sehr verbreitete Version ist die beim Herder-Verlag erschienene Übertragung von Anton *Grumann,* mit Bildern von Wolfgang *Felten* (*Die Geschichte vom hölzernen Bengele,* 100. Auflage 1982). Mittlerweile gibt es sämtliche Versionen dieser berühmt gewordenen Puppenfigur – nicht nur in der Originalform der Erzählung, sondern auch als Bilderbuch. Allein 1978, dem Jahr der ersten Fernsehsendungen in der Bundesrepublik Deutschland, erschienen fünf neue Ausgaben. Wir möchten hier drei Pinocchio-Beispiele kurz vorstellen.

○ *Pinocchio.*
Carlo Collodi. Aus dem Italienischen von Helga Legers.
Mit vielen Zeichnungen von Carlo Chiostri.
Zürich: Diogenes 1978, 256 Seiten, DM 9,80
(36 illustrierte Geschichten)

Diese Übersetzung aus dem Italienischen von Helga Legers (die wir auszugsweise als Geschichte wiedergeben) entspricht der Originalfassung, d. h. sie wird in der

Form von 36 Episoden dargeboten. Die zarten und sehr ausdrucksvollen Schwarzweißzeichnungen von Carlo Chiostri sind der zweiten italienischen Originalfassung von Pinocchio entnommen. Der Text wird erfrischend frei von sentimentalen Zügen und kindertümelnder Sprache gehalten, im Unterschied zu früheren Versionen. Ab 6/7 Jahren.

○ *Pinocchio.*
Ein Märchen von Carlo Collodi mit Bildern von Sakura Fujita.
Deutsch von Käthe und Günter Leupold.
Hanau: Peters 1972, 1979 (3. Aufl.), 24 Seiten, DM 18,80
(Bilderbuch)

Auffallend an diesem Bilderbuch sind die lebendigen Collagebilder des japanischen Künstlers Sakura Fujita. Diese Bilder aus farbigem Stoff (bzw. Holzfurnier) geben Kindern sicherlich Impulse zur bildnerischen Nachgestaltung. Die Geschichte ist nicht wie in der Originalfassung in Episoden gegliedert, sondern als fortlaufende Erzählung. Dies ist eine relativ „harmlose" Version von Pinocchios Abenteuer – die satirisch-realistischen Momente der Originalfassung werden weitgehend ausgeklammert, vermutlich um auch jüngere Kinder ansprechen zu können.

○ *Pinocchio. Geschichte eines hölzernen Bengels.*
Carlo Collodi und Antje Vogel (Ill.)
Münster: F. Coppenrath 1983, 22 Seiten, DM 16,80
(Bilderbuch)

In diesem Bilderbuch werden sämtliche Episoden aus der Geschichtensammlung Collodis in zehn Kurzgeschichten umgewandelt. Das ganze Buch, inklusive Leineneinband, ist von Antje Vogel, eine deutsche Illustratorin, durchgestaltet. Antje Vogels Art, nicht nur zu illustrieren, sondern auch mit ornamentalen Umrahmungen, Vignetten und Schriftarten zu schmücken, kommt auch in diesem Band zum Ausdruck. Darüber hinaus sind die Texte nicht gesetzt, sondern in Handschrift gedruckt, was auch zur besonderen Note des farbigen Bilderbuches beiträgt. Jede „Geschichte" besteht aus 6 bis 10 Sätzen, die in einfacher Sprache gehalten werden. Auch aus dieser Geschichte wurden alle Grausamkeiten und derbrealistische Details der Originalfassung abgeschwächt bzw. herausgefiltert. Ab 4/5 Jahren.

3. Hundert Jahre Pinocchio-Illustrationen

Pinocchios hundertster Geburtstag wurde in Italien drei Jahre lang gefeiert (1981–1983). Diese drei Jahre entsprechen der tatsächlichen Entstehungsgeschichte Pinocchios von der Zeitschriftserie bis zum Erscheinen des Buches (1881–1883). Zu diesem Anlaß sind zahlreiche neue Auflagen von Pinocchio sowie einschlägige Literatur *über* Pinocchio erschienen. In einer dieser Veröffentlichungen, *Pinocchio e la sua immagine* (Imagen von Pinocchio, Firenze 1981), wird mit vielen Farbabdrucken dokumentiert, wie verschiedene Illustratoren (fast ausschließlich italienische Illustrationen) Pinocchio dargestellt haben.

Angeregt durch die Vielfalt der Pinocchio-Bilder wollen wir hier einen Eindruck der unterschiedlichen Interpretationen geben. So versuchen wir auf den folgenden Seiten, die Entwicklung über die Jahre anhand einiger ausgewählter Beispiele aufzuzeigen:

1883 Enrico *Mazzanti* (Italien)
1901 Carlo *Chiostri* (Italien)
1911 Attilio *Mussino* (Italien)
1917 Salvador *Bartolozzi* (Spanien)
1937 Walt *Disney* (USA)
1949 Alfred *Zacharias* (Deutschland)
1981 Attilio *Cassinelli* (Italien).

Es wird deutlich, wie auch diese Illustratoren nicht ganz unbeeinflußt vom jeweiligen „Zeitgeist“ in der bildenden Kunst waren.

Illustrator: Enrico Mazzanti (Italien, 1883)

Mazzanti war Illustrator der allerersten italienischen Publikation von Pinocchio in Buchform.

Illustration: Carlo Chiostri (Italien, 1901)

Illustrator der zweiten italienischen Fassung und generell als bedeutendster Zeichner von Pinocchio anerkannt. Seine Bilder wurden für eine Übersetzung ins Deutsche gewählt (von Helga Legers, 1967, Max Hueber Verlag)

Illustrator: Attilio Mussino (Italien, 1911)

Auch ein klassischer Pinocchio-Illustrator.

Illustrator: Salvador Bartolozzi (Spanien, 1917)

Bartolozzi, Sohn eines italienischen Vaters und einer spanischen Mutter, gab der Figur von Pinocchio in Spanien einen Quichote-ähnlichen Zug. Sowohl im Text als auch in den Bildern von Bartolozzi wird Pinocchio als groß, schlank, mit riesiger Nase und als Idealist dargestellt, der sich für andere aufopfern möchte. Pinocchio bekommt bei Bartolozzi einen Gegenspieler namens Chapete.

Illustrator: Walt Disney (USA, 1937)

Nicht ein Italiener, sondern ein Amerikaner, Walt Disney, schuf die heute bei Kindern wahrscheinlich bekannteste Pinocchio-Figur – den Pinocchio des Films und des Comics.

Holzschnitt: Alfred Zacharias (Bundesrepublik Deutschland, 1949)

Die Holzschnitte von Zacharias schmückten die zweite in Deutschland erschienene Bearbeitung des italienischen Originals (Purzels Abenteuer. Die Geschichte von Pinocchio von Carlo Collodi. Aus dem Italienischen übertragen von Charlotte Birnbaum. München: Kurt Desch 1949)

Illustrator: Attilio Cassinelli (Italien, 1981)

Zum hundertsten Geburtstag Pinocchios erschien ein ganz moderner Pinocchio – mit geometrisch abstrakten Bildern. Der Illustrator hat auch zahlreiche andere italienische Kinderbücher illustriert.

4. Pinocchio: Anregungen zum Selbermachen

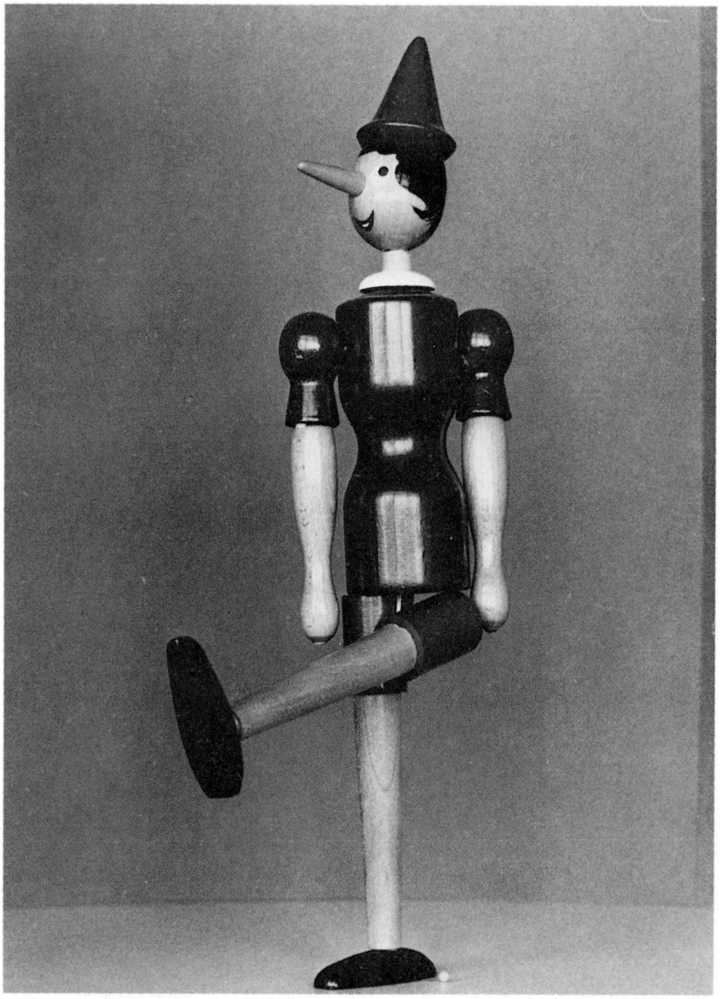

Foto: Jochen Fiebig

Die Pinocchio-Figur, die hier abgebildet ist, hat viele positive Merkmale:

- sie ist aus Holz, wie Pinocchio;
- sie kann stehen und sitzen;
- die einzelnen Körperteile sind beweglich;
- die angedeuteten Kleidungsstücke (Kappe, Kleidchen, Schuhe) entsprechen der Originalbeschreibung von Pinocchio;
- sie ist sehr robust.

Diese Ausführung kann man jedoch unserem Wissen nach bisher nur in Italien erhalten. Eine Bezugsquelle dafür ist:

Libreria „il Marzocchino"
Via de' Martelli 14r
I – Firenze
Tel.: (055) 212031

Einen Pinocchio kann man aber auch selber machen. Folgende Aufnahme zeigt verschiedene Möglichkeiten (erstellt von Erzieherinnen in multinationalen Kindergruppen im Rahmen der Materialerprobung des Staatsinstituts für Frühpädagogik, München):

(1) Pinocchio als Fingerpuppe (aus Holz);
(2) Pinocchio als Holzpuppe mit beweglichen Armen und Beinen, die sitzen kann;
(3) Pinocchio aus Papprollen, mit beweglichen Armen und Beinen;
(4) Pinocchio als Handpuppe;
(5) Pinocchio aus Ultraphanfolie geschnitten, mit transparenten Glasfarben bemalt und mit beweglichen Körperteilen;
(6) Pinocchio aus Styropor (Kopf und Hände) und Papprollen (Körper, Arme und Beine), mit Filzbekleidung;
(7) Pinocchio als Marionette, mit Kopf, Händen und Füßen aus Holz und Körperteile aus Macramé.

Foto: Jochen Fiebig

Ein Beispiel zum Selbermachen: Pinocchio als Holzpuppe

Kindergartenkinder können bei der Herstellung dieser Puppe mithelfen (wie hier angedeutet), Schulkinder können die Arbeitsgänge sicherlich weitgehend selbständig durchführen.

Pinocchio

Eine Holzpuppe mit beweglichen Armen und Beinen, die sitzen kann

hergestellt von: Marita Müller-Hahl
Foto: Jochen Fiebig, 1984

Material:
- *1 Vierkantleiste, 9×3×2 cm, für den Körper*
- *1 Vierkantleiste, 20×1×1 cm für die Arme*
- *1 Vierkantleiste, 25×1,5×1 cm für die Beine*
- *1 Holzkugel (ca. ∅ 5 cm) für den Kopf, evtl. bereits angebohrt*
- *1 kleines Rundholz für die Nase*
- *2 Lederriemen (ca. 15 cm lang)*
  oder 4 Holzschrauben in Haken- und Ösenform zur Verbindung von Armen und Beinen mit dem Körper

Holzdübel für den Hals
Fellreste für die Haare
roter Filzstoff für die Mütze
weißer Filzstoff für die Halskrause
Holzleim, Klebstoff, Schleifpapier, Säge, Handbohrer

Arbeitsanleitung:

- ○ Die Beine und Arme (Vierkantleiste 20×1×1 cm) auf 10 cm zusägen. Während die Erzieherin sägt, hält ein Kind das Holz (oder umgekehrt). Die Reststücke der Vierkantleiste für die Beine bilden die Füße (ca. 2,5 cm lang).
- ○ Alle Kanten der zugeschnittenen Holzstücke mit Sandpapier schleifen.
- ○ Mit dem Handbohrer Löcher für das Durchführen der Lederriemen jeweils 1,5 cm vom Rand durch den Körper und durch die Vierkantleisten der Arme und Beine bohren (Abb. 1).
- ○ Mit einem Bohreinsatz in der Stärke des Holzdübels ein Loch in die obere Kante des Körpers (sowie in den Kopf, soweit nicht vorhanden) hineinbohren. Beide Teile mit dem Holzdübel (Hals) verbinden und verleimen (Abb. 2).
- ○ Das Rundholz für die Nase etwas spitz zurechtschleifen.
- ○ Für die Nase ein kleines Loch in die Mitte der Holzkugel anbringen (Bohrstärke in der Größe des Rundholzes) und das Rundholz hineinstecken.
- ○ Den Lederriemen durch die Löcher Arm–Körper–Arm führen und verknoten, das gleiche mit den Beinen (Abb. 3).
  Oder: Ösen in den Körper und Haken in die Arme bzw. Beine hineinschrauben. Haken und Ösen ineinanderhängen und Haken zusammenzwicken.
- ○ Die Füße anleimen, Fellreste als Haare um die Holzkugel kleben.
- ○ Einen Hut aus rotem Filz schneiden und aufkleben (Abb. 4); eine Krause aus weißem Filz schneiden (ca. 20×3,5 cm) und mit Laufstichen zusammenziehen.
- ○ Das Gesicht mit einem Stift auf die Holzkugel malen.

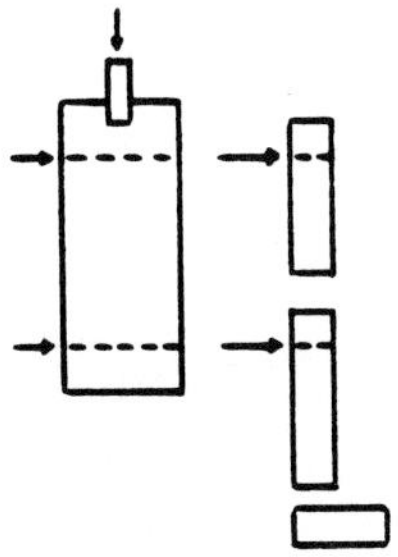
Abb. 1

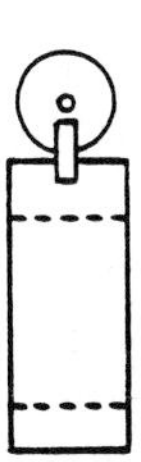
Abb. 2

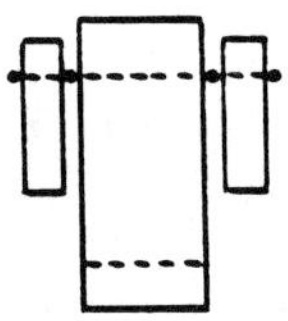
Abb. 3

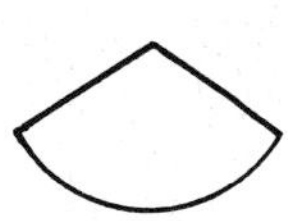
Abb. 4

III. Nasreddin Hodscha

Illustration: Haslet Soyöz (Istanbul 1980)

0. Nasreddin Hodscha: Eine Einführung

Nasreddin-Hodscha-Geschichten sind den meisten türkischen Familien – ob in der Türkei oder in der Bundesrepublik Deutschland – sehr vertraut.

Meral *Alpay* (1983) schreibt dazu: „Die wichtigsten Figuren der türkischen Schwänke und Anekdoten sind Incili Çavuş, Bekri Mustafa und Nasreddin Hodscha. Schwänke sind zunächst Teil einer mündlichen Erzähltradition, werden dann ausgeschmückt und immer weiter verbreitet und schließlich auch schriftlich fixiert. In der Kinderliteratur begegnet man den Schwänken des Incili Çavuş und Bekri Mustafa überhaupt nicht, während die kurzen Geschichten von Nasreddin Hodscha seit nahezu hundert Jahren eine unerschöpfliche Quelle für Kinderbücher sind.

Die Schwänke des Nasreddin Hodscha werden nicht nur in den türkisch sprechenden Ländern, sondern in fast jedem Land, das zu der Türkei in nähere Beziehung getreten war, erzählt. Nasreddin Hodscha, von dem man annimmt, daß er im 13. Jahrhundert in Sivrihisar geboren wurde und in Akşehir starb, wurde aufgrund seiner geistreichen Anspielungen, seines sonderbaren Gebarens, seiner Schlagfertigkeit und seines gesunden Menschenverstandes in kürzester Zeit landaus, landein bekannt, und jedes Land, in dem sich seine Anekdoten verbreiteten, beanspruchte ihn für sich selbst.

Während über die verschiedenen Formen seines Namens und die Varianten seiner Schwänke in den verschiedenen Ländern wissenschaftliche Untersuchungen durchgeführt werden, schicken die türkischen Kinderbuchillustratoren den Hodscha mitsamt seinem Esel auf einer Rakete zum Mond." Andere lassen ihn noch mit seinem Esel zum Markt gehen und einen Truthahn verkaufen.

Nasreddin wird meist mit einem weißen Turban, einem langen weißen Bart und einem Esel abgebildet. „Hodscha" ist ein in der Türkei weit verbreiteter Ehrentitel für religiöse Gelehrte, aber auch für weltliche Gelehrte – so nennen viele türkische Kinder z. B. ihren Lehrer „Hodscha".

Nasreddin Hodscha wird oft mit Till Eulenspiegel verglichen. Eulenspiegel ist jedoch durchtrieben und schalkhaft, während Nasreddin Narr und Weiser zugleich ist. Er ist nicht nur witzig, er hat vor allem Humor und Lebensmut – in jeder Situation. Nasreddin Hodscha ist *die* zentrale Figur des türkischen Humors; er erfreut sich seit Jahrhunderten unverminderter Beliebtheit und ist auch heute noch – im Unterschied zu Eulenspiegel – Teil einer weit verbreiteten mündlichen und schriftlichen Erzähltradition. Auch am Kiosk kann man in der Türkei Heftchen mit Nasreddin-Hodscha-Witzen kaufen.

Nasreddin-Hodscha-Witze sind für jüngere Kinder sicherlich nicht ganz nachvollziehbar. Allerdings wurden die Geschichten „Hodscha und der Pelz" und „Hodscha und der Teekessel" in multinationalen Kindergartengruppen durchaus positiv aufgenommen und von den Kindern spontan gespielt. Bei den mehr volkstümlichen türkischen Geschichten und Figuren wie Hodscha oder Keloglan geht es nicht nur darum, ob jede Geschichte voll und ganz verstanden wurde. Wichtiger ist, daß deutsche Kinder eine volkstümliche, auch heute noch sehr beliebte Figur des türkischen Humors kennenlernen und daß die türkischen Kinder diese Figuren kennen oder zumindest ihre Eltern darauf ansprechen können. So können sie ihre Eltern bitten, ihnen weitere Hodscha-Geschichten zu erzählen, die sie dann in der Kindergruppe wiedergeben können.

1. Hodscha-Anekdoten: Texte, Bilder, Bildgeschichten

Hodscha und der Teekessel

Illustration: Orhan Şimşek (Berlin 1985)

Eines Tages ging Hodscha zu seinem Nachbarn und lieh sich einen großen Teekessel aus. Nach einigen Tagen trug er den Kessel wieder zurück. Der Nachbar machte ihm auf, nahm den Kessel entgegen und fragte „Was ist denn das?" und deutete auf einen kleinen Topf, der im Kessel lag. „Oh, während dein Kessel in meinem Haus war, hat er das geboren", erwiderte Hodscha.

Sein Nachbar zeigte sich über diese erfreuliche Nachricht ganz entzückt und behielt beides, den Teekessel und den kleinen Topf.

Nach einer Weile lieh Hodscha sich wieder den Teekessel von seinem Nachbarn aus. Es waren nun schon zwei Wochen vergangen und Hodscha hatte den Kessel immer noch bei sich. Der Nachbar begab sich zu Nasreddin Hodscha, um den Kessel zurückzufordern.

„Hodscha“, sagte er, „ich bin gekommen, um meinen Kessel zu holen.“ Mit trauriger Miene antwortete Hodscha:

„Ach, lieber Nachbar! Frag nicht, was geschehen ist! Ich spreche dir mein Beileid aus. Dein Kessel ist verschieden.“

Darauf der Nachbar: „Aber Hodscha, mach dich nicht lächerlich! Wie kann ein Kessel sterben?“

„Nun, warum nicht?“ erwiderte der Hodscha, „wenn du glauben kannst, daß er gebären kann, warum kannst du dann nicht glauben, daß er sterben kann?“

Hodscha auf dem Markt

Illustrationen: Olcay Göçmen (Istanbul 1981)

Eines Tages ging Hodscha auf den Markt und hörte, wie ein Papagei für 990 Lira angeboten wurde. Nasreddin sah den Vogel und wunderte sich über den hohen Preis.

„Das ist kein gewöhnlicher Vogel“, erklärte ihm der Verkäufer, „sondern ein sprechender Papagei.“

Am anderen Morgen sah man Nasreddin Hodscha wieder auf dem Markt. Er bot einen Truthahn an – für 1000 Lira. Der Verkäufer des Papageis sah ihn und fragte: „Wie kann dein Truthahn teurer sein als mein Papagei?"

„Ganz einfach" antwortete ihm der Hodscha, „dein Papagei spricht, mein Truthahn aber überlegt, bevor er spricht."

Hodscha und der Pelz

Illustration: Orhan Şimşek (Berlin 1985)

Im Bekanntenkreis Nasreddin Hodschas sollte eine Hochzeit gefeiert werden. Der Gastgeber lud auch den Hodscha ein. Nasreddin Hodscha freute sich sehr über diese Einladung. „Es möge ihnen vergolten werden, sie haben mich nicht vergessen", dachte er bei sich. Er zog die Kleider an, die er immer trug. Sie waren ein wenig abgenutzt, aber ganz und gar sauber. Er machte sich auf den Weg und gelangte vor das Haus, in dem die Hochzeit stattfand. Musik tönte heraus. Er klopfte an die Tür. Man machte ihm auf, und er trat ein. Drinnen herrschte großes Gedränge. Es wurde laut gesungen und gespielt. Alle saßen an der Tafel und aßen. Als sie Nasreddin Hodscha in den alten Kleidern sahen, waren sie alle still. Niemand hieß ihn willkommen. Niemand forderte ihn auf, sich an die Tafel zu setzen und mit ihnen zu speisen.

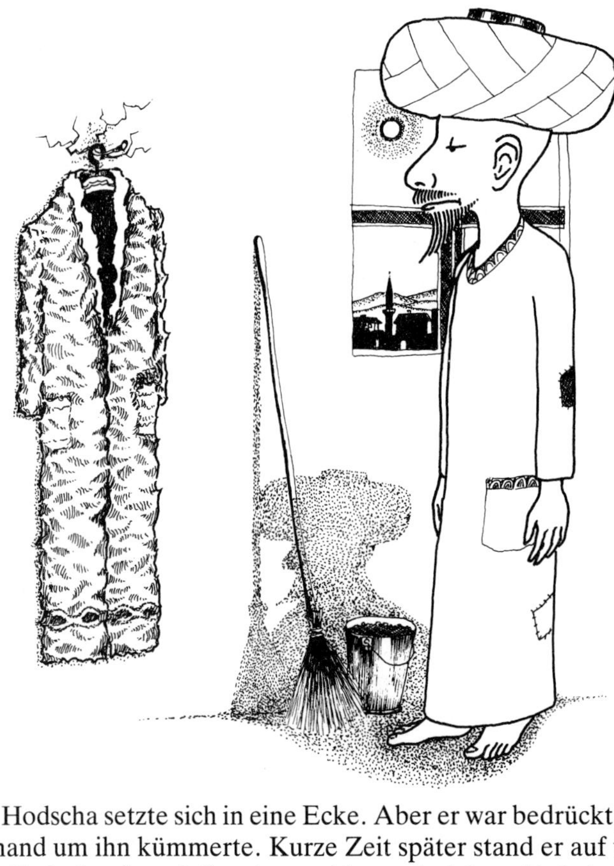

Nasreddin Hodscha setzte sich in eine Ecke. Aber er war bedrückt, als er merkte, daß sich niemand um ihn kümmerte. Kurze Zeit später stand er auf und verließ die Hochzeitsgesellschaft, ohne daß es jemand bemerkt hätte. Er kehrte zu sich nach Hause zurück, nahm seinen neuen Pelz aus dem Schrank und zog ihn an. Dann begab er sich wieder ins Hochzeitshaus. Das Mahl war noch nicht zu Ende. Als die Gäste Nasreddin Hodscha in einem so schönen Pelz sahen, sprangen sie alle von ihren Plätzen auf und sagten: „Komm herein, Hodscha! Herzlich willkommen! Du erweist uns eine große Ehre."

Illustration: Orhan Şimşek (Berlin 1985)

Sie baten den Hodscha, den Ehrenplatz an der Tafel einzunehmen. Nasreddin Hodscha setzte sich zu Tisch, aber er rührte keine der Speisen an. Nach einer Weile steckte er einen Zipfel seines neuen Pelzes in einen der gefüllten Teller und sagte:

„Also, mein Pelz, laß es dir schmecken!“ Als das die anderen Leute an der Tafel sahen, waren sie sehr verwundert und fragten:

„Um Himmels willen, Hodscha, was machst du da? Warum tauchst du deinen Pelz ins Essen?“

Nasreddin Hodscha tat, als höre er nicht, hielt weiterhin ein Ende seines Pelzes in das Essen getaucht und sprach: „Greif nur zu, mein Pelz! Laß es dir schmecken!“

Als die übrigen Hochzeitsgäste darauf drangen zu erfahren, warum er so handele, erwiderte Hodscha lächelnd:

„Gerade vorhin kam ich in meinen alten, aber sauberen Kleidern. Niemand hat mich auch nur angeschaut. Nicht einmal willkommen habt ihr mich geheißen. Aber als ich in meinem neuen Pelz kam, gabt ihr mir den Ehrenplatz an eurer Tafel. Eure Gastfreundschaft gilt also nicht mir, sondern meinem Pelz. So soll er sich das Essen schmecken lassen!“

Illustration: Orhan Şimşek (Berlin 1985)

Hodscha sucht seinen Esel

Eines Tages verlor Nasreddin Hodscha seinen Esel. Er suchte ihn überall, in der Stadt, im Wald, am Fluß. Während er suchte, murmelte er vor sich hin, lächelte und lobte Gott.

Ein Nachbar kam vorbei und fragte: „Mein Hodscha, was ist denn das für eine Geschichte? Du hast deinen Esel verloren, aber du lächelst und dankst Gott!"

Hodscha antwortete: „Mein lieber Nachbar, das ist ganz einfach. Ich muß Gott danken für mein Glück. Stell dir vor, ich wäre auf dem Esel gesessen, dann wäre ich mit meinem Esel verlorengegangen."

Hodscha und die Katze

Illustration: Refik Toksöz (Berlin 1985)

Eines Tages kam der Hodscha vom Markt zurück. Er brachte ein auserlesenes Stück Fleisch heim. In seinen Gedanken stellte er sich das köstlichste Mahl vor und konnte kaum bis zum Mittagessen warten. Er übergab es seiner Frau zur Zubereitung und ging dann zur nächsten Teestube, um eine Wasserpfeife zu rauchen, Tee zu trinken

und sich einfach vor dem Mahl zu entspannen. In der Zwischenzeit schnitt seine Frau das Fleisch in kleine Stücke, steckte es auf die Fleischspieße und lud all ihre besten Freunde ein, um an ihrem Schisch-Kebab teilzuhaben. Kurz nachdem die Gäste gegangen waren, kam der Hodscha zurück. Er konnte seinen Augen kaum trauen, als ihm zum Mittagessen nur eine Schüssel mit Suppe vorgesetzt wurde.

„Wo ist das Fleisch?“ forderte er.

„Oh, die Katze hat es gefressen“, erwiderte seine Frau.

„Aber ich habe ein Kilo Fleisch gekauft.“

Der Hodscha ging heraus und holte die Katze. Es war eine sehr kleine Katze. Er nahm eine Waage, wog die Katze und rief aus:

„Sie wiegt genau ein Kilo! So, wenn das das Fleisch ist, wo ist die Katze? Wenn das die Katze ist, wo ist dann das Fleisch geblieben?“

2. Vom Markt zum Mond: Nasreddin Hodscha und sein Esel

Illustrator: Mistik (Istanbul 1981)

Illustration: Türkische Volkskunst

Illustrator: H. Soyöz (Istanbul 1980)

Illustrator: Mistik (Istanbul 1981)

IV. Don Quichote

Illustrator: unbekannt

0. Don Quichote: Eine Einführung

Don Quichote de la Mancha (auch Quixote oder Quijote geschrieben) von Miguel de *Cervantes Saavreda* (1547–1616) erschien erstmals 1605 in Madrid unter dem Titel: El ingenioso Hidalgo Don Quixote de la Mancha (Der scharfsinnige Edelmann Don Quichote aus der Mancha). 1615 erschien dann Teil II.

Das Buch war ursprünglich als Parodie der damals modischen Ritterromane angelegt, aber Don Quichotes Abenteuer waren weit mehr als eine zeitgebundene Parodie, sie gehörten bald zur Weltliteratur.

Der Roman erzählt von einem bereits 50jährigen armen Landjunker, der sich ganz der Lektüre von Ritterromanen hingegeben hatte. Schließlich hält er das Gelesene für Wirklichkeit und fühlt sich zum Ritter und Ordnungshüter auserwählt. Er poliert die vom Rost zerfressene Rüstung seiner Vorfahren auf und reitet aus, um für Gerechtigkeit, Liebe und Schönheit zu kämpfen. Das Rittertum ist längst Vergangenheit, aber Don Quichote schafft sich eine ritterliche Welt kraft seiner Phantasie und hält diese von ihm geschaffene Welt für Wirklichkeit: so wird sein klapperdürres Pferd zum Schlachtroß Rosinante, er selbst gibt sich den Namen Don Quichote de la Mancha (nach der Landschaft, aus der er kommt). Das Bauernmädchen aus dem Nachbardorf wird zur schönsten und edelsten Dame Spaniens, Windmühlen werden zu Riesen, Bauernschenken zu Ritterburgen, Schafherden zu Heerscharen, Sträflinge zu Gefangenen, die er befreien muß, Mönche zu Entführern einer Prinzessin usw.

Aber Don Quichote ist nicht allein auf seinen Reisen. Cervantes gab ihm nach seinem ersten Abenteuer einen Knappen zur Seite, Sancho Pansa, und schuf damit eines der berühmtesten Paare der Weltliteratur: Don Quichote lang und dürr, auf einem Pferd, Sancho Pansa, klein und dick, auf einem Esel. Don Quichote ist der Idealist und Phantast, über alle irdischen Güter und Regungen erhaben, für das Edle und Schöne kämpfend; Sancho Pansa ist durch und durch Realist, bodenständig, witzig, auf seinen Vorteil bedacht. Diese beiden Figuren verkörpern nicht nur gegensätzliche Weltanschauungen und Seinsweisen, sie sind auch menschlich miteinander verbunden. Don Quichote ist nicht nur Narr und Phantast, sondern auch von unerschütterlicher Güte und Großherzigkeit; Sancho, der Schlaue, Bodenständige, kann seinen Herren nicht verstehen und doch ist er ihm ergeben und liebt ihn. Auch im übertragenen Sinne sind diese beiden Figuren ein Paar: Träumer und Realist gehören zusammen in Cervantes' Welt – und entsprechend sind die Abenteuer der beiden zugleich komisch, derb-realistisch, grotesk und tragisch. In der Romantik wurde demgegenüber Don Quichote häufig zu einem tragischen Helden isoliert, der in seiner Verblendung Übermenschliches anstrebt.

Der Roman wurde bald in alle europäischen Sprachen übersetzt – die erste deutsche Übersetzung erschien 1621. Don Quichote hat nicht nur viele Dichter, Romanciers, Maler, Graphiker und sogar Musiker inspiriert, seine Abenteuer werden seit Jahrhunderten immer wieder gelesen und neu „entdeckt". Schon im 18. Jahrhundert wurde es als Jugendbuch herausgegeben und seitdem erscheinen laufend gekürzte Ausgaben für Kinder und Jugendliche. Cervantes selbst richtet sich in seinem Roman mehrmals an Jugendliche und schreibt, daß sein Buch für alle bestimmt sei – „Erwachsene, wie Kinder". Für Kinder und Jugendliche besonders anschaulich ist die Verkörperung zweier unterschiedlicher Weltanschauungen in dem ungleichen Paar Don Quichote und Sancho Pansa. In den Jugendausgaben werden meist die zahlreichen Nebenhandlungen und die derb-realistischen Szenen ausgelassen. Eine neuere Ausgabe von Erich Kästner – eine freie Nacherzählung – wendet sich ausdrücklich an jüngere Kinder.

Wir haben zwei Abenteuer dieser Ausgabe entnommen: den berühmten, schon sprichwörtlichen Kampf gegen die Windmühlen und die typische „Rettung einer Prinzessin" – eingerahmt von Kästners Vorwort und der Schlußepisode, Don Quichotes Tod. Die verschiedenen Abschnitte können einzeln vorgelesen werden, in jedem Fall sollten sie als Ausschnitte eines größeren Werkes vermittelt werden und nicht als eine zusammenhängende Geschichte – sonst könnten die Kinder den Eindruck bekommen, daß Don Quichote bereits nach 2 Abenteuern stirbt! Wir haben das Schlußkapitel hier mitaufgenommen, einmal, weil in Kinderbüchern sehr selten vom Tod des Helden erzählt wird, zum anderen, weil Kästner das Ende von Don Quichotes Traum mit Wehmut schildert: Don Quichotes Rückkehr nach Hause und seine „Besinnung" sind ein psychischer und physischer Tod.

1. Don Quichotte de la Mancha

Nacherzählt von Erich Kästner

Auszüge aus Erich Kästners Quichotte-Nacherzählung. Die mit eckigen Klammern gekennzeichneten Absätze sind erklärende Überleitungen der Herausgeber – denn hier konnte nicht der gesamte Don-Quichotte-Text von Kästner abgedruckt werden.

Vorwort

Don Quichotte nun, dessen Abenteuer ich euch gleich erzählen werde, war ein armer spanischer Edelmann, der für sein Leben gern ein Ritter gewesen wäre. Ein Ritter in voller und blitzender Rüstung, mit Lanze, Schild und Schwert und auf einem feurigen Hengst. Obwohl es zu seiner Zeit, vor etwa dreihundertfünfzig Jahren, solche Ritter schon lange nicht mehr gab! Nun hätte das keinerlei Aufsehen erregt, wenn Don Quichotte seine Ritterträume hübsch für sich behalten und zu Hause im Lehnstuhl geträumt hätte. Doch so bequem machte er es sich und den anderen nicht! Er dachte nicht: „Ach, wäre ich doch ein tapferer Ritter! Ach, könnte ich doch den Schwachen und Bedrängten helfen! Ach, hätte ich doch verwegene Feinde, um sie zu besiegen!" Nein, er hielt gar nichts von Wäre und Könnte und Hätte! Sondern er erhob sich aus seinem Lehnstuhl, schlug mit der Faust auf den Tisch und rief blitzenden Auges: „Ich bin ein Ritter! Ich habe Feinde! Und ich werde den Schwachen helfen!" Dann holte er die eiserne Rüstung seines Urgroßvaters vom Boden, putzte und kratzte den Staub, die Spinnweben und den Rost weg.

[Nachdem D. Quichotte seine Rüstung „mit Pappdeckeln und Eisenstäbchen" in Ordnung gebracht hatte, gab er seinem Pferd den Namen „Rosinante". Es bestand fast nur aus Haut und Knochen, aber für seinen Besitzer war es wie das Schlachtroß von Alexander dem Großen. Dann überlegte er sich, daß ihm noch eine Dame fehlte, die er verehren und in deren Namen er kämpfen würde. Da erinnerte er sich an das Bauernmädchen im Nachbardorf Toboso, die Aldonza Lorenzo hieß. Diese solle es sein, aber ihr Name gefiel ihm nicht, er klang nicht edel. Nach langem Grübeln entschied er sich endlich: „Dulcinea von Toboso" sollte sie heißen, das klang wunderbar.

So ritt Don Quichotte eines Tages auf und davon auf der Suche nach Abenteuern. Bereits bei seinem ersten Abenteuer wurde er von Maultiertreibern so verprügelt, daß er auf der Straße liegen blieb und von einem Nachbar nach Hause gebracht werden mußte.]

Der Kampf mit den Windmühlen

Vierzehn Tage mußte der Ritter das Bett hüten, und die Haushälterin dachte schon, er habe von seinen Abenteuern genug. Doch eines schönen Morgens war er wieder verschwunden! Aber diesmal nicht nur er und das Pferd, sondern auch sein Nachbar Sancho Pansa, ein verheirateter Bauer, mit einem Esel! Sancho Pansas Frau kam, samt den Kindern, zu Don Quichottes Haushälterin und der Nichte gelaufen, und sie weinten und schimpften durcheinander, daß das Haus widerhallte.

Was, um alles in der Welt, war Sancho Pansa eigentlich eingefallen, den verrückten Ritter zu begleiten? War denn auch in seinem Bauernschädel etwas nicht ganz in Ordnung? Nun, verrückt war der kleine, dicke Bauer nicht, aber er war, offen gestanden, ziemlich dumm. Und als ihm Don Quichotte erzählt hatte, er wolle Provinzen, Inseln und Königreiche erobern und ihn, den Knappen und Stallmeister, zum Grafen oder Herzog machen, wenn nicht gar zu einem König, da hatte der kleine Dicke nicht widerstehen können.

Wie sie so dahinritten, sagte Sancho Pansa nachdenklich: „Ein König wäre ich ja recht gerne. Doch dann würde meine Frau eine Königin, und ich glaube, das liegt ihr nicht. Für so einen Posten ist sie nicht fein genug. Macht mich zu einem Grafen. Dann wird sie eine Gräfin. Das kriegt sie vielleicht hin."

„Sei nicht so bescheiden!" antwortete der Ritter. „Man muß Großes wollen! Ich mache dich mindestens zum Gouverneur und damit basta!"

„Na schön", meinte Sancho Pansa, „macht mich zum Gouverneur und meine Frau zur Gouverneuse! Das Gouvernieren werden wir schon lernen!" Damit schnallte er den Weinschlauch vom Sattel seines Esels los und trank einen kräftigen Schluck.

Gegen Abend näherten sie sich einem Hügel, auf dem dreißig bis vierzig Windmühlen standen. Da stellte sich Don Quichotte in die Steigbügel und rief: „Siehst du die Riesen auf dem Hügel?" Sancho Pansa kaute gerade etwas Brot und Schinken und sagte: „Riesen? Auf dem Hügel? Ich sehe nur Windmühlen!" „Riesen!" rief der Ritter. „Und jeder hat vier Arme!" „Nein", sagte der Stallmeister kauend. „Es sind Windmühlen und jede hat vier Flügel!" Doch da legte sein Herr und Gebieter auch schon die neue Lanze ein, rief zum Hügel: „Im Namen der Dame Dulcinea von Toboso, ergebt euch!", und er gab Rosinante die Sporen. Als Don Quichotte die erste Windmühle erreicht und die Lanze voller Wucht in einen Windmühlenflügel gebohrt hatte, kam plötzlich ein Wind auf. Die Flügel begannen sich zu drehen. Die Lanze zersplitterte. Und Roß und Reiter flogen in hohem Bogen durch die Luft und ins Feld. Dort blieben beide liegen, als hätten sie sämtliche Knochen gebrochen! Sancho Pansa trabte erschrocken näher und rief schon von weitem: „Habt Ihr große Schmerzen?“ Da setzte sich Don Quichotte mühsam auf und sagte stolz: „Ritter haben keine Schmerzen. Und wenn sie doch einmal welche haben, klagen sie nicht.“ „Wie gut, daß ich kein Ritter bin!“ rief der kleine Dicke und half den beiden auf die Beine.

Als sie schließlich weiterritten, hing der Ritter schief und krumm im Sattel, und der Gaul humpelte und kam kaum vom Fleck. Weil es außerdem dunkel wurde, beschlossen sie, zu kampieren und ließen sich in einem Steineichenwald nieder. Sancho Pansa aß und trank wieder, legte sich um und schnarchte, daß die Wipfel zitterten. Don Quichotte aß nichts, trank nichts und schlief nicht. Nachdem er einen kräftigen Zweig von einem der Bäume abgerissen und ihn als Lanze zurechtgeschnitzt hatte, saß er noch lange wach, grämte sich über die Niederlage und träumte von neuen, aber erfolgreichen Taten.

***

Ein halbes Ohr und ein halber Helm

Ein paar Tage später näherten sie sich dem Meer. Schon von weitem erblickten sie den Hafen Lapice in der blauen Bucht, und Don Quichotte meinte hoffnungsfroh, hier an der Küste fände seine selbstgeschnitzte Eichenlanze gewiß lohnende Ziele. „Nur eines mußt du streng beachten“, sagte er hoheitsvoll zu Sancho Pansa: „Du darfst, da du kein Ritter bist, nicht mit Rittern kämpfen, sondern nur mit Stallmeistern und Knappen!“

„Machen Sie sich deswegen keine Sorgen!“ antwortete der kleine Dicke. „Ich werde mich weder mit Rittern noch mit Stallmeistern prügeln. Denn ich bin ein friedlicher Mensch. Ich werde höchstens wütend, wenn man mich nicht in Ruhe läßt.“ „Du darfst mir, weil ich ein Ritter bin, nicht einmal zu Hilfe kommen!“ fuhr sein Herr und Gebieter fort. „Auch dann nicht, wenn ich in Bedrängnis gerate!“ „Ganz wie Sie wünschen“, sagte Sancho Pansa. „Ich bin ein friedlicher Mensch.“

Gegen Mittag begegneten sie einer größeren Karawane. Vornweg ritten zwei Pater vom Benediktinerorden auf Maultieren. Nebenher liefen ein paar Treiber. Und dahinter folgte, von Reitern begleitet, eine Kutsche, worin eine schöne Dame mit ihrer Zofe saß. Die Dame reiste nach Sevilla, um dort ihren Gemahl zu treffen, der vom spanischen König nach Westindien geschickt werden sollte. „Siehst du die zwei Zauberer?“ fragte Don Quichotte aufgeregt. „Nein“, sagte Sancho Pansa, „ich sehe zwei Benediktiner.“ „Zauberer sind es!“ rief der Ritter. „Und sie entführen in der Kutsche eine Prinzessin!“ „Ach wo!“ sagte sein Begleiter. „Das bilden Sie sich nur ein!“ Doch ehe er ausgesprochen hatte, sprengte Don Quichotte schon auf die verdutzte Gruppe los. Der erste Pater fiel vor Schreck vom Esel. Der andere ritt ins Feld. Die Damen in der Kutsche schrien um Hilfe. „Ich komme ja schon!“ rief Don Quichotte. „Ich befreie Sie!“ Er zog sein Schwert und hielt den Schild vor die Brust. Einer der Reiter hob den Degen und benutzte ein Kutschkissen als Schild. Und schon klirrten die Waffen.

Sancho Pansa versuchte inzwischen, dem Pater, der am Boden lag, die Kleider auszuziehen, um sie als Beute zu behalten. Die Eseltreiber fielen über ihn her. Die Damen weinten laut. Don Quichotte und sein Gegner schlugen aufeinander ein, daß die Luft zitterte. Der Schild splitterte. Aus dem Kissen flogen die Federn. Die Schwerter verbogen sich. Und mit einem Male fielen ein halber Helm und Don Quichottes halbes Ohr auf die Straße. Das machte den Ritter nur noch wütender, und er gab nicht eher Ruhe, bis der Gegner blutend und erschöpft vom Pferd fiel.

Don Quichotte setzte ihm den Degen auf die Brust und ließ ihn und die Dame und die Zofe und die Reiter und die Pater und die Treiber feierlich schwören, sich auf der Stelle nach Toboso zu begeben und dem Fräulein Dulcinea zu berichten, wie heldenhaft ihr Ritter gekämpft habe. Die anderen schworen in ihrer Angst alles, was er hören wollte, und machten sich schleunigst aus dem Staube. Sie fuhren und ritten aber ganz und gar nicht nach Toboso, sondern nach Sevilla, ihrem Reiseziel.

Während Sancho Pansa Don Quichottes halbes Ohr mit Salbe bestrich und dann bandagierte, sagte er gutmütig: „Ritterschaft ist ein anstrengender Beruf, gnädiger Herr. Kämpfen Sie doch, bitte, etwas weniger als bisher! Ich brauche kein Königreich. Strengen Sie sich nicht so an! Eine Grafschaft mittlerer Größe genügt mir."

***

[Don Quichotte und Sancho Pansa hatten noch viele Abenteuer. Aber reich und berühmt waren sie noch immer nicht ... Eines Tages traf Don Quichotte am Strand einen anderen Ritter. Wer war wohl dieser Mann?]

Der hatte einen silbernen Mond im Schild, trug das Visier gesenkt, verstellte ihm den Weg und rief: „Meine Dame ist doppelt so schön wie die Eure!" „Ihr lügt!" antwortete Don Quichotte. „Dreimal so schön wie Eure Dulcinea von Toboso!" rief der Ritter vom Silbernen Mond. „Das sollen die Waffen entscheiden!" sagte Don Quichotte. „So sei es! rief der andere. „Und der Sieger soll die Zukunft des Besiegten bestimmen!" Don Antonio [ein Edelmann] wurde zum Schiedsrichter bestellt. Er steckte das Kampffeld ab, prüfte die Rüstungen, die Lanzen und die Pferde, bat die zwei Ritter, ihre Plätze einzunehmen und gab das Zeichen zum ersten Waffengang.

Der Kampf war kurz. Ohne die Lanze einzulegen, sprengte der Ritter vom Silbernen Mond auf die Feldmitte los. Sein Pferd war viel kräftiger und schneller als die dürre Rosinante, stieß seinen Kopf in ihre Rippen – und schon lag Don Quichotte im Sand! Der Gegner setzte ihm die Lanzenspitze auf die Brust und sagte: „Ich bin der Sieger und befehle Euch, unverzüglich nach Hause zu reiten und für ein Jahr Harnisch und Lanze abzulegen!"

„Ich bin der Besiegte", sagte Don Quichotte ernst und feierlich. „Ihr habt mein Wort, und ich werde es halten." Dann ließ er sich aufs Pferd helfen und ritt, ohne sich umzuwenden, aus Barcelona hinaus. Sancho Pansa trabte mit seinem Esel hinterdrein.

Als sie nicht mehr zu sehen waren, fragte Don Antonio den Ritter vom Silbernen Mond, wer er sei. „Mein Name ist Simson Carrasco", sagte der andere. „Ich stamme aus Don Quichottes Heimat und bin ein Freund seiner Freunde. Wir waren seinetwegen in Sorge, und sie beauftragten mich, ihn heimzubringen. Deswegen verkleidete ich mich als Ritter. Und deswegen mußte ich ihn besiegen."

„Wird er sein Wort halten?“ fragte Don Antonio zweifelnd.

„Don Quichotte hält sein Wort!“ gab Simson Carrasco zur Antwort und ritt in seinen Gasthof, um die Rüstung abzulegen und sein bürgerliches Wams anzuziehen.

Don Quichotte hielt sein Wort. Als sie in einem Walde rasteten, hängte er den Harnisch, die Beinschienen, den Helm, das Schwert und die Lanze an einen alten, mächtigen Baum. Und dann ritten sie traurig nach Hause. Dort war die Freude groß. Die Haushälterin, der Barbier, der Pfarrer, die Nichte und Frau Pansa empfingen die zwei mit offenen Armen, obwohl sie ohne Königreiche und Reichtümer heimkehrten. „Wir haben euch wieder“, sagten sie fröhlich, „und das ist die Hauptsache!“

So schien alles gut. Don Quichotte wurde vernünftig und lächelte über seine Abenteuer. Und die Freunde lächelten erst recht. Doch eines Tages legte er sich zu Bett, verabschiedete sich von allen, besonders herzlich von Sancho Pansa, schloß die Augen und wachte nicht wieder auf. Don Quichotte starb mit seinem Traum.

2. Vier Ansichten eines Paares: Don Quichote und Sancho Pansa

Illustrator: Riera Rojas (Barcelona 1966)

Illustrator: C. Perellon (Madrid 1981)

Illustrator: C. Perellon (Madrid 1981)

Illustrator: Ulrik Schramm (Bayreuth 1967)

Quellen
Literaturhinweise
Adressen

I. Quellen der Erzähltexte – Sekundärliteratur – Bildnachweise

Quellen der Erzähltexte (Türkei)

1. *Der Fisch mit dem goldenen Bart.* Übersetzung von: Altın sakallı balık. Istanbul: Damla Yayınevi (t.y.).
2. *Der Fuchs und die Trommel.* In: Meral *Alpay*/Günay *Kut* (Hrsg.): Ormanda Yaşam – Das Leben im Wald. Istanbul: Yapı ve Kredi Bankası Kültür Hızmetidir 1983, S. 113–115
3. *Steig auf, liebe Sonne* von Azis *Nesin.* Übersetzung von: Doğ Güneşim doğ. Istanbul: Arkın-Kitabevi 1974
4. *Der Jäger Ahmet.* Übersetzung von: Avcı Ahmet. Gesammelt und aufgezeichnet von Nabey *Önder,* 1982. Türkische Textsammlung des IFP.
5. *Das kluge Bauernmädchen.* In: Otto *Spies* (Hrsg.): Türkische Volksmärchen. Düsseldorf, Köln: Eugen Diederichs 1967, S. 148–150.
6. *Keloglans Jacke.* Übersetzung von: Keloğlan'ın ceketi von Olcay *Göçmen.* Istanbul: Oda 1981
7. *Keloglans Stäbchen.* Übersetzung von: Keloğlan'ın çomakları von Olcay *Göçmen.* Istanbul: Oda 1981

Sekundärliteratur (Türkei)

Alpay, Meral: Stichwort „Türkei". In: K. *Doderer* (Hrsg.): Lexikon der Kinder- und Jugendliteratur, Bd. 3. Weinheim u. a.: Beltz 1979, S. 588–592

Alpay, Meral: „Türkische Kinderliteratur in der Vergangenheit und heute". Unveröffentl. Ms., Istanbul 1983. Türkische Textsammlung des IFP

Alpay, Meral: Kinderbücher aus der Türkei: Einleitung. In: Kinderbücher aus Türkei, Jugoslawien, Griechenland. Herausgegeben vom Staatsinstitut für Frühpädagogik. München u. a.: Saur 1984, S. 3–31

Bräutigam, Gabriele/*Meyer,* Stefan: Schattenspiele für die Grundschule. Donauwörth: Auer 1982

Türkische Märchen. Herausgegeben und übersetzt von Adelheid *Uzunoğlu-Ocherbacher.* Frankfurt a. M.: Fischer Taschenbuch 1981. Siehe Vorwort, S. 7–11

Bildnachweis (Türkei)

Quellen der Erzähltexte (Jugoslawien)

1. *Der Taschenspiegel* von Grigor *Vitez.* In: Grigor *Vitez:* Livade Djetinstval/Wiesen der Kindheit. Zagreb: Školska knjiga 1982, S. 92–95
2. *Drei Jäger* (volkstümliche Scherzgeschichte). Übersetzung von: *Tri Lovca.* Jugoslawische Textsammlung des IFP
3. *Die Schar des Zitronenhäuptlings.* In: Joseph *Schütz* (Hrsg.): Die Glücksuhr. Märchen aus Jugoslawien. Recklinghausen: Georg Bitter 1978, S. 36–42
4. *Michel Malers Traumfarben.* Übersetzung von: *Prvi zmai* von Veselko *Tenžera.* (Bibliotheka Zelera Žirafa), Zagreb: Naprijed 1975
5. *Bedinko und Bedinka.* Übersetzung von: *Bedin in Bedina.* Jugoslawische Textsammlung des IFP
6. *Das fliegende Haus.* Übersetzung von: *Leteča hišica* von D. *Zajc.* Ljubljana: Mladinska knjiga 1981

Sekundärliteratur (Jugoslawien)

Die Glücksuhr. Märchen aus Jugoslawien. Herausgegeben und übertragen von Joseph *Schütz.* Recklinghausen: Georg Bitter 1978. Siehe Vorwort, S. 166f.

Küffner, Werner: „Kinderliteratur in Jugoslawien – Geschichte und Gegenwart“. Unveröffentlichtes Manuskript, München 1983. Jugoslawische Textsammlung des IFP

Bildnachweis (Jugoslawien)

Quellen der Erzähltexte (Griechenland)

1. *Ein Bündel Weintrauben,* von Maria *Kouvalia-Goumenopoulou.* Übersetzung von: Ena tzambi stafyli. In: Anthologia gia ta paedia tou dimotikou, meros proto. Athen: Organismos ekdoseos didaktikon vivlion 1975, S. 83–86
2. *Der Esel mit der Salzlast,* von *Aesop.* Übersetzung von: Gaidouri fortomeno alati. Griechische Textsammlung des IFP.
3. *Was hast du getan, Dionisis?,* von Giolanda *Paterake.* Übersetzung von: O! Ti ekanes Dionysi!! In: Alina kai o elios. Athen: Kastaniotis VI 1979, S. 47–56
4. *Die zwölf Monate.* In: Griechische Volksmärchen. Gesammelt und herausgegeben von Georgios A. *Megas.* Düsseldorf, Köln: Eugen Diederichs 1965, S. 46–51

Sekundärliteratur (Griechenland)

Flacelière, Robert: Literaturgeschichte Griechenlands. München: Goldmann 1966

Griechische Volksmärchen. Gesammelt und herausgegeben von G. A. *Megas.* Düsseldorf, Köln: Eugen Diederichs 1965. Siehe Nachwort, S. 295–304

Stavropulos, Alexandra: „Die Entwicklung der Kinderliteratur, des Spielzeugs und des didaktischen Materials für Kinder im Alter von zwei bis acht Jahren in Griechenland". Unveröffentl. Ms., München 1982. Griechische Textsammlung des IFP

Bildnachweis (Griechenland)

Illustration: Griechische Volkskunst. Aus: Eugenia *Fakinou:* Ta ellinakia. Athen: Kedros 1980, S. 7 (farbig) 80

Quellen der Erzähltexte (Italien)

1. *Der Topf des Riesen.* Übersetzung von: *Il pentolino del gigante.* Italienische Textsammlung des IFP
2. *Dreizehnlein.* Übersetzung von: *Tredicino.* Italienische Textsammlung des IFP
3. *Die zwei Kronen,* von Sergio *Tofano.* Übersetzung von: *Le due corone.* In: Sergio *Tofano:* Sette favole coi fiocchi. Firenze: Giunti Marzocco 1981, S. 9–19
4. *Der Zauberer Giro,* von Gianni *Rodari.* Übersetzung von: *Mago Girò.* In: Gianni *Rodari:* Tante storie per giocare. Roma: Ed. Riuniti 1971, S. 69–73
5. *Die Feigenverkäuferin,* von Sergio *Tofano.* Übersetzung von: *La vecchina dei miracoli.* In: Sergio *Tofano:* Sette favole coi fiocchi. Firenze: Giunti Marzocco 1981, S. 33–44

Sekundärliteratur (Italien)

Guarnieri, Rossana: „Italienische Märchen". Unveröffentlichtes Manuskript, Firenze 1982. Italienische Textsammlung des IFP

Italienische Märchen. Gesammelt von Italo *Calvino,* aus dem Italienischen übersetzt von Lisa Rüdiger. Zürich: Manesse 1975 (ital. Originalausgabe 1956). Siehe Vorwort, S. 29–45

Italienische Volksmärchen. Herausgegeben und übersetzt von Felix *Karlinger.* Düsseldorf, Köln: Eugen Diederichs 1973. Siehe Nachwort, S. 260–271

Märchen aus Italien. Herausgegeben von Fritz *Gordian.* Fischer Taschenbuch Nr. 1803. Frankfurt/M.: Fischer Taschenbuch 1976. Siehe Vorwort, S. 7–11

Märchen der europäischen Völker. Italien, Spanien, Portugal. Herausgegeben von Karl *Rauch.* Hamburg: Standard 1964. Siehe Einführung, S. 5–9

Poesio, Carla: Stichwort „Italien". In: K. *Doderer* (Hrsg.): Lexikon der Kinder- und Jugendliteratur, Bd. 2. Weinheim u.a.: Beltz 1977, S. 34–49

Bildnachweis (Italien)

Quellen der Erzähltexte (Spanien)

1. *Der wunderbare Dudelsack.* Übersetzung von: *La gaita maravillosa.* Volksmärchen aus Galizien. Spanische Textsammlung des IFP
2. *Jujo, der Junge, der nicht weinen konnte.* Übersetzung von: *Yuyo el niño que no podía llorar.* Von Joles *Sennell.* Barcelona: Hymsa 1981
3. *Der Löwenbändiger und der Zauberer Zitronenquetscher.* Übersetzung von: *El domador de leones y el brujo Estrujalimones.* Von Manuel *Abril.* Spanische Textsammlung des IFP

Sekundärliteratur (Spanien)

Bravo-Villasante, Carmen: Historia de la literatura infantil española. Madrid: Escuela Española 1979

Bravo-Villasante, Carmen: Stichwort „Spanien". In: K. *Doderer* (Hrsg.): Lexikon der Kinder- und Jugendliteratur, Bd. 3. Weinheim u.a.: Beltz 1979, S. 428–440

Bravo-Villasante, Carmen: „Die spanische Kinderliteratur". Unveröffentl. Ms., Madrid 1983. Spanische Textsammlung des IFP
Cuentos populares españoles – Spanische Volksmärchen. Herausgegeben und übersetzt von Lothar *Gaertner.* dtv zweisprachig. München: Deutscher Taschenbuch Verlag 1984. Siehe Nachwort, S. 116–120

Bildnachweis (Spanien)

Illustratorin: Asun *Balzola.* Aus: Asun *Balzola:* Pepón y Pepín. Madrid: Encuentro Ediciones 1980, S. 21 (farbig) 131

Quellen der Erzähltexte (Portugal)

1. *Das Küken und das Maiskorn.* Übersetzung von: *O pintainho e o baguinho de milho.* Volksmärchen. Portugiesische Textsammlung des IFP
2. *Die Steinsuppe.* Übersetzung von: *O caldo de pedra.* Volksmärchen. In: Contos populares portugueses. Antologia. Herausgegeben von Viale *Moutinho.* Livros de bolso 271. o. Ort: Publicações Europa-América 1982, S. 54–55

Sekundärliteratur (Portugal)

Araujo, Matilde Rosa/*Sottomayor Rosa da Silva,* Maria José: Stichwort „Portugal". In: K. *Doderer* (Hrsg.): Lexikon der Kinder- und Jugendliteratur, Ergänzungs- und Registerband. Weinheim u. a.: Beltz 1982, S. 455–459
Bettencourt Pires, Maria Laura: Historia da Literatura Portuguesa. Lisboa: Vega o.J.
Mendonça Soares, Maria Isabel: „Portugiesische Volksmärchen". Unveröffentl. Ms., Lisboa 1983. Portugiesische Textsammlung des IFP
Portugiesische Märchen. Herausgegeben von Harri *Meier* und Dieter *Woll.* Düsseldorf, Köln: Eugen Diederichs 1975. Siehe Nachwort, S. 233–242

Bildnachweis (Portugal)

Illustratorin: Graça *Costa Cabral.* Aus: Alice *Gomes*/Graça *Costa Cabral:* Barco no rio. Lisboa: Plátano o. J., Deckblatt (Zweifarbendruck) 148

Quellen der Erzähltexte (Rotkäppchen)

1. *Rotkäppchen.* In: Kinder- und Hausmärchen, gesammelt durch die *Brüder Grimm.* München: Winkler 1949, S. 174–179
2. *Rotkäppchen und der letzte Wolf.* Übersetzung von: *El ultimo lobo y caperucita.* Von J. L. *García Sánchez.* Barcelona: Editorial Labor 1975

Rotkäppchen in verschiedenen Sprachen (Auswahl)

Deutsch

Bechstein, Ludwig: Märchenbuch. Wiesbaden: Ralph Suchier 1977, S. 37–40
Kinder- und Hausmärchen der Brüder Grimm. Herausgegeben von Friedrich *Panzer.* Wiesbaden: Emil Vollmer o.J., S. 125–128
Perrault, Charles: Märchen. Wien, Heidelberg: Ueberreuter o.J., S. 34–37
Ritz, Hans: Die Geschichte vom Rotkäppchen. Ursprünge, Analysen, Parodien eines Märchens. Göttingen: Muriverlag 1981 (enthält verschiedene moderne Versionen des Märchens)

Bei den fremdsprachigen Texten erfolgt eine kurze Inhaltsangabe nur dort, wo die Handlung wesentlich vom Grimm-Text abweicht.

Türkisch

Kırmızı Başlıkı, Kız. In: Ünlü Masallar Dizisi, No. 30. Ankara: Kurtuluş 1984

Diese Geschichte vom Rotkäppchen ist in einer Bilderbuchserie bekannter Märchen erschienen. Vor allem gegen Schluß des Märchens weicht die Handlung stark vom Grimm-Text ab:
Rotkäppchen stellt dem Wolf – er hat die Großmutter verschluckt und liegt mit ihren Kleidern in ihrem Bett – die bekannten Fragen. Mit der letzten Antwort will sich der Wolf auf Rotkäppchen stürzen. Es läuft davon, der Wolf hinterher. Plötzlich wird er so müde, daß er sich ins Bett legt und einschläft. Rotkäppchen läuft in den Wald, wo sie den Jäger trifft. Beide gehen zum Haus. Der Jäger bezwingt dann den Wolf, indem er ihn mit einer Hand an der Gurgel packt; mit der anderen Hand versetzt er ihm einen Faustschlag, so daß der Wolf tot zu Boden fällt. Rotkäppchen weint, weil es die Großmutter vermißt. Der Jäger schneidet den Bauch des Wolfes auf mit einem Messer. Die Großmutter ist zwar erschrocken, aber gesund und munter. Sie bedankt sich beim Jäger und alle drei tanzen. Rotkäppchen verspricht, niemals wieder vom Weg abzugehen, wenn es ihr die Mutter verboten hat.

Serbokroatisch:

Crvenkapica. In: Bajke, *Braća Grimm.* Zagreb: Mladost 1961, S. 79–82

Slowenisch:

Rdeča Kapica. In: Sneguljčica In Druge Grimmove Pravljice, *Jakob in Wilhelm Grimm.* Ljubljana: Mladinska Knjiga 1966, S. 102–107

Griechisch:

I Kokkinoskoufitsa. Chounou, N.: I Kokkinoskoufitsa. Athens: Angyra Publishing House 1977

Diese Version weicht vor allem im zweiten Teil des Märchens stark vom Grimm-Text ab. Es werden weder Großmutter noch das Rotkäppchen gefressen: Sobald der Wolf das Haus der Großmutter betritt, rettet sie sich in die Küche. Unverändert bleiben die Fragen des Rotkäppchens an den Wolf. Nach der letzten Antwort: „Damit ich dich fressen kann!" springt Rotkäppchen aus dem Fenster, der Wolf hinterher. Gerade im rechten Augenblick kommt der Jäger zum Haus – er hat von einem kleinen Vogel einen Hinweis erhalten – und erschießt den Wolf.

Italienisch:

Cappuccetto Rosso. In: Grimm Fiabe, ausgewählt von I. *Calvino.* Torino: Einaudi 1970, S. 5–7
Vicini, M.: Cappuccetto Rosso. Milano: Piccoli 1972

In dieser Version mit vielen poetischen Beschreibungen weicht Rotkäppchen vom Weg ab, bevor es den Wolf trifft: es kann von sich aus der Blumenpracht nicht widerstehen. Dann erst trifft es den Wolf, der fragt, wohin es denn gehe. Ein Vogel hat das Gespräch zwischen den beiden gehört und, als der Wolf fortgeht, warnt der Vogel Rotkäppchen vor dem bösen Wolf, der habe sicherlich Böses im Sinn. Rotkäppchen geht weiter und die Ereignisse im Haus der Großmutter entsprechen weitgehend der Grimmschen Fassung, mit einer Ausnahme: *drei* Jäger betreten das Haus und retten die Großmutter und ihre Enkelin.

Spanisch:

Boada, F.: *Caperucita Roja.* Cuentos Populares N°. 45. Barcelona: La Galera 1984

Portugiesisch:

Alberty, R.: *O Capuchinho Vermelho.* Lisboa, Sao Paulo: Verbo 1979, S. 6–16

Sekundärliteratur (Rotkäppchen)

Bettelheim, Bruno: Kinder brauchen Märchen. Stuttgart: Deutsche Verlagsanstalt 1977
Betz, Felicitas: Märchen als Schlüssel zur Welt. Lahr/München: Kaufmann/Pfeiffer 1977
Zipes, Jack: Rotkäppchens Lust und Leid. Köln: Eugen Diederichs 1982

Bildnachweis (Rotkäppchen)

Quellen der Erzähltexte (Pinocchio)

1. *Pinocchio und seine Abenteuer.* Auszüge aus: Carlo *Collodi:* Pinocchio. Aus dem Italienischen von Helga *Legers.* Zürich: Diogenes 1978
2. *Pinocchio, der Schlaue,* von Gianni *Rodari.* Übersetzung von: *Pinocchio il furbo.* In: Gianni *Rodari:* Tante storie per giocare. Roma: Ed. Riunti 1971, S. 14–18

Sekundärliteratur (Pinocchio)

Barthelmes, J./*Herzberg,* I./*Nissen,* U.: Pädagogische Arbeit mit Filmen und Fernsehsendungen. Medienpädagogische Materialien, Bd. 3. München: Bardtenschlager 1983, S. 102f.

Müller, Helmut: Stichwort „Pinocchio“. In: K. *Doderer* (Hrsg.): Lexikon der Kinder- und Jugendliteratur, Bd. 3. Weinheim u. a.: Beltz 1979, S. 50–52

Poesio, Carla: Stichwort „Italien“. In: K. *Doderer* (Hrsg.): Lexikon der Kinder- und Jugendliteratur, Bd. 2. Weinheim u. a.: Beltz 1977, S. 34–49

Bildnachweis (Pinocchio)

Bildnachweis (Nasreddin Hodscha)

Quellen der Erzähltexte (Don Quichote)

Don Quichote de la Mancha. Auszüge aus: Don Quichotte. Nacherzählt von Erich *Kästner*. Ravensburger Taschenbücher 543. Ravensburg: Otto Maier 1979

Sekundärliteratur (Don Quichote)

Bravo-Villasante, C.: Stichwort „Don Quijote". In: K. *Doderer* (Hrsg.): Lexikon der Kinder- und Jugendliteratur, Bd. 1. Weinheim u. a.: Beltz 1975, ^{2}1977, S. 325–327

Bildnachweis (Don Quichote)

II. Weiterführende Literatur

1. Landes- und Kulturkunde: Eine Auswahl

Ackermann, Irmgard: Als Fremder in Deutschland. Bericht, Erzählungen, Gedichte. München: dtv 1982.
In diesem Buch kommen Migranten unterschiedlicher Nationalitäten zu Wort. Sie formulieren ihre Eindrücke vom Leben in der Bundesrepublik Deutschland in Erfahrungsberichten, Briefen, Gedichten, Kurzgeschichten.

Akpinar, Ünal/*Zimmer,* Jürgen (Hrsg.): Von wo kommst'n du? Interkulturelle Erziehung im Kindergarten – 4 Bände. München: Kösel 1984.
Ergebnisse eines Modellversuchs „Sozialisationshilfen für ausländische Kinder im Kindergarten" in Berlin.
Pädagogische Anregungen und Erlebnisberichte zur Arbeit in national gemischten Kindergartengruppen.
Einige Themen: Kinder mit zwei Sprachen, neue Kinder in der Kindergruppe, geschlechtsspezifische Erziehung, Arbeitswelt, Wohnung, Sexualität.
Ansatz: situationsorientiert und gemeinwesenorientiert (bezogen auf Berliner Bevölkerungsstruktur).

Barthelmes, Jürgen/*Herzberg,* Irene/*Nissen,* Ursula: Medien für und über Ausländer. Materialien zur Medienpädagogischen Aus- und Fortbildung von Erziehern, Band 4. München: Bardtenschlager 1983.
Praktische Anregungen für die medienpädagogische Arbeit sowohl in der Aus- und Fortbildung als auch in multinationalen Kindergruppen. Konkrete Arbeitsvorschläge, Erfahrungsberichte und Inhaltsangaben zu Filmen und Tondiaserien. Themenkreise: „Zusammenleben von Deutschen und Ausländern", „Herkunft", „Leben der Ausländer in der Bundesrepublik Deutschland", „Anderssein".

Brandt, Hans-Jürgen/*Haase,* Klaus-Peter (Hrsg.): Begegnung mit Türken. Begegnung mit dem Islam. Erscheint fortlaufend in Ringbuchform. Hamburg: E. B. Rissen 1984.
Arbeitsbücher mit umfassenden Hintergrundinformationen und Praxisberichten für Erwachsenenbildner, Lehrer, Sozialpädagogen, Erzieher. Einige Themen: Situation türkischer Familien in Deutschland, Ausländerpolitik, Islam in der Bundesrepublik Deutschland, Lehre des Islam, türkische Kultur, Migrantenkinder, Kulturarbeit, Rückkehr.
Mit Bildmaterial, Datenübersicht, ausführlichem Literatur- und Medienverzeichnis.

Cornelisen, Ann: Frauen im Schatten. Leben in einem süditalienischen Dorf. Frankfurt: Fischer Taschenbuch Verlag 1979.
Erzählung und Beobachtung des Lebens in einem süditalienischen Dorf, dargestellt anhand der Schicksale von 5 Frauen aus verschiedenen Generationen.

DIFF (Deutsches Institut für Fernstudien). Projekt „Ausländerkinder in der Schule". Projektgruppe G. Steffen/E. Wagner. Herrenberger Str. 23, 7400 Tübingen 1.

Diese Projektgruppe gibt laufend landeskundliche Broschüren heraus, die bei der o.g. Bezugsadresse bestellt werden können, z.B. Landeskunde Griechenland, Landeskunde Türkei. Besonders hervorzuheben sind: ausführliche Beschreibungen von Schul- und Bildungssystem, Übersicht über Merkmale der Sprache und über spezifische Sprachschwierigkeiten der ausländischen Kinder.

Elschenbroich, Donata (Hrsg.): Einwanderung, Integration, ethnische Bindung. Harvard Encyclopedia of American Ethnic Groups. Deutsche Auswahl. Basel: Stroemfeld/Roter Stern 1984.
Die Harvard Encyclopedia of American Ethnic Groups ist die erste Gesamtdarstellung der amerikanischen ethnischen Gruppen und Einwanderungsgeschichte. Für diese deutsche Ausgabe wurden Beiträge von allgemeiner Relevanz ausgewählt, z.B. Rassismus, Sprache, Bildungswesen usw. Die Auswahl wird ergänzt durch eine eigens für diesen Band zusammengestellte Bibliographie der neueren amerikanischen Literatur zu Einwanderung und Akkulturation.

Elschenbroich, Donata/*Schweitzer,* Otto (Hrsg.): Die Heimat des Nachbarn. Herkunftsländer: Italien, Jugoslawien, Griechenland, Türkei. Projekt „Gastarbeiterkinder", Band 1. Gelnhausen: Burckhardthaus 1982.
Gibt Einblicke in Geschichte, Wirtschaft, soziale Verhältnisse, Bildungswesen, Sitten dieser 4 Länder. Exkurs: „Einwandererland USA".

Freunde und Fremde. Kindergarten, ausländische Kinder und ihre Familien. Projekt „Gastarbeiterkinder", Band 2. Gelnhausen: Burckhardthaus 1983.
Auswertung der Erfahrungen und Beobachtungen einer 3½jährigen Projektarbeit in 11 hessischen Kindergärten. Neben Berichten zur Kindergartenarbeit auch vieles über Elternarbeit und Gemeinwesen.

Fehr, Michael (Hrsg.): Kultur im Migrationsprozeß. Tendenzen einer neuen europäischen Kultur. Berlin: Ararat 1982.
Dokumentation einer Arbeitstagung im Rahmen des Festivals „Kemade International VII, Juni 1981". Überwiegend Beiträge zur griechischen und türkischen Kultur im Herkunftsland und in der Migration: Musik, Schattentheater, bildende Kunst usw.

Franger, Gaby, u.a. (Hrsg.): Ausländerkinder. Erziehungspraxis im Kindergarten. Ravensburg: Otto Maier Verlag 1980.
Kurze landeskundliche Informationen, Besprechung von Konzepten zur Förderung ausländischer Kinder, eine Fülle von praktischen Anregungen mit einzelnen Liedern, Geschichten aus den jeweiligen Ländern.

Klitze, Dietrich: Das 4. Programm. Eine Studie zum türkischen Videomarkt. Berlin: Express Edition 1982.
Eine breitgefächerte Übersicht über Inhalte und praktische Gesichtspunkte des türkischen Videomarkts: Vertrieb, Programmangebot, Ausleihgebühren, Nutzung usw.

Kunstamt Kreuzberg (Hrsg.): Morgens Deutschland, abends Türkei. Berlin: Frölich und Kaufmann 1981. Katalog der gleichnamigen Fotoausstellung vom Kunstamt Kreuzberg.
Über zum Teil ganzseitige Fotos, mit Text (engagierte Analysen, Hintergrundinformation, Gedichte von Aras Ören). Ansprechende Fotos vom Leben in der Türkei und in Berlin und vom Leben zwischen zwei Welten (Arbeit, Wohnen, Spielen, Lernen).

Mellinghaus, Günter (Hrsg.): Der fremde Nachbar. Tübingen: Erdmann Verlag 1977.
Kurze, übersichtliche Länderinformationen zu Griechenland, Italien, Jugoslawien, Spanien, Portugal, Türkei. Mit nützlichen Hinweisen zu speziellen Schwierigkeiten im Erlernen der deutschen Sprache.

Neumann, Ursula: Erziehung ausländischer Kinder. Erziehungsziele und Bildungsvorstellungen in türkischen Arbeiterfamilien. Publikation Alfa. Düsseldorf: Pädagogischer Verlag Schwann, 2. Auflage 1982.
Empirische Untersuchung (mit Fragebogen) zum Thema des Untertitels.

Pfriem, Ruth/*Vink,* Jan: Materialien zur interkulturellen Erziehung im Kindergarten. Robert-Bosch-Stiftung, Materialien und Berichte 2. Stuttgart: Bosch-Stiftung 1981.
Viele pädagogisch-praktische Anregungen zur interkulturellen Erziehung, mit Erfahrungsberichten, Materialien aus den Herkunftsländern (Lieder, Rezepte usw.) und weiterführenden Hinweisen (Medien, Literatur usw.).

Projekt der Robert Bosch Stiftung „Deutsche und Ausländer im Stadtteil. Integration durch den Kindergarten", München.
Verantwortlich: Hubertus Schroer.
Projektinformationen in 9 Heften (1981–1984 erschienen) mit Erfahrungsberichten und praktischen Anregungen zu stadtteilorientierter interkultureller Arbeit.
Einige Themenhefte:
Heft 7: Wir sind Kinder einer Erde. Interkulturelle Erziehung im Kindergarten. Oktober 1984.
Heft 8: Stadtteilorientierte Fachberatung im Kindergarten. November 1984.
Bezugsadresse: Projekt „Deutsche und Ausländer im Stadtteil. Integration durch den Kindergarten". Schleißheimer Str. 273, 8000 München 40.

Sozialpädagogisches Institut für Kleinkind- und außerschulische Erziehung des Landes Nordrhein-Westfalen. Türkische Kinder im Kindergarten. Kohlhammer 1982.
Praxisnaher Beitrag zur multikulturellen Erziehung im Kindergarten – mit Länderinformation, Beschreibung von türkischen Sitten, mit Liedern, Rezepten usw.

Staatsinstitut für Frühpädagogik

- Staatsinstitut für Frühpädagogik:
  Kinderbücher aus Türkei – Jugoslawien – Griechenland.
  Herausgegeben von W. E. Fthenakis/M. Ulich, unter Mitwirkung von P. Oberhuemer/ D. Thorbeck-Hess.
  München u. a.: Saur 1984.
- Staatsinstitut für Frühpädagogik:
  Kinderbücher aus Italien – Spanien – Portugal.
  Herausgegeben von W. E. Fthenakis/M. Ulich, unter Mitwirkung von P. Oberhuemer/ D. Thorbeck-Hess.
  München u. a.: Saur 1984.

Mit diesen zwei Bänden wird eine repräsentative Sammlung neuerer Kinderliteratur aus der Türkei, aus Jugoslawien, Griechenland, Italien, Spanien und Portugal vorgestellt. Jedes Buch – es sind zwischen 40 und 80 pro Land – wird einzeln vorgestellt: mit einer Kurzbeschreibung in der Originalsprache und in Deutsch, mit den bibliographischen Angaben und mit einer Illustration. Auch die Einführung zum Stand der Kinderliteratur in jedem Land wird neben Deutsch auch in der jeweiligen Originalsprache angeboten.
– Ein Nachschlagewerk für öffentliche Büchereien, Bibliotheken, Kindergärten, Grundschulen, Horte, Ausbildungsstätten.

- Staatsinstitut für Frühpädagogik (Hrsg.):
  Gemeinsame Förderung ausländischer und deutscher Kinder im Kindergarten.
  Schriftenreihe mit 7 Einzelbänden.
  Donauwörth: Auer 1984, 1985.

Diese Reihe umfaßt 2 Einführungsbände und 5 pädagogische Arbeitshilfen mit Situationseinheiten zur bilingual-bikulturellen Erziehung von ausländischen Kindern im Kindergarten (Themen: So sehe ich aus – Meine Freunde – Das ist meine Familie – Wir spielen – Wir feiern ein Fest).
– Für Erzieher, Sozialpädagogen, Fachberater für Kindergärten, Ausbildungsstätten.

○ Fthenakis, W. E./Sonner, A./Thrul, R./Walbiner, W.:
Bilingual-bikulturelle Entwicklung des Kindes.
Herausgegeben vom Staatsinstitut für Frühpädagogik.
München: Max Hueber 1985.

Diese wissenschaftliche Monographie sichtet und analysiert empirische Untersuchungen und theoretische Ansätze aus anderen Ländern (vorwiegend USA, Kanada und Schweden) zu den Themenbereichen: Bedeutung der Muttersprache in der bilingualen Erziehung, entwicklungspsychologische Aspekte der Zweisprachigkeit, unterschiedliche bilinguale Konzepte im Überblick, Bedeutung der ethnischen Identität, Rahmenbedingungen der Förderung im bilingual-bikulturellen Konzept. Es soll damit eine Grundlage für die Entwicklung und Erprobung pädagogischer Maßnahmen für ausländische Kinder in der Bundesrepublik Deutschland gelegt werden.
– Für Psychologen, Pädagogen, Linguisten.

○ Staatsinstitut für Frühpädagogik (Hrsg.):
Elternbriefe für ausländische Eltern im Kindergarten.
München: Staatsinstitut für Frühpädagogik 1984.
15 Briefe als Faltblatt mit je 8 Seiten in deutscher, griechischer, italienischer, serbokroatischer und türkischer Sprache.
Zu beziehen über: Wehrfritz GmbH, Postfach 1107, 8634 Rodach.

Texte, Grafiken und Fotos zu Themen wie: Jeder kann einmal krank werden – Was erlebt mein Kind im Kindergarten? – Kinder lernen im Spiel – Fernsehen mit Kindern – Zeit nehmen zum Sprechen – Feste feiern – Wo kommt die Welt her? – Das Wochenende in der Familie.
– Für Erzieher und Sozialpädagogen in der Arbeit mit ausländischen Eltern in Kindergärten.

○ Komm in den Kindergarten.
Herausgegeben vom Bayerischen Staatsministerium für Unterricht und Kultus.
München 1981.
(Zu beziehen über das Staatsinstitut für Frühpädagogik, Arabellastr. 1, 8000 München 81.)

Eine Broschüre über den Tagesablauf im Kindergarten mit vielen Farbfotos und Begleittext in deutscher, griechischer, italienischer, serbokroatischer und türkischer Sprache.
– Für Erzieher und Sozialpädagogen zur Arbeit mit ausländischen Eltern im Kindergarten.

Südwind Gastarbeiterdeutsch. Bremen: edition con.
Eine Reihe mit Migrantenliteratur und Kultur (Erlebnisberichte, Kurzgeschichten, Gedichte, Grafiken). Zum Teil zweisprachig. Einige Titel dieser Reihe:
– Zwischen Fabrik und Bahnhof
– Annäherungen
– Nach dem Gestern/Dopo ieri
– Wurzeln, hier – Le radici, qui.

Tsiakalos, Georgios und Sigrid: Ausländische Kinder im Kindergarten. Ihre Umwelt, ihre Probleme, pädagogische Hilfen. Freiburg: Herder 1982.
Das Buch beschreibt Merkmale der Herkunftskulturen, Bedeutung kulturspezifischer Werte für Migranten (kurze Hinweise jeweils zu türkischen, vietnamesischen und südeuropäischen Sitten und Familienstrukturen). Pädagogisch-praktische Anregungen für multinationale Kindergartengruppen.

Tsaikalos, Georgios: Ausländerfeindlichkeit. Tatsachen und Erklärungsversuche. Becksche schwarze Reihe, Band 278. München: C. H. Beck 1983.
Dokumentation und Analyse unterschiedlicher Formen von Ausländerfeindlichkeit. Konzepte in Wissenschaft, Politik und Presse. Folgen von Kulturüberheblichkeit.

Zeitschriften

- Ausländerkinder. Forum für Schule und Sozialpädagogik. Pädagogische Hochschule Freiburg
- Lernen in Deutschland. Burgbücherei Schneider. Baltmann: Weiler
- ISS – Informationsdienst zur Ausländerarbeit. Institut für Sozialarbeit und Sozialpädagogik, Frankfurt/M.

Siehe auch jährlich erscheinende Bibliographien des Instituts für Sozialarbeit und Sozialpädagogik, Frankfurt/M.

2. Zweisprachige Kinderbücher und deutschsprachige Kinderbücher mit kulturspezifischen Motiven

Akıllıoğlu, Serpil/*Okan,* Can: Der kleine Nasrettin (deutsch-türkisch). Hamburg: buntbuch 1981

Akıllıoğlu, Serpil/*Okan,* Can: Der kleine Nasrettin. 2. Buch (deutsch-türkisch). Hamburg: buntbuch 1982

Alpay, Meral/*Kut,* Günay (Hrsg.): Das Leben im Wald (deutsch-türkisch). Istanbul: Yapi ve Kredi Bankasi Kültür Hizmetidir 1983

Baumann, Hans/*Zarambouka,* Sofia: Wer rettet Eirene? Die Friedensgeschichte von Aristophanes. Stuttgart: Thienemann 1984

Baykurt, Fakir/*Baykurt,* Tonguc: Der kluge Ali (deutsch-türkisch/-italienisch/-portugiesisch). Der Ausritt mit dem Esel (deutsch-türkisch). Bezugsadresse: Regionale Arbeitsstelle zur Förderung ausländischer Kinder und Jugendlicher. 4100 Duisburg 1, Sonnenwall 58

Cristofer: Komm: Ich zeig dir was, Band 1 (deutsch-türkisch, -serbokroatisch, -griechisch, -italienisch, -spanisch). München: Kiwi 1980

Cristofer: Das Haus am Hügel (deutsch-türkisch, -serbokroatisch, -griechisch, -italienisch, -spanisch, -englisch, -französisch). München: Kiwi 1981

Hüsler, Silvia: Das Bärenhaus unter den Kastanien. Zürich: Orell Füssli 1982

Kirchberg, Ursula: Selim und Susanne/Selim ile Susanne (deutsch-türkisch). München: Ellermann 1979

Kirchberg, Ursula: Selim bekommt Besuch/Selim 'e Konuk Geliyor (deutsch-türkisch). München: Ellermann 1982

Ören, Aras: Alte Märchen neu erzählt. Berlin: Ararat 1979, ^{2}1981

Pazarkaya, Yüksel: Bd. 1: Agaca Takilan Uçurtma; Bd. 2: Der Drachen im Baum. München, Wien: Jugend und Volk. Bd. 1: 1974, Bd. 2: 1976

Vitez, Grigor: Livade Djetinjstva/Wiesen der Kindheit (serbokroatisch/deutsch). Zagreb: Školska knjiga + Libera 1984

Vollmer, Regine: Die Störche ziehn ins ferne Land. Berlin, Darmstadt: Agora 1982

Wölfel, Ursula/*Bolliger-Savilli,* Antonella: Bruder Franz von Assisi. Düsseldorf: Patmos 1981

3. Märchenausgaben für Erwachsene und Kinder

Einige deutsche Verlage geben Reihen mit Märchen aus anderen Ländern heraus – darunter auch Märchen aus der Türkei, aus Italien usw. Da in diesen Serien fortlaufend neue Titel erscheinen und gleichzeitig ältere Titel häufig vergriffen sind, werden hier nur die Reihen und nicht die einzelnen Titel aufgelistet:

- dtv-zweisprachig. München: Deutscher Taschenbuch Verlag
- Manesse Bibliothek der Weltliteratur. Zürich: Manesse
- Die Märchen der Weltliteratur. Düsseldorf, Köln: Eugen Diederichs
- Märchenreihe für Kinder. Hanau/M.: Werner Dausien
- Die Welt der Märchen. Frankfurt/M.: Fischer Taschenbuch Verlag

III. Adressen (Buchhandlungen, Versandbetriebe)

a) In der Bundesrepublik Deutschland:

Guiseppe Zambon Leipziger Str. 24 6000 Frankfurt/M. 90 Tel.: 069/779223	Bücher und Schallplatten in griechischer, italienischer, portugiesischer, serbo-kroatischer, spanischer und türkischer Sprache
Ararat Medienproduktion Bergmannstr. 99a 1000 Berlin 61 Tel.: 030/6935080 Buchhandlung Türkei/ Türkiye Kitabevi Verlag Versand & Vertrieb Eigelstein 48 5000 Köln 1 Tel.: 0221/123139 Kaynar Verlag Hansastr. 86 4100 Duisburg Tel.: 0203/331795 Yvonne Landeck Türkei Verlag und Buchversand Postfach 102406 3500 Kassel Tel.: 0561/55235	Bücher aus der Türkei und türkische Migrantenliteratur
Libreria Iberoamericana Verlag Klaus Dieter Vervuert Wielandstr. 40 (Hinterhaus) 6000 Frankfurt/M. Tel.: 069/599615	Bücher aus Spanien, Lateinamerika, Portugal
TFM Heiligkreuzgasse 9a 6000 Frankfurt/M. 1 Tel.: 069/282647	Bücher in brasilianischer und portugiesischer Sprache

Buntbuch Bartelsstr. 30 2000 Hamburg 6 Tel.: 040/438170 4395902 edition Con „Südwind Gastarbeiterdeutsch“ Westerdeich 38 2800 Bremen 0421/540012 Express Edition Kottbusser Damm 79 1000 Berlin 61 Tel.: 030/69320 64-65 Neuer Malik Verlag Ringstr. 53 2300 Kiel 1 Tel.: 0431/61906	Migrantenliteratur

Übersichtstabellen

○ *Märchen und Erzählungen*
○ *Geschichten, die wandern*

1. Märchen und Erzählungen aus 6 Ländern

– Übersicht für die Praxis –

Land	Titel	Alter	Themen/Stichworte	Praxisanregungen
Türkei	Der Fisch mit dem goldenen Bart (trad.) Originaltext: Altın sakallı balık	ab 4	o Freundschaft o Etwas herschenken, aufgeben	1. Zweisprachiges Bilderbuch 2. Bilderfries 3. Projizierte Bilder
Türkei	Der Fuchs und die Trommel (trad.)	ab 4	o Angst/Angst vor dem Unbekannten o Winter/Tiere, die Winterschlaf machen	1. Szenisches Spiel 2. Pantomime
Türkei	Steig auf, liebe Sonne (mod.)	ab 6	o Die Kinder im Dorf möchten etwas verändern o Tradition und Wandel	
Türkei	Der Jäger Ahmet (trad.) Originaltext: Avcı Ahmet	ab 6	o Schicksal/Vorsehung o Schicksalsschläge/Familienzusammenhalt/Mut	1. Schattenspiel 2. Wechsel von Schattenspiel und Theater
Türkei	Das kluge Bauernmädchen (trad.)	ab 7	o Klugheit, List und Liebe einer Frau o Bild einer aktiven und klugen Frau	
Türkei	Keloglans Jacke (trad.) Keloglans Stäbchen (trad.)	ab 4 ab 6	o Arbeitsprozesse: vom Schaf zur Jacke o List, Klugheit/Betrug, Dummheit o Kulturspezifische Figur	Keloglan-Bilder
Jugoslawien (kroatisch)	Der Taschenspiegel (mod.)	ab 4	o Spiegelbilder/Selbstbildnis o „Jeder sieht nur sich“	1. Spiegelbilder 2. Bewegungen widerspiegeln
Jugoslawien (serbokroatisch)	Drei Jäger (trad.) Originaltext: Tri Lovca	ab 5	o Kurze Nonsensgeschichte	

Land	Titel	Alter	Themen/Stichworte	Praxisanregungen
Jugoslawien (serbisch)	Die Schar des Zitronenhäuptlings (trad.)	ab 6	o Würzige Speisezutaten o „Schicksal" einzelner Speisewürzen o Eß- und Tischsitten	1. Verwenden verschiedener Speisewürzen 2. Rezept (Maisbrei)
Jugoslawien (serbokroatisch)	Michel Malers Traumfarben (mod.)	ab 8	o Nachtträume/Tagträume/Alpträume o Malen als Ausdruck innerer Stimmungen o Malen zur Überwindung von Angst o Anderssein	
Jugoslawien (slowenisch)	Bedinko und Bedinka (trad.) Originaltext: Bedin in Bedina	ab 5	o Kettenreimmotiv o Befehlen	
Jugoslawien (slowenisch)	Das fliegende Haus (mod.)	ab 5	o Architektur/Natur o Begrünung der städtischen Umwelt o Umweltprobleme als Phantasiegeschichte	Ein Naturhaus bauen
Griechenland	Ein Bündel Weintrauben (trad.) Originaltext: Ena tzambi stafyli	ab 4	o Teilen und Geben o Gastfreundschaft o Gute Nachbarschaft o Von der Traube zum Wein	Kennenlern- bzw. Gemeinschaftsspiel
Griechenland	Der Esel mit der Salzlast (trad.) Originaltext: Gaidouri fortomeno alati	ab 5	o Der Esel als Lasttier o Beruf des fahrenden Händlers o List ist nicht gleich Klugheit	
Griechenland	Was hast du getan, Dionisis? (mod.)	ab 5	o Kinder spielen Krieg o Ein Anführer und seine Bande o „Außenseiter"	
Griechenland	Die zwölf Monate (trad.)	ab 5	o Die zwölf Monate im Jahreskreis/Jahreszeiten o Brot als lebenswichtige Nahrung o Der Mensch und die Natur (Bedeutung, Wertung) o Armut/Reichtum	1. Viele Länder – viele Brote – Backen von kleinen Broten – Kosten verschiedener Brotsorten 2. Bildnerische Gestaltung: der Jahreskreis

Land	Titel	Alter	Themen/Stichworte	Praxisanregungen
Italien	Der Topf des Riesen (trad.) Originaltext: Il pentolino del gigante	ab 4	o Klein/groß o Erkennen der eigenen Grenzen o Berufe aus vergangener Zeit o Kettenreimmotiv	1. Vertonung des Kettenreims 2. Erzählung mit Instrumentalbegleitung 3. Szenisches Spiel
Italien	Dreizehnlein (trad.)	ab 5	o Macht des Stärkeren/ List, Mut und Klugheit des Schwächeren o Wort halten/Wort brechen o Familienzusammenhalt	
Italien	Die zwei Kronen (mod.)	ab 6	o Auch ein König hat menschliche Schwächen o Hochzeit o „Kleider machen Leute" – oder auch nicht	
Italien	Der Zauberer Giro (mod.) Originaltext: Mago Girò	ab 7 bzw. ab 5	o „Zauberei" und moderne Technik o Zauberei: Nutzen und Poesie o Geschichte mit offenem Schluß	1. Geschlossene Erzählform 2. Fabulieren, Weiterspinnen
Italien	Die Feigenverkäuferin (mod.)	ab 7	o Armut, Angst/Macht o Die Arbeit einer Straßenverkäuferin o Südfrüchte	
Spanien	Der wunderbare Dudelsack (trad.) Originaltext: La gaita maravillosa	ab 4	o Großherzigkeit/Neid o Zauber der Musik/ Tanzen o Gedeihen durch harmonisches Leben	o Ein spanisches Volkslied
Spanien	Jujo, der Junge, der nicht weinen konnte (mod.)	ab 6	o Auswandern, Freunde verlieren o Weinen gehört zum Menschsein o Zeitgenössisches, realistisches Problem als poetische Phantasiegeschichte	

Land	Titel	Alter	Themen/Stichworte	Praxisanregungen
Spanien	Der Löwenbändiger und der Zauberer Zitronenquetscher (mod.)	ab 6	○ Eine große Familie, wer gehört dazu? ○ Wohnungssuche ○ Armut, Abhängigkeit/List ○ Zirkus	1. Zirkus spielen 2. Viele Länder, ein Zirkus 3. Bilderbücher über den Zirkus: Empfehlungen
Portugal	Das Küken und das Maiskorn (trad.) Originaltext: O pintainho e o grão de Milho	ab 4	○ Klein und stark sein ○ Der Kleinste überwindet alle Hindernisse, zielstrebig	
Portugal	Die Steinsuppe (trad.)	ab 6	○ Ein armer Mönch überlistet Geizkragen ○ Was braucht man für eine einfache Suppe?	○ Rezept für eine portugiesische Suppe („Caldo Verde“)

2. Geschichten, die wandern

Ursprungsland	Geschichte	Bilder	Praxisanregungen
Deutschland	Rotkäppchen (verschiedene Versionen)	Rotkäppchen und der Wolf im Wald: 5 Illustrationen einer Begegnung	Herstellung von Tischtheaterpuppen
Italien	Pinocchio (verschiedene Versionen)	Pinocchios Verwandlungen: ein Jahrhundert	○ Herstellung einer Pinocchio-Holzpuppe ○ Empfehlung von Kinderbüchern
Türkei	Nasreddin Hodscha (Anekdoten, Bilder und Bildgeschichten)	Vom Markt zum Mond: Nasreddin Hodscha und sein Esel	Eine Bildgeschichte zum Projizieren
Spanien	Don Quichote (eine Nacherzählung für Kinder)	Don Quichote und Sancho Pansa: 4 Ansichten eines Paares	

BELTZ PRAXIS

Interkulturelle Erziehung in der Grundschule · Herausgegeben von Jürgen Zimmer

Ünal Akpinar u.a.
Vertane Chance?
Ausländische Lehrerinnen und Lehrer als Schlüsselpersonen in der interkulturellen Erziehung.
83 S. Br. DM 19,80 (ISBN 3-407-62108-6)
Konkrete und erprobte Anregungen für eine Zusammenarbeit von deutschen und ausländischen Lehrerinnen und Lehrern.

Halime Bayam u.a.
Von »Ampel« bis »Zimmermann«
Fünfjährige Kinder aus der Türkei lernen Deutsch.
65 S. Br. DM 18,– (ISBN 3-407-62117-5)
Erprobte Lernhilfen für ausländische Kinder, die noch wenig Deutsch sprechen oder verstehen.

Hartwig Berger
Die Welt vor meiner Haustür
Kinder erforschen ihre Umgebung.
120 S. Br. DM 26,– (ISBN 3-407-62110-8)
Dieses Buch gibt didaktische Anregungen und Unterrichtsbeispiele, wie das »weite Feld« der Schulumgebung für entdeckendes Lernen nutzbar gemacht werden kann.

Hartwig Berger/Ulrike Zimmermann
Babylon in Berlin
Unterrichtseinheiten zur interkulturellen Stadtkunde.
122 S. Br. DM 26,– (ISBN 3-407-62111-6)

Hartwig Berger u.a.
Von Ramadan bis Aschermittwoch
Religionen im interkulturellen Unterricht.
101 S. Br. DM 22,– (ISBN 3-407-62112-4)
Dieses Buch schildert, wie Religion interkulturell, mit Kindern verschiedener Glaubensrichtungen, instruktiv und spannend betrieben werden kann.

Hartwig Berger
Wer tanzt nach wessen Pfeife?
Zusammenarbeit mit ausländischen Eltern.
94 S. Br. DM 22,– (ISBN 3-407-62113-2)
Vorschläge für eine aufbauende Arbeit mit ausländischen Eltern.

Barbara Puhan-Schulz
Wenn ich einsam bin, fühle ich mich wie acht Grad minus
Kreative Sprachförderung für deutsche und ausländische Kinder.
106 S. Br. DM 26,– (ISBN 3-407-62109-4)
Vorschläge für eine kreative Sprachförderung, wobei die Alltagserfahrungen der Kinder, ihre Wünsche, Träume und Ängste im Mittelpunkt stehen.

Karin Ernst/Barbara Puhan-Schulz
Fortbildung vor Ort
Oder: wie wir ein Lehrerzentrum gründen.
75 S. Br. DM 18,– (ISBN 3-407-62114-0)
Grundlegende Ideen zur Veränderung von Lehrerfortbildung auf der Basis interkultureller Erziehung.

Dagmar Köppen
70 Zwiebeln sind ein Beet
Mathematikmaterialien im offenen Anfangsunterricht.
190 S. Br. DM 26,– (ISBN 3-407-62107-8)
Der Umgang mit Zahlen wird hier in praktischen Handlungsvollzügen und in Alltagserfahrungen gelernt.

Dagmar Köppen/Brigitte Riess
Mal sehen, ob unsere Füße hören können
Musik und Bewegung im Anfangsunterricht.
102 S. Br. DM 22,– (ISBN 3-407-62115-9)
Konkrete und erprobte Anregungen für einen interkulturellen Musikunterricht in der Grundschule.

Monika Nehr u.a.
In zwei Sprachen lesen lernen – geht denn das?
Erfahrungsbericht über die zweisprachige koordinierte Alphabetisierung.
131 S. Br. DM 24,– (ISBN 3-407-62106-X)
In einer Berliner Initiative lernen Kinder gleichzeitig Türkisch und Deutsch lesen.

Preisänderungen vorbehalten

Beltz Verlag · Postfach 10 01 54 · 6940 Weinheim